현장에서 효과적인
독서치료
-유아와 아동을 위한 그림책 심리치료-

이임숙 저

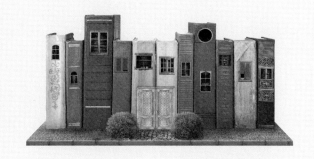

학지사

"독서요법: 책을 읽고 아이 마음을 치유한다." 이 말에 가슴이 쿵쾅거렸던 때가 벌써 20년이 훌쩍 지났습니다. 재미와 호기심이 생겼고, 의미와 가치가 있으며 공부하고 노력하면 왠지 잘할 수 있을 것 같은 그런 느낌이 들었습니다. 그리고 이후의 시간은 늘 그림책과 아이들, 치유와 성장이라는 키워드를 마음 한가운데 두고 살아온 시간이었습니다.

그 사이 '독서요법'은 '독서치료'라는 말로 바뀌었고, 인터넷과 스마트폰의 발달로 세상은 엄청나게 변하고 있지만, 그동안 상담 현장에서 만난 수많은 부모와 아이의 마음은 점점 더 힘겨워지고 있었습니다. 어른이 되었지만 여전히 해결되지 못한 마음속 과제를 지닌 채 부모가 된 사람들, 그 부모 밑에서 크고 작은 상처로 힘겨운 시간을 보내는 아이들, 불안한 사회 구조 속에서 부담과 압박을 받고 죄책감과 분노와 수치감으로 고통을 겪고 있는 이들을 만나면서, '독서치료'를 통한 치유와 성장에 대해 점점 더 깊은 고민에 빠지게 되었습니다. 그래서 좀 더 치열하게 '효과적인 독서치료'에 대해 연구할 수밖에 없었습니다.

예전보다 지금 우리 아이들의 방에는 책이 넘쳐 나고 있고 또 온 세상이 독서의 중요성을 외치고 있음에도 현장에서 만나는 우리 아이들의 마음은 점점 더 힘겨워

짐을 느끼게 됩니다. 그래서 책 한 권을 읽어도 마음 깊이 간직할 수 있도록 단어 하나, 문장 하나가 아이 마음에 위로가 되고 치유가 되고 힘이 되는 것에 대해 생각해야 했습니다. 자라는 아이들이라면 누구나 읽는 그림책이지만, 그 그림책으로 우리 아이들이 좀 더 치유되고 성장하는 데 힘을 보태고 싶었습니다.

이 책은 독서치료를 처음 공부하려는 분들과 이미 독서치료의 매력에 빠져 좀 더 효과적인 독서치료를 공부하고 적용하고 싶은 분들께 제 경험을 보여 드리는 것입니다. 약 20여 년간 아동·청소년 상담 현장에서 독서치료에 대한 애정과 관심을 가지고 진행해 온 '그림책을 활용한 독서치료'에 관한 개인적인 경험과 통찰로 쓴 글입니다. 학자들이 연구해 놓은 다양한 연구 결과와 이론서를 바탕으로 유아와 아동을 위한 심리치료 현장에 적용하며 어떤 방법이 더 효과적인지 찾아온 여정들입니다. 다만, 다양한 심리기법을 적용한 독서치료라 너무 방대할 수도 있고, 수박 겉핥기가 될 수도 있습니다. 부끄럽고 조심스럽지만, 부디 이 글이 좀 더 다양하고 효과적인 독서치료 발전과 논의에 작은 밑거름이 되기를 바라는 마음입니다.

이 책을 쓰면서 고민한 점들입니다.

① 상담자와 치료자, 독서치료사라는 용어를 혼용하였습니다. 상담과 심리치료의 차이, 상담자와 치료자의 차이에 대한 명확한 기준을 설정하기 어려운 점과, 독서상담사보다 독서치료사라는 말을 좀 더 자연스럽게 사용하는 현상이 있어 상담자, 치료자, 독서치료사라는 용어를 맥락에 따라 혼용하고 있음을 밝힙니다.

② 외국 자료의 경우 일일이 원전의 내용을 확인하지 못하고 재인용을 사용한 점을 양해해 주시기 바랍니다. 원자료를 구하기 어려운 경우가 많았다는 변명과 함께, 많은 학자의 연구 결과와 논문, 번역서와 저서에 대한 신뢰가 바탕이 되

었기 때문이라는 점도 말씀드리고 싶습니다.

③ 다양한 심리기법을 공부하고 적용하며 깨달은 바들을 응용한 독서치료 이야기이지만 미진하고 부족한 점이 많아 마땅히 많은 비판과 의견이 있을 거라 생각합니다. 그 또한 현장에서 효과적인 독서치료가 발전하는 데 큰 밑거름이 될 거라 확신하며 많은 질책과 가르침을 주시기 바랍니다.

④ 독서치료 사례는 지금 우리 아이들이 많이 경험하는 문제들을 다루었으며, 아동상담 현장에서 독서치료사가 효과적으로 활용할 수 있는 심리기법들을 기반으로 소개하였습니다.

이 책을 만들면서 감사한 분들이 떠오릅니다. 독서치료에 대한 개인적 관심으로 혼자 몇 해를 끙끙대며 공부하다 찾아간 곳이 현재 한국독서치료학회의 전신인 한국어린이문학교육학회 독서치료 분과모임이었습니다. 현장에서의 독서치료 경험의 가치를 인정해 주시고,『독서치료의 실제』집필에 참여할 기회를 주어 학문적 자세로 독서치료 연구를 계속할 수 있는 단초를 제공해 주신 한국독서치료학회 초대 회장 김현희 교수님께 아주 많이 늦었지만 감사의 말씀 드립니다. 또한 아직 독서치료가 잘 알려지지도 않고, 아동상담 현장에서 제대로 활용되지 않던 시기에 부족한 저를 믿고 독서치료로 아이들과 전문적인 상담을 진행할 수 있는 장을 열어 주셨던 현 한국독서치료학회장인 김민화 교수님, 학회에서 얼굴 볼 때마다 잘하고 있다는 믿음과 확신의 격려를 해 주신 신혜은 교수님께도 큰 힘이 되어 주신 점에 감사의 말씀을 전합니다. 그리고 약 10여 년 동안 소중한 가르침과 깨달음을 주신 노경선 교수님께 존경과 감사를 드립니다. 제 모든 힘의 원천인 사랑하는 가족들에게 사랑과 고마움을 전합니다.

최근 아이들과 독서치료를 하면서 느끼고 생각하는 제 마음을 고스란히 담아 놓은 그림책을 발견하였습니다. 좋은 그림책 한 권에 또 마음이 든든해집니다. 고맙습니다.

이임숙

수박이 먹고 싶으면
수박씨를 심어야 한다.
    (중략)
까만 수박씨 서너 개 고이 누이고
흙 이불 살살 덮어 주어야 한다.
그러면서 잘 자라라, 잘 자라라
조용조용 말해주면 더욱더 좋다.
    (중략)
옴질대는 싹눈이 마르지 않게
날마다 촉촉이 물 뿌려 주되
수박 싹 제가 절로 난 줄 알도록
무심한 듯 모른 척해 주어야 한다.
    (중략)
떡잎이 온 힘 다해 솟아나 있거든
대견해라 기특해라 활짝 웃으며
아이처럼 기뻐할 줄도 알아야 한다.
    (후략)

-「수박이 먹고 싶으면」(김장성 글, 유리 그림, 2017) 중에서

현장에서 효과적인
독서치료

1. 이 아이들에게 독서치료가 가능한가요?

1) 지금 우리 아이들

통제되지 않는 7세 진혁이

진혁이는 7세 남자아이이다. 미술학원에서 진혁이는 종종 친구 그림에 낙서를 했다. 가만히 앉아 있지도 못한다. 어느 날, 진혁이의 행동에 지친 선생님이 화를 참지 못하고 스케치북을 집어 던져 진혁이 얼굴에 맞은 적이 있다. 자기가 잘못한 걸 알아서인지 진혁이는 그날 일을 엄마에게도 말하지 않았다. 엄마는 이 사실을 모르고 지나갔다. 이마에 멍이 든 것 같았지만, 자주 넘어지고 장난도 잘 치는 아이라 그냥 어딘가에 부딪혔다고 생각했을 뿐이다. 하지만 진혁이가 밤에 잠꼬대를 심하게 하고, 말도 잘 안 하는 게 이상했던 엄마는 아이를 추궁했고 결국 그 사건을 알게 되었다. 선생님은 스케치북은 아이에게 던진 게 아니었고, 화가 나서 그냥 손에 잡히는 걸 팽개쳤는데 그게 실수로 아이에게 맞았다고 변명했다. 그리고 진혁이로 인해 얼마나 어려움이 큰지 오히려 하소연했다. 그러자 이젠 거꾸로 엄마가 선생님께 사과하고 다시 진혁이를 부탁할 수밖에 없었다. 솔직히 이런 일이 한두 번이 아니다. 엄마는 진혁이가 학교에 입학할 일이 걱정이다.

진혁이는 자기 마음대로 되지 않으면 심하게 짜증을 내고, 고집을 피운다. 유치원에서도 마음대로 돌아다니거나, 잠금장치를 풀고 혼자 유치원 밖으로 나간 적도 있다. 그러다 조금만 혼내면 울기도 잘하는 아이였다. 말을 잘 듣지 않고 통제되지 않는 행동 그리고 규칙을 어기는 행동을 걱정하고 있던 터라, 진혁이 부모는 더 이상 이대로 있으면 안 될 것 같은 생각을 하게 되었다. 거기다 선생님의 행동으로 아이가 받았을 심리적 상처까지 더해져서 어쩔 줄 몰라 하는 아이를 보며 상담을 의뢰하였다. 과연 진혁이는 독서치료를 통해 달라질 수 있을까?

장난감을 훔친 3학년 현성이

현성이는 초등학교 3학년 남자아이이다. 학교에서 선생님의 지시를 잘 따르지 않아 꾸중을 자주 듣고, 주어진 과제에 집중하지 못하고 산만하다. 친구들과 관계도 좋지 않아 종종 친구와 크고 작은 다툼이 일어난다. 집에서도 마찬가지이다. 숙제하기로 한 약속을 거의 지키지 않고 틈만 나면 TV를 보겠다며 고집을 부리거나, 엄마의 스마트폰을 주지 않는다고 떼를 쓴다. 아무 일이 없어도 늘 짜증을 내고, 사소한 일에도 화를 폭발한다. 그러다 문구점에서 장난감을 훔치다 들켰다. 결국 담임선생님은 엄마를 불러 현성이의 심리 상태를 걱정하시며 상담을 꼭 받으라고 하신다.

부모는 현성이가 달라지길 간절히 바란다. 부모님과 선생님의 말씀을 잘 듣고 따를 줄 아는 아이가 되기를 바란다. 수업시간에 집중할 줄 알고, 공부도 열심히 해 주기를 바란다. 정서적으로도 편안하고 웃음이 많고 친구들과도 즐겁게 지낼 줄 아는 아이로 자라길 바란다.

3학년 현성이의 부모님은 다음과 같이 상담의 목표를 말한다.

- 차분하고 바른 태도로 수업에 임하는 착한 아이가 되기를 바란다.
- 선생님과 부모님의 말씀에 경청하고 순종하는 아이가 되기를 바란다.
- 정서적으로 편안하고 웃음이 많고 긍정적인 아이가 되기를 바란다.

아이는 자주 "엄마 미안해요. 다시는 안 그럴게요."라고 말한다. 하지만 혼나는 상황이 지나면 똑같은 행동이 계속된다. 아이는 스스로 조절할 수가 없다. 그러니 이런 과정이 악순환처럼 반복되고 있다.

악성 댓글로 친구를 공격한 5학년 은서

5학년 은서는 좀 더 지능적인 문제를 일으켰다. 같은 반의 A라는 친구가 모든 걸 너무 잘하고 인기도 많았다. 은서는 A에 대한 질투심과 경쟁심으로 괴로웠다. 그런데 은서가 그 친구를 질투하고 미워한다는 사실을 아무도 몰랐다. 두 아이의 부모님들이 친분이 있는 관계라 학원을 같이 다니기도 하고, 함께 가족 여행을 갈 정도였으니 모두들 둘이 친한 줄로만 알고 있었다. 은서는 아무에게도 이런 마음을 털어놓지 못했다. 혼자 끓어오르는 감정을 주체하지 못하던 어느 순간, 은서의 부정적 감정은 도를 넘었다. 은서는 경계심을 잃고 아무도 모를 것 같은 SNS에서 자신을 숨기고 혼자만의 조용한 방식으로 잘못된 길을 가기 시작했다. 은서는 마치 어른들의 여론 공작 같은 방식을 사용하였다. 처음엔 자기 자신을 숨기고 계정을 두세 개 만들어 A의 SNS에 좋지 않은 댓글을 달기 시작했다. 그런데 얼마 가지 않아 그 댓글의 주인공이 은서라는 소문이 돌기 시작했다. 은서는 친구들에게 자신의 정체가 발각되기 시작해서 곤란해지자, 이번에는 A의 이름과 비슷한 계정을 만들어 마치 A

가 은서를 공격하는 듯한 댓글을 자신의 SNS에 올리기 시작한 것이다. A가 자신을 공격했다는 소문을 퍼뜨려 A를 곤란에 빠뜨리려는 심산이었다. 은서는 또래 친구들이 생각하지 못하는 지능적인 방법으로 A에 대한 부정적 감정을 잘못된 방식으로 풀기 시작한 것이다. 하지만 오래가지 못했다. 거짓 소문으로 친구들이 A를 비난하기 시작했고, 억울해진 A가 부모님께 자신의 억울함을 호소하고 도움을 청했다. A의 부모님과 담임선생님이 사건을 조사하기 시작하면서 악성 댓글의 주인공이 바로 은서라는 사실이 모두 드러났다. 은서의 부모가 받은 충격도 어마어마했다. 예쁘게 잘 자라고 있다고만 생각했던 딸이 이런 일을 벌였다는 게 믿어지지 않았다. 아이들이 커 가면서 이런저런 문제 행동을 할 수 있지만, 은서가 저지른 일은 아이다운 문제 행동의 범주를 넘어선 일이며, 도덕성이 의심되는 일이기 때문에 그 충격과 실망감이 더욱 컸다. 게다가 아이에게 이런 심리적 문제가 발생할 때까지 부모가 알아차리지도 못하고 방치했다는 사실을 자책하면서 더 힘들어했다.

지금 현재 우리 아이들에게서 나타나고 있는 심리적 문제들은 생각보다 심각한 경우가 많다. 단순히 자존감이 낮거나 사회성이 부족한 수준도 있지만, 그보다 더 심각한 사회적 문제 혹은 위법 수준에까지 문제 행동이 확산되어 나타나는 경우가 많아지고 있다. 처음엔 자신에게 주어진 과제를 수행하기가 어렵거나 혹은 좋지 않은 성적에 대한 스트레스로 시작된 마음의 문제, 또는 일상의 작은 스트레스로 짜증 내고 친구 관계가 나빠지는 수준에서 시작되었다. 그러다 스트레스가 쌓이고 쌓여 문제 행동으로 폭발하는 과정에서 아이들은 점점 도덕적 경계를 넘어서는 행동에 빠져들게 된다. 5학년 은서처럼 문제가 심각해지고 나서야 발견하게 되는 경우가 많아지고 있다는 의미이다.

이 모두가 아이들이 자신의 부정적 감정을 제대로 관리하고 조절하지 못해 일어난 사건이었다. 또한 어릴 적부터 쌓인 스트레스와 심리적 상처들이 덧나서 생겨난 현상들이기도 하다. 이런 문제가 발생한 아이들은 교육만으로는 행동이 달라지기 어렵다. 아이가 그런 행동을 하게 된 심리적 원인을 파악하고, 상처받은 마음은 다 독여 주고, 반성하고 깨닫는 과정을 거쳐 지난 문제 행동들을 이제 더 이상 행하지 않는 동시에 밝고 책임감 있는 성숙한 모습으로 달라져야 한다.

2) 이 아이들에게 독서치료가 가능한가요?

아동 · 청소년 상담을 업으로 삼는 수많은 상담자는 현장에서 이런 내담자를 만나게 된다. 만약 나 자신이 이런 아이들의 상담을 의뢰받았다면 어떤 상담으로 시작하고 싶은가? 아주 긴 시간 동안의 공부와 수련 과정에서 습득하고 체득한 상담기법 중 어떤 이론적 기반을 배경으로 상담을 계획할 수 있겠는가?

만일 이 아이들이 상담기관에 의뢰되었다면, 부모님의 의뢰 내용과 종합적인 심리검사 결과를 바탕으로 아이에게 가장 바람직하고 효과적인 치료기법을 선택해서 치료 작업을 진행할 수 있다. 하지만 현장은 그렇게 이론적으로 돌아가지 않는다. 독서치료에 대한 관심과 기대가 높아지면서, 아이의 심리 상태나 상황은 고려하지 않은 채 무작정 독서치료를 진행해야 하는 경우가 더 많다. 학교나 도서관, 복지관, 지역아동센터에 파견되어 독서치료 집단 프로그램을 진행하는 경우에는 특히 더 그렇다. 아이들이 받은 상처와 피해의 정도가 다양해서 개개인의 특성에 맞는 치료가 진행되어야 하지만, 이미 정해진 프로그램과 그 프로그램에 배정된 예산의 집행에 따라 진행되는 터라 막상 프로그램이 시작되고 나서는 "이 친구는 독서치료와 맞지 않는 것 같아요."라는 말을 할 수 있는 상황이 아닌 경우가 더 많다는 말이다. 그러니 독서치료사는 이제 어떤 유 · 아동 내담자를 만나도 적절한 독서치료를 진행할 수 있는 독서치료사로서의 역량을 키워야 한다는 의미가 된다.

"우리 아이는 독서치료로 하고 싶어요." "독서치료로 해 주세요." 아이의 손을 이

끌고 상담실에 들어와 아이의 불안한 심리 상태에 대한 하소연이 끝난 후 상담자에게 하는 요청은 이렇다. 상담과 심리치료가 필요한 아이에게 특정 심리치료 기법이 모두 통하는 경우는 드물다. 아이의 성격이나 기질에 따라, 살아온 경험과 현재 심리적 상태에 따라 독서치료가 적합하기도 하고, 다른 기법이 더 효과적일 때도 많다. 하지만 독서치료에 대한 관심과 기대가 높은 내담자 부모는 이렇게 직접적인 요구를 하는 경우가 많다.

7세 진혁이, 3학년 현성이, 5학년 은서가 독서치료에 의뢰되었다면 어떤 상담을 해야 할까? 어떤 치료기법을 적용하고 어떻게 치료적 대화를 사용해야 다시 예전의 사랑스럽고 예쁘기만 하던 모습으로 변화할 수 있을까? 독서치료사들은 공부 과정에서 발달적 독서치료와 임상적 독서치료를 구분하고 있지만, 상담 현장에서는 두 가지 독서치료를 자유롭게 넘나들 수 있을 정도의 독서치료사로서의 내공을 요구한다. 그래서 아동 상담 현장에서는 효과적인 독서치료가 필요하다. "독서치료를 배웠는데 정작 아이들 상담할 때 어떻게 해야 할지 모르겠어요." "놀이치료에 독서치료를 접목해서 활용하고 싶은데 책을 읽어 주고 나면 무슨 말을 해야 할지 모르겠어요." 이런 의문이 든다면 이제 지금 현재 대한민국 유아와 아동을 위한 독서치료가 어떤 모습이어야 하는지 진지하게 고민해야 한다는 의미일 것이다. 약 20여 년 전 독서치료를 공부하기 시작해서, 현장에서 다양한 내담자들을 만나면서 부딪치고, 다시 공부하고 연구한 선배로서 이 책이 그런 고민에 약간의 도움이 되기를 바라는 마음이다.

잠시 독서치료의 의미에 대해 다시 생각해 보자. 독서치료의 영어식 표현인 비블리오테라피(bibliotherapy)는 책과 문학을 뜻하는 그리스어 '비블리온(biblion)'과 보살핌과 치료를 뜻하는 '테라페이아(therapeia)'란 말이 결합되어서 '책으로 보살피다.'라는 뜻을 가지고 있다.

고대 그리스 도시 테베의 도서관 입구에는 '영혼을 치료하는 곳'이라는 말이 새겨

져 있었다고 한다. 이 말은 언제 떠올려도 참 기분이 좋고 편안해진다. 도서관에 가는 일이 지금처럼 독해력과 사고력을 키우기 위한 것이 아니라 지치고 상처받은 마음을 위로받고, 치유하고, 다시 힘을 내어 편안하고 여유로운 마음으로 도서관을 나설 수 있다는 의미가 되지 않는가? 책을 읽는 행위가 편안하게 즐기기 위한 것이 아니라 목적적 행동이 되어 버린 현대에서 '영혼을 치료하는 곳'이라는 말이 더 마음에 와 닿는 이유이다. 아이에게 책 한 권이라고 더 보게 하기 위해, 도서관의 유용한 프로그램에 참여하게 하려고 억지로 아이의 손을 이끄는 그런 도서관은 아닐 것 같다. 그야말로 치유가 되는 책 읽기에 대한 생각을 다시 해 보게 하는 말이다.

그런데 조금 더 고민해 보면, 책과 도서관이 치유의 정서를 불러일으키긴 하지만 모두 저절로 치유되는 것은 아닐 것이다. '독서'와 '치료'라는 두 단어가 모여 새로운 낱말이 만들어진 것은 그럴 만한 이유가 있기 때문이다. 단순히 책으로만 도움을 받는 것이 아니라 치료자의 치료적 상호작용의 힘도 중요하다는 말이다. 책으로 아이 마음을 보살피는 일이 우리가 하려는 독서치료이다. 장소와 도구만 있다고 해서 모두 치유가 되는 건 아니라는 사실도 우리는 간과해선 안 된다. 이제 독서치료사를 찾아온 마음 아픈 아이와 함께 어떻게 독서치료의 여정을 함께해 나가야 할지 연구해 보자.

2. 현장에서 효과적인 독서치료

아빠를 그리워하는 2학년 희수

우리 아빠는 _____ .

자신의 솔직한 마음을 담아내는 투사검사의 하나인 '문장완성검사(Sentence Completion Test)'에 나오는 문항 중 하나이다. 문장완성검사는 문장의 일부분만 제공한 후 나머지 부분을 스스로 채우게 한다. 빈칸에 연상되는 언어적 내용이 개인의 관심과 욕구, 갈등과 두려움 등 심리적 정보를 얻는 데 매우 유용하다. 비워진 칸에 우리 아이들은 무슨 말을 써 넣을까?

① 희수 이야기

희수는 초등학교 2학년 남자아이이다. 무척 활달한 아이였지만 한두 달 전부터 순간순간 아이답지 않은 우울감과 무력감을 보인다고 했다. 잘 놀다가도 갑자기 그만 놀겠다고 놀이에서 빠지는 경우가 많아졌고, 얼마 전부터는 아예 친구들과 놀려고 하지도 않는다고 했다. 게다가 학교에 가기 싫다고 말하는 경우도 많아졌고, 실제로 배가 아파 학교를 빠지는 경우도 자주 일어났다. 하지만 병원에 가도 딱히 아픈 이유가 밝혀지지 않았다. 잘해 가던 학교 숙제도 이제 자꾸 미루고 멍하게 시간을 보내는 경우가 더 많아졌다. 점점 더 무기력해져 가는 아이를 보며 엄마는 어쩔 줄을 모른다. 엄마는 전업주부라 늘 희수를 꼼꼼하게 챙기고 보살핀다. 아이에게 심한 스트레스를 준 것도 아니고 특별히 상처받을 만한 사건이 있는 것도 아니라고 말했다.

희수의 아빠는 일을 열심히 하신다. 희수는 아빠를 무척 좋아했다. 늘 아빠 퇴근 시간을 기다렸고, 아빠가 오면 함께 놀려고 숙제도 미리미리 다 끝내 놓던 아이였다. 그런데 몇 달 전부터 아빠는 야근으로 밤늦게 퇴근하거나 출장으로 집에 오지 못하는 날이 많아졌다. 모처럼 쉬는 날이 되어도 아이와 놀아 줄 시간이 별로 없었다. 아빠가 놀아 주지 못하자 희수의 짜증이 늘기 시작했고, 그런 희수를 달래다 지친 엄마는 희수가 아빠를 찾을 때마다 혼내기 시작했다. 그런 시간이 두 달쯤 지나자 희수에게서 이상 현상이 생겨난 것이었다.

종합적인 심리검사에서도 희수는 우수한 지능 수준을 보였고 약간의 우울감을 보일 뿐 특별히 문제가 될 만한 것은 나오지 않았다. 그런데 아빠에 대해 언급한 것이 눈에 띄었다.

우리 아빠는 <u>아무 데도 없다</u>.

이 한 줄의 문장으로 희수의 우울감과 무력감의 원인이 딱 아빠라고 꼬집어 말하기는 어렵다. 하지만 저학년의 경우 대부분 마음에 문제가 생기는 것은 엄마와 아빠와의 관계에서 비롯된다. 그러니 잘 자라던 아이에게 정서적 문제가 생겼다면 가장 먼저 해야 할 일은 엄마, 아빠와 아이의 관계를 살펴보는 것이다. 게다가 희수는 아빠와의 관계가 심리적 안정감과 즐거움을 주는 중요한 요소였는데 최근의 변화가 어떤 식으로든 영향을 준 것이 분명하였다.

어쩌면 희수는 좋아하는 아빠와 함께 시간을 보내지 못하게 되면서, 아빠에 대한 그리움과 슬픔 혹은 원망감이 점점 무기력과 우울감으로 발전되어 간 것은 아닐까? 이렇게 짐작되는 지점이 있다면 아이가 부담을 느끼지 않고 재미있으면서도 주제와 연관된 책을 골라 이야기를 나누면 쉽게 아이의 마음을 알 수 있다.

② 희수와의 독서치료 이야기

우울과 무력감을 보이는 희수에게 아빠가 어떤 이미지인지 알아보기 위해 『아빠가 달려갈게!』(김영진, 2015)를 선택했다.

📖 『아빠가 달려갈게!』

저/역자: 김영진
출판사/발행연도: 길벗어린이/2015

네가 만약 무인도에 혼자 있다면? 아빠는 커다란 배를 타고, 장군이 되어 달려가서 나를 구해 준다고 큰소리친다. 슬픈 일이 있으면 같이 울어 주고, 배가 고프면 피자, 치킨, 떡볶이와 군만두를 모두 시켜 놓고 함께 먹겠다고 당당하게 외치는 아빠가 나온다.

상담자가 흥을 살려 읽으니 희수가 몸을 앞당겨 유심히 보다 스스로 책장을 넘긴다.

"우리 아빠도 전에 이렇게 말했는데. 우리 아빠랑 맛있는 거 많이 시켜 먹었는데……."

희수는 아빠와의 기억을 떠올리며 하나씩 말하기 시작한다. 그런데 모두 과거형이다. 아이의 말에 "정말 좋은 아빠시구나." 맞장구쳐 준 후 물었다.

"그런데 아빠가 요즘은 바쁘시니?"
"네."
"그렇구나. 그래서 희수가 많이 속상하구나. 그런데 희수 마음속에 아빠 없어?"
"없어요."

무심코 희수는 마음속에 아빠가 없다고 대답한다. 그런 희수의 마음을 위로해 주기 위해서는 희수의 기억 속에 있는 아빠와의 행복한 추억을 되새김하도록 도와주는 것이 좋다.

　이번에는 『아빠와 아들』(고대영 글, 한상언 그림, 2007)을 선택했다. 별로 어른답지 못한 아빠의 모습이 재미있게 그려져 있다.

　📖 『아빠와 아들』

　저/역자: 고대영
　출판사/발행연도: 길벗어린이/2007

　책의 주인공은 어서 커서 아빠가 되는 것이 꿈이다. 아빠처럼 멋있는 사람이 되고 싶은 게 아니라, 마음대로 큰소리를 쳐도 되고 먹고 싶은 것도 마음대로 먹고 텔레비전도 마음대로 보고 늦게까지 안 자도 되는 그런 아빠가 부럽다. 아이는 엄마의 잔소리를 피해 아빠 옆에서 함께 라면도 먹고 게임도 한다. 아빠와 아들의 재미있고 현실적인 모습 덕분에 누구나 부담 없이 즐거운 마음으로 볼 수 있다. 희수는 처음엔 무표정하게 책을 보기 시작했다. 그러다 아빠와 아들의 우스꽝스러운 모습에 점차 관심을 가지기 시작했다.

　"너도 아빠랑 이런 거 해 봤니?"

　"우리 아빠는 책은 안 읽어 주셨어요."

　"응?"

　"책은 안 읽어 주셨다고요."

　"아, 그럼 여기 나오는 다른 건 해 봤다는 말이구나. 아빠랑 둘이 같이 TV 보며 이 닦은 적도 있어?"

　"네."

"아빠랑 같이 과자 먹으면서 TV 본 적도?"

"네."

"같이 목욕탕 가면 너를 자랑한 적도 있어?"

"네. 어떤 할아버지가 저보고 참 똘똘하게 생겼다 그러시니까 아빠가 아주 똘똘하고 씩씩하다고 말했어요."

처음엔 단답형으로만 대답하더니 아빠와 좋았던 기억을 얘기하기 시작한다. 무표정한 얼굴이 서서히 생기 있는 얼굴로 바뀌었다. 그러더니 책의 그림에 나오는 소재와 관련 있는 자신의 이야기를 자발적으로 하기 시작했다.

"아빠가 언제 떡볶이도 만들어 주셨어요. 아, 피자 먹으러 갔을 때 엄마는 치즈 싫어하시는데 제가 좋아한다고 치즈 많이 들어간 피자 시켜 주셨어요."

이 정도면 충분하다. 처음부터 아이의 속상한 마음을 끌어내어 이야기하기보다는 아빠와 좋았던 기억을 꺼내는 것이 더 좋다. 자신이 잊고 있었던 좋은 추억을 기억하는 것은 속상한 마음을 가진 사람에게는 좋은 치유방법이 된다. 속상한 마음에 밀려 기억하지 못했던 것들을 떠올리다 보면 속상한 마음이 줄어든다. 물론 문제가 완전히 해결되는 건 아니지만 다시 에너지를 회복하고 무력감에서 벗어나게 하는 좋은 활력소가 되는 것이다.

다음 회기엔 『우리 아빠가 최고야』(앤서니 브라운 글 · 그림, 2007)를 준비했다. 대부분의 아이가 좋아하는 앤서니 브라운의 책이다.

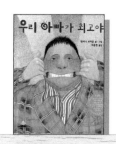

📖 『우리 아빠가 최고야』

저/역자: 앤서니 브라운/최윤정

출판사/발행연도: 킨더랜드/2007

우리 아빠는 무서워하는 게 하나도 없다.

커다랗고 험상궂은 늑대도 안 무서워한다.

우리 아빠는 달을 훌쩍 뛰어넘을 수도 있고,

빨랫줄 위를 걸어 다닐 수도 있다. 물론 떨어지지 않고…….

책에 나오는 대사를 운율에 맞추어 뽐내듯이 읽으면 더 맛이 살아난다. 큰 소리로 읽어 주니 재미있는지 희수도 미소를 짓는다.

"희수랑 선생님이랑 책에 나오는 것처럼 아빠 자랑 내기할까?"

"네?"

"희수는 희수 아빠 자랑하고, 선생님은 선생님 아빠 자랑하고. 한 번씩 돌아가다가 막히는 사람이 지는 거야."

"이긴 사람한테 뭐 줄 건데요?"

"네가 이기면 선생님이 5분 동안 업어 줄게."

"진짜 업어 주기예요."

"내가 이기면 넌 뭐 해 줄래? 너도 나 업어 줄래?"

"에이, 제가 선생님을 어떻게 업어요. 그냥 사탕 하나 줄게요. 저 사탕 있어요."

어느새 우울하고 무력한 희수는 없다. 생기 있고 활달한 모습으로 게임을 시작한다.

"선생님 아빠는 힘이 엄청 세. 선생님이랑 언니를 한꺼번에 안아 주셨어."

"우리 아빠도 그랬어요. 저는 업고 동생은 안아 주셨어요."

"선생님 아빠는 선생님을 굉장히 사랑하셨어. 그래서 퇴근할 때마다 과자나 과일 같은 거 사 가지고 오셨어."

"우리 아빠도 그랬어요. 제가 좋아하는 아이스크림 잘 사오셨어요."

"너 왜 자꾸 나 따라 하니?"

"그럼 내가 먼저 할게요. 우리 아빠는 되게 웃겨요. 기분 좋으면 막 춤도 춰요. 우리 아빠는요. 되게 똑똑해요. 내가 물어보면 모르는 게 없어요. 또 있어요. 우리 아빠는 축구도 잘해요. 옛날에 아빠랑 축구 되게 많이 했어요."

희수는 상담자가 끼어들 틈도 없이 계속 말한다.

"아, 그만해. 차례 안 지키고 왜 자꾸 너만 해? 나도 하고 싶어."

"선생님이 졌어요. 제가 더 많이 했어요."

"이건 반칙이야."

"아, 알았어요. 그 대신 제가 사탕 줄게요."

웃으며 기분 좋게 아빠 자랑 배틀을 끝냈다. 아이 얼굴에 환한 웃음이 그득하다. 그렇게 집에 돌아간 날 저녁에 엄마에게서 문자가 왔다. 독서치료를 시작한 지 2주 만에 희수가 굉장히 밝아졌다고 말한다. 비결이 뭔지 묻는다.

③ 달라진 희수 이야기

그다음 주에도 희수는 계속 아빠가 나오는 책을 보았다.『아빠를 화나게 하는 10가지 방법』(실비 드 마튀이시왹스 글, 세바스티앙 디올로장 그림, 2008)을 읽을 땐 우리 아빠도 그렇다며 맞장구치면서 재미있어 한다.『아빠는 언제나 너를 사랑해』(한스 크리스티안 슈미트 글, 안드레아스 네메트 그림, 2011)를 읽을 땐 아빠가 자전거 타는 법을 가르쳐 준 이야기와 바닷가에서 모래로 희수의 몸을 덮어 꼼짝 못하게 했던 일도 이야기한다.『내가 만일 아빠라면』(마거릿 파크 브릿지, 2000)을 읽을 땐 "내가 만일 아빠라면 일요일마다 같이 축구를 할 거예요. 바빠도 아들한테 하루에 한 번씩 전화할 거예요. 아들이 좀 커도 잘 업어 줄 거예요. 시험 잘 못 봐도 안 혼낼 거예요."라고 말했다.

희수의 말 속엔 자신이 왜 그렇게 우울하고 힘겨워했는지가 고스란히 들어 있다. 아빠랑 신나게 놀고 싶은데 전혀 놀지는 못하고 아빠의 사랑은 확인할 길이 없고 어쩌다 얼굴 보면 나쁜 성적 때문에 혼나고, 이러니 희수가 어떻게 살맛이 날 수 있겠는가?

이제 아빠에게 도움을 요청할 차례이다. 아빠는 여전히 바쁘지만 희수에게 그동안 표현하지 않았던 사랑하는 마음을 말해 주었다. 못 놀아 주어서 미안하고 왜 바쁜지도 말해 주었다. 그리고 한 달에 한 번은 꼭 희수와 축구를 하기로 했다. 이 정도로도 충분했다. 우울감과 무력감 그리고 신체화 증상과 등교 거부증의 징조를 보이던 아이의 문제가 몇 주 만에 아주 쉽게 해결되었다. 다시 활달하고 생기 있는 예전의 희수 모습을 회복하였다. 아픈 만큼 더 성장했는지 이제 아빠가 너무 중요한 사람이고 일을 잘해서 바쁜 거라고 자랑하기도 한다.

④ 희수의 독서치료 뒷이야기

유아와 아동의 애착 문제는 엄마와의 관계에서 비롯되는 경우가 더 많다. 그런데 희수는 아빠 문제를 먼저 다루게 되었다. 엄마의 양육 태도 문제가 근본적인 원인이

긴 했으나 아빠의 부재로 인한 심리적 영향이 희수의 행동을 변화하게 한 촉발요인으로 판단되었기 때문이다. 급하게 현상적인 문제를 진정시키기 위해 아빠의 부재로 인한 희수의 마음을 진정시키고 다독여 주는 독서치료를 진행하였다.

이제 엄마 이야기도 살펴보자. 희수의 엄마는 전업주부로 희수를 정성껏 돌보고 있으나, 너무 잘 키우고 싶은 마음에 7세부터 학습에 몰두하는 양육을 하고 있었다. 그런데 희수가 7세 초반까지 한글을 깨치지 못하자 엄마는 조급한 마음이 들었고, 그때부터 한글과 수학, 영어 사교육을 시작했으며, 엄마표 홈스쿨링도 병행해서 진행했다고 한다. 순한 성격의 희수는 엄마가 하자는 대로 따라갔다. 크게 싸증을 내거나 저항하지도 않았다. 엄마와 함께 있는 시간 동안 희수는 힘든 학습 과제를 풀어야 했으며, 엄마가 열성을 부릴수록 더더욱 아빠에게 집착하는 현상이 심해져 갔다. 하루 종일 아빠가 언제 오는지 기다렸으며, 아빠만이 자신의 유일한 도피처이자 휴식처가 되었던 셈이다. 숙제를 빨리 할 수 있었던 것도 엄마가 시켜서이기도 했지만 아빠와 소중한 시간을 행복하게 보내고 싶었던 어린 희수의 간절함이 깔려 있었던 것이다. 그런 아빠가 바빠지면서 함께하는 시간이 줄어들자 문제 행동이 생겨났다.

물론 희수의 근원적인 문제 해결을 위해 엄마가 희수의 학습 문제를 다르게 생각하고, 희수가 좋아하고 재미를 느낄 수 있는 방법으로 학습방법을 바꾸기를 권했다. 수학은 신나는 보드게임으로 익히도록 하고, 학교 교과서와 익힘책을 수월하게 풀수 있는 수준이면 선행학습을 멈추고, 즐길 수 있도록 이끌었다. 희수가 가장 스트레스 받던 수학 학습지를 그만두고 재미있는 놀이를 시작하자 학습 태도와 수학 능력도 좋아지기 시작했다. 상담을 시작할 무렵 희수는 수학 공부에 대해서 "전, 수학 싫어해요. 못해요. 안 하고 싶어요. 숫자만 봐도 웩! 이에요."라고 말했었다. 그러나 약 3개월간의 상담을 거치고 희수가 수학에 대해 언급한 내용은 180도 달라졌다.

"저 수학 보드게임 잘해요. 수학 익힘책도 한 개밖에 안 틀렸어요. 애들이 수학을 못해요. 전 꽤 잘해요. 재미있어요."

한번은 수열 조합의 다양한 규칙으로 숫자 타일의 조합을 만들어 가는 루미 큐브를 진행했다. 처음엔 규칙 설명을 듣는 것도 힘들어하던 아이가, 차근차근 하나씩 규칙을 배우고 재미를 느끼기 시작했다. 숫자 조합을 만들기 위해 집중하고 고민하는 모습이 너무 사랑스럽다. 시간이 너무 많이 걸린다고 재촉하자 이렇게 말한다.

"시간이 필요해요. 전 끝까지 풀 거예요. 방해하지 마세요."

어느새 우울과 무기력은 멀리 떠나고 없었다. 어릴 적 부모와의 애착이 안정적으로 잘 형성된 경우에도 성장하면서 문제가 발생할 수 있다. 성장하는 각 시기에 충족되어야 할 여러 요소가 균형 있게 제공되고 획득되지 못하면 아이의 마음 어디선가 문제가 생기기 마련이다. 자라는 아이들에겐 부모와의 관계가 언제나 가장 중요한 핵심요소가 된다. 공부를 잘하는 것도 친구와 잘 지내는 능력도 모두 부모와의 좋은 관계가 필수조건이다. '아이를 위해서'라는 핑계로 아이를 외롭고 슬프고 힘겹게 하고 있지는 않은지 자주 살펴볼 일이다.

3. 치료적 요인은 무엇일까?

희수의 마음이 다시 건강하게 회복될 수 있었던 치료적 요인은 무엇일까? 과연 어떤 부분이 치료적 요인으로 작용하여 희수의 마음에 변화를 불러일으켰을까? 이영식(2006)은 독서치료의 3요소를 책, 치료자, 내담자라 하였다. 상식적으로 생각해 보아도 3요소의 통합적 작용으로 독서치료의 효과가 나타났음이 짐작된다. 그런데 여기서 현장에서 활동하는 독서치료사가 더욱더 고민해야 하는 지점은 책을 읽고 다양한 활동을 하면서 나누는 상호작용 방법이다. 즉, 심리기법을 공부하고 치료적 대화법을 익혀 독서치료에서 효과적으로 활용할 수 있어야 한다는 의미이다. 책이 가진 자체의 힘이 치료적인 힘을 발휘하는 데는 이견이 없다. 하지만 일반적인 책 읽기는 그냥 독서라고 말하지, 독서치료라 말하지 않는다. 독서에 치료가 붙는 건 분명 상담자의 치료적 작업이 있기 때문이고, 상담 장면에서의 대화 내용은 일반적인 대화와는 확연히 다르다.

우선 앞의 사례에서 치료적 요인으로서 독서 자료의 요인과 치료사 요인을 살펴보자. 독서 자료는 어떤 장점이 있어 성공적인 독서치료가 가능했는지, 상담자가 활용한 치료적 태도와 치료적 대화법은 어떤 것인지, 어떤 심리적 기법을 적용하였는지 살펴보자.

1) 독서 자료의 힘

책의 힘은 매우 크다. 독서치료 연수에서 독서치료를 배우는 모든 참가자는 괜찮은 책 몇 권을 알게 되면 무척이나 뿌듯해한다. 상담자의 역량이 부족하거나, 아직 치료적 활용에 미숙할 때 책의 힘은 그 가치를 더욱더 발휘하기 때문이다. 희수의 사례에서 활용한 책의 힘을 살펴보자.

『아빠가 달려갈게!』는 아이에게 어려움이나 위기가 닥쳤을 때 아빠가 어떻게 아이를 위해 달려갈 건지 동화적 상상으로 아이에게 말하고 있다. 무인도에 갇힌 나를 위해 배가 되고 장군이 되어, 회오리바람을 몰고 와 나를 구해 줄 거라는 상상만 해도 아이는 든든하다. 그런 이야기를 통해 아이는 아빠가 나를 지켜 주는 존재라는 걸 마음 깊이 간직하게 된다. 혹시 아이가 우리 아빠는 그렇지 않다고 말해도 괜찮다. 아이가 기억하지 못하는 어린 시절의 아빠 이야기를 들려주면 된다. 세상 모든 아빠는 자신의 사랑하는 아이를 지키기 위해 이렇게 달려간다는 사실을 확인하는 것만으로도 아이의 마음은 든든해진다.

『아빠와 아들』에는 별로 어른답지 못한 아빠의 모습이 재미있게 그려져 있다. 조금도 미화되지 않은 현실적인 아빠의 모습이다. 오히려 나태하고 엉뚱하고 어설프고 우스꽝스러운 아빠의 실제 모습을 유머스럽게 표현하고 있다. 아빠와 아이가 한편이 되어 엄마에게 혼나는 모습에서 웃음이 나오고, 아빠와 아들의 재미있고 다양한 모습으로 책 읽는 아이가 쉽게 동일시될 수 있다. 아이가 아빠와 관련된 최소 하나 이상의 추억을 떠올릴 수 있는 장면으로 구성되어 있다. 너무 멋지거나 추상화되지 않아 쉽게 아빠의 이야기를 시작할 수 있다.

『우리 아빠가 최고야』는 아빠라는 존재가 가진 상징들을 아주 멋지게 표현하고 있다. 물론 희수의 아빠와 책 속의 아빠가 같을 리가 없다. 하지만 책을 읽는 동안 아빠라는 존재에 대한 상상과 바람과 기대를 다시 꿈꾸게 한다. 상상 속에서 자신이 바라는 아빠의 모습을 구체화시키고, 현실과의 괴리를 깨닫겠지만 그래도 우리 아빠를 책 이야기처럼 대비해서 다시 생각해 볼 수 있게 하는 힘을 준다.

『아빠를 화나게 하는 10가지 방법』은 역설적 기법의 책이다. 아빠의 사랑을 얻기 위해 노력하는 것이 아닌, 반대로 화나게 하는 방법을 말하고 있다. 역설적 기법은 적절하게 사용할 경우 매우 효과적으로 작동한다. 실제 행동으로 옮기지는 못하지만 주인공의 행동을 간접적으로 경험하고, 서운하고 화난 마음, 원망스러운 마음을 카타르시스를 경험할 수도 있다. 물론 아이가 책 내용을 따라 하는 경우는 별로 없으니 그런 걱정은 하지 않아도 된다. 혹시라도 모방 행동을 한다면 이는 정말 아빠에 대한 원망과 분노가 크다는 신호일 수 있으니 다음 회기의 치료계획에 적용할 중요한 정보가 될 것이다. 완성도 높은 역설적 그림책은 심리적 효과가 더 클 거라 확신한다.

『내가 만일 아빠라면』를 읽으며 아빠에 대한 자신의 소망과 바람을 모두 표현해 볼 수 있다. 심리치료는 내담자가 바라는 걸 모두 이루게 해 주는 것이 아니다. 자신의 마음을 있는 그대로 표현하고 공감받고 존중받는 경험으로 아이가 현실의 어려움을 충분히 극복해 나갈 힘을 얻게 해 주는 것이다.

아이는 아빠라는 존재가 책에서처럼 이상적인 존재가 아님을 이미 알고 있다. 우리 아빠의 부족한 모습을 아이도 받아들여야 한다. 실존주의 상담에서 말하듯 우리가 살아가면서 받아들여야 할 사실이다. "우리 아빠는 그리 멋지지는 않지만 그래도 나를 사랑해. 혼낼 때도 있지만 나랑 재미있게 놀아 줄 때도 많아. 우리 아빠는 세상에서 내가 제일 좋다고 했어. 일할 때도 내 생각을 한다고 했어." 이렇게 말할 수 있다면 충분하지 않을까? 책이 주는 치료적 요인들은 정확한 잣대를 가지고 평가하기는 어렵다. 상담자가 어떻게 상호작용하는가에 따라 영향력이 매우 달라질 수 있음을 기억하고 그 자료를 지혜롭게 활용할 수 있어야겠다.

2) 적용된 심리기법과 치료적 대화기법

상담자는 희수의 상황을 파악하고 여러 가지 정황 중에 최근 희수의 심리적 문제를 촉발시킨 환경 변화에서 아빠 요인을 가장 우선으로 생각했다. 아빠에 대한 서운함과 원망을 풀어내기 위한 상담을 진행하기 위해 적절한 자료를 선정하였다. 또한 초등학교 2학년 내담자에게 적합한 다양한 심리기법을 적용하였으며, 재미있고 유쾌한 태도로 상담을 진행하여 희수가 상담에 잘 참여할 수 있도록 이끌었다. 간단하게나마 상담자가 활용한 심리기법과 치료적 대화를 살펴보자.

우선 주로 긍정심리학을 기반으로 한 독서치료를 진행하였다. 긍정심리학에서 강조하는 대로 아이의 강점을 끊임없이 찾아 주며 대화를 진행하였다. 또한 해결중심 단기치료의 예외적 질문을 활용하여 아이의 서운한 마음에 초점을 두지 않고, 아빠와 행복했던 경험, 아빠가 생각보다 자신을 더 많이 사랑하고 관심을 가지고 있다는 사실을 확인시켜 주는 과정으로 진행하였다. 아빠가 해 주지 않은 것을 이야기 했을 때, 다른 건 해 보았다는 예외적 사실을 끌어내어 대화함으로써 희수의 행복한 기억을 하나씩 차근차근 끌어내었다.

또한 아빠와의 즐거운 추억을 자극하기 위한 '아빠 자랑 내기'를 통해 아빠에 대한 서운함을 공감해 주는 차원을 넘어, 아빠에 대한 인식 변화를 시도하였다. 상담자는 유쾌하고 명랑한 태도로 상담을 진행했고, 경쟁심을 부추기는 대화도 진행하였다. 상담자의 이런 태도가 희수와의 독서치료를 좀 더 활기차게 이끌었으며, 아이가 아빠에 대한 좋은 기억을 잘 떠올리도록 도와주었다. 희수와의 치료적 상호작용을 통해 아빠에 대한 바람을 구체적으로 언어화하고, 현실적인 바람으로 정리하였으며, 부모의 협조를 구해 달라진 방법으로 희수와 소통하기 시작했다.

성공적인 독서치료를 위해 중요한 사실이 있다. 바로 치료자의 태도이다. 내담자 아동을 대하는 태도는 상담자라면 당연히 부드럽고 따뜻하고 친절해야 할 것이다. 하지만 너무 진지하면 아이들은 지루해지고, 진심이 아니면 마음을 알아준다 해도 마음이 통하지 않는다. 어떤 태도로 아이들을 대하며 독서치료를 진행해야 할까? 『애착중심 가족치료(Attachment Focused Family Therapy)』(Hughes, 2014)의 저자 대니얼 휴즈(Daniel Hughes)는 상담자의 가장 중요한 태도를 나타내는 치료적 태도는 유쾌함, 수용, 호기심, 공감의 네 가지 요소로 특징지어진다고 말한다. 희수와의 독서치료에서 공감하고 수용하는 기본적인 상담자의 자세에 더 보태어 유쾌하고 밝은 분위기로 희수가 쉽게 말문을 열 수 있도록 도왔으며, 희수의 마음에 대한 호기심으로 지속적으로 희수에게 묻고 반응하며 진행하였다. 성공적인 독서치료에 도움이 되는 상담자의 태도와 치료적 대화기법은 제2장에서 좀 더 자세히 살펴보기로 한다.

흔히 독서치료라 하면 처음부터 아이의 문제 증상에 초점을 맞추어 책을 선정하는 경우가 있다. 이런 경우 마음의 준비가 되지 않은 아이가 자신의 모습을 바라보게 되어 오히려 불안과 두려움을 더 키우는 일이 된다.

좋은 책, 재미있는 책은 무척 많다. 혼자 읽으면 너무 좋아서 이 책을 꼭 아이들과 함께 읽고 싶은 생각이 든다. 하지만 막상 치료 장면에서 책을 읽어 주어도 아이의 감흥은 별로인 경우가 많다. 그러다 보니 치료자의 본연의 임무를 잠시 잊어버리고, 이 책이 얼마나 재미있는 책인지 강요하듯 그 의미를 설명하게 된다. 독서치료사가 자주 하는 실수이다. 여기서 독서치료사가 책을 읽을 때 한 가지 더 생각해야 할 요소를 알 수 있다.

만약 상담 현장에서 어떠한 책을 읽어 준다면 누구에게, 어떻게, 왜 읽어 줄 것인가 하는 문제를 한번 더 고려하는 것이다. 책을 읽고 이야기를 나눌 때의 상호작용에 대해 미리 연상해 보는 것도 효과적이다. 너무 좋은 느낌을 가진 책이지만, 정작 아이와의 대화에서 어떤 질문과 대화를 나누어야 할지 막막해질 때가 많기 때문이다.

그래서 아빠에 관한 좋은 그림책은 많지만, 그중에서 내담 아동과 상호작용하기 좋은 책을 고르는 것은 독서치료사의 몫이다. 물론 좋은 책은 읽어 주는 것만으로도 아이 마음속에 긍정적인 마인드가 자리 잡게 할 수 있다. 그러니 부모나 교사가 읽어 주거나 아이 스스로 읽으면 좋은 책과 치료적 상호작용을 위한 책을 구분해 보는 작업이 필요하다.

4. 아동상담 현장, 효과적인 독서치료가 필요하다

1) 독서치료의 다양한 정의

독서치료란 무엇인가? 아주 넓은 의미로 이해하자면 상담 장면에서 책을 읽어 주거나 책에 관한 이야기를 나누며 상담을 진행하는 것을 독서치료라 말할 수 있다. 하지만 읽었으니 책 내용을 잘 이해했을 거라 생각하고, 아무런 상호작용을 하지 않은 채 그냥 지나가 버린다면 이를 독서치료라 말하긴 어렵다. 물론 침묵이라는 대화 기법도 치료적 대화의 한 부분이지만, 아무 말도 하지 않는 것과 치료적 침묵은 다르다. 독서치료에 대한 정의를 살펴보며 다시 한번 정리해 보자.

우선 달과 달(Doll & Doll, 1997: 김현희 외, 2004 재인용)은 독서치료에 대해 "전반적인 발달을 위해 책을 사용하며, 책은 독자의 성격을 측정하고 적응과 성장, 정신적 건강을 위해 사용되기도 하는데 그 책과 독자 사이의 상호작용 과정이 독서치료이다. 그리고 선택된 독서 자료에 내재된 생각이 독자의 정신적 또는 심리적 질병에 치료적인 영향을 줄 수 있는 개념"이라고 정의하였다.

이들은 책과 독자 사이의 상호작용 과정이 독서치료라고 말한다. 이 정의의 의미를 잘 살펴보자. 책의 내용이 독자에게 치료적 영향을 주는 것은 굳이 설명하지 않아도 당연하다고 생각한다. 물론 내담자에게 적합한 책을 선정해서 제공했을 거라는 전제가 있겠지만, 그래도 책에서 주는 치료적 영향만을 가지고 독서치료가 진행되었다고 자신 있게 말할 수는 없다. 물론 책을 처방한다는 의미도 있다. 이런 의미에서라면 자기조력적 독서치료의 범주에 들어갈 수 있다. 하지만 이는 책을 읽고 얻을 수 있는 자동적 과정으로 해석된다. 굳이 독서에 치료라는 말을 붙여 독서치료라 일컫는 이유가 무엇일까? 독서치료의 3대 요소를 상담자, 내담자 그리고 텍스트라 말하는 것은 상담자의 치료적 대화로 책의 힘과 상담자와 내담자의 상호작용을 강조한 정의가 더 적절하기 때문이라 생각한다.

하인즈와 하인즈-베리(Hynes & Hynes-Berry) 그리고 한국독서치료학회의 전신인 한국어린이문학교육학회 독서치료연구회가 말한 정의를 살펴보자. 하인즈와 하인즈-베리는 독서치료를 "도서를 사용해서 참여자와 촉진자 사이에 치료적 상호작용을 하게" 하는 것으로 상호작용 독서치료에서 훈련된 촉진자는 임상 혹은 발달적 참여자가 선택된 작품—이것은 인쇄된 자료일 수도 있고 시청각 자료일 수도 있고 참여자가 쓴 창의적인 글이 될 수도 있다—에 대해 인지적 반응과 감정을 둘 다 통합하도록 도와주기 위해 토의를 사용하여 안내하는 것이라고 정의한다.

한국어린이문학교육학회 독서치료연구회는 독서치료에 대해 발달적 혹은 특정하고 심각한 문제를 가지고 있는 참여자가 다양한 문학작품을 매개로 하여 치료자와 일대일이나 집단으로 토론, 글쓰기, 그림 그리기 등의 여러 가지 방법의 상호작용을 통해서 자신의 적응과 성장 및 당면한 문제들의 해결에 도움을 얻는 것이라고 정의하였다.

앞의 두 정의는 독서치료를 독서 자료를 사용하여 참여자와 촉진자 사이, 참여자와 치료자 사이에서 치료적 상호작용을 하는 것으로 정의하고 있다. 그렇다면 치료적 상호작용이라는 말에 집중해 보자.

우선 독서치료의 과정은 참여자 스스로 문학작품에 반응할 수 있는 잠재능력을 갖고 있다는 믿음을 전제로 한다. 따라서 독서치료의 과정에서는 아동이 책을 통해 자기 스스로를 돕는 과정을 우선 경험하고, 그다음에 상담자와 상호작용하는 과정이 뒤따른다고 말한다. 하지만 이 또한 치료 현장에서 확실하게 확인하기 어려운 경우가 더 많다.

내담자의 상황에 적절하고 치료적 활용도가 높은 책을 선정하고 권했다는 것을 전제로 한다 하더라도 상담 현장에서 책을 읽은 내담자가 스스로 문학작품에 반응하고 응답하는 과정을 경험하기는 어렵다. 우선 가장 대표적인 독서치료의 과정을 살펴보며 좀 더 고민해 보자.

2) 독서치료의 과정에 대한 고민

하인즈와 하인즈-베리(1994: 김현희 외, 2004 재인용)는 이러한 독서치료의 과정을 인식(recognition), 고찰(examination), 병치(juxtaposition), 자기적용(application to self)의 4단계로 나누어 설명하고 있다.

(1) 인식

인식(recognition)은 자료에 내포되어 있는 것을 참여자가 지각하는 것을 말한다(Gumaer, 1990). 독서치료는 이 인식에서 출발하는데, 인식 반응이 일어나기 위해서는 자료 속으로 참여자들을 끌어들이고, 흥미를 유발시키며, 상상력을 발휘시켜 줄 뿐 아니라 두서없는 생각을 중단시킬 수 있는 요인들이 포함되어야 한다. 인식 과정에서는 자료의 일부를 이해하는 것보다 등장인물이나 어떤 경험을 이해하는 것이 무엇보다 중요하며, 자신이 알고 있지만 의식하지 못했던 느낌을 일깨워 주는 것이 중요하다. 이 과정에서 참여자들은 동일시를 경험하게 되는데 번스타인(Bernstein, 1977)은 동일시는 다른 사람의 문제를 보면서 자신의 문제를 인식하게 되고, 아이는 다른 사람도 자신과 같은 문제를 가졌다는 사실을 앎으로써 당혹감을 최소화하고 자신의 문제에 적용할 수 있다고 하였다(Gumaer, 1990 재인용). 동일시를 경험했다면 그것에 대한 대화를 치료자와 내담자가 나눌 수 있어야 한다. 물론 말하지 않아도 뭔가 느끼고 생각하며 인식의 과정을 거치겠지만, 느끼고 생각한 것을 언어적 상호작용으로 나누지 않으면 그 인식의 발전이 미미한 경우가 너무 많기 때문에 이 과정에서 치료자와의 상호작용 과정은 꼭 필요하다.

(2) 고찰

고찰(examination)은 관련된 문학작품을 자세히 살펴보는 활동으로, '이 책에서 흥미 있는 것은 무엇인가?' '나의 가치관과 인물의 가치관은 얼마나 유사한가 혹은 얼마나 다른가?'라고 질문해 봄으로써 가치관과 관심을 조사해 보는 것을 의미한다(Gumaer, 1990 재인용). 따라서 고찰할 때는 '누가, 무엇을, 언제, 어떻게, 왜, 얼마나,

어디서'라는 질문이 수반되며 여기에서 치료자는 참여자가 책을 읽은 후 자신의 반응이 언제, 얼마나 자주 나타나는지, 그런 반응을 일으키는 대상은 무엇인지에 관한 유형을 참여자 스스로 알도록 도와줄 수 있다.

책에서 흥미 있는 내용을 질문하고, 인물의 생각과 나의 생각을 탐색하고 비교해 보는 일은 치료적 효과가 매우 클 것으로 짐작된다. 하지만 정작 치료 현장에서는 이 질문에 대답하지 않는 아이들이 더 많다. "그냥요. 몰라요. 딴 거 해요."라고 말하는 내담자에게는 이 질문들이 오히려 치료적 효과를 반감시키거나, 치료 작업 자체에 대한 흥미를 잃게 하기도 한다. 치료적 대화에서 치료자기 질문했다는 사실보다 더 중요한 것이 내담자의 반응이다. 내담자에게 어떤 영향을 주는지 살펴보며 효과적이라 생각될 때, 이 질문에 내담자가 반응할 것으로 예상될 때 활용하는 것이 좋겠다.

(3) 병치

인식을 고찰하게 되면 그 주제에 대한 추가적인 인상이 생겨나는데, 그 추가적 인상은 독자가 가졌던 처음의 반응에 수정과 변화를 가져오게 한다. 고찰의 과정을 통해 참여자들은 대상이나 경험에 대해 두 가지 인상을 나란히 놓고 비교하고 대조하는 병치(juxtaposition)를 이끌어 낸다.

내담자가 처음에 가졌던 생각에 변화를 가져오는 일은 매우 중요한 일이지만 실제 치료 작업에서 그 정도의 변화를 얻기는 쉽지 않다. 어린아이들도 이미 수년간 생각하는 방식이 고착화되어 있는 경우가 많고, 크고 작은 신념들이 꽤나 확고하다. 책 몇 권 읽었다고 해서 쉽사리 변화되지 않는다. 어떻게 하면 병치의 과정이 원활하게 이루어질 수 있을지 좀 더 섬세하고 전문적인 치료적 대화가 요구되는 부분이다.

(4) 자기적용

작품을 통해 인식하고, 고찰하고, 병치되었던 느낌과 개념은 자기적용(application to self)의 경험으로 진전된다. 독서치료는 평가와 통합의 과정을 거쳐야 그 과정이 완성된다고 할 수 있다. 평가가 인식하고 고찰하여 병치를 이끌어 내는 과정이라고 한다면 통합은 자기적용의 과정을 의미한다(Gumaer, 1990). "너라면 어떻게 하고 싶니?"라는 질문은 대표적인 자기적용의 질문으로 활용된다. 다행히 이 질문에 내담자가 대답을 잘 한다면 매우 바람직하게 작동된 경우이다. 하지만 안타깝게도 아이들은 이 질문에 너무 많이 지쳐 있다. 학교나 학원 혹은 방문독서교육의 현장에서 수없이 활용하는 질문이기도 하다. 건강하게 의욕적으로 자기표현을 잘하는 아이는 이 질문을 통해 한 단계 더 성장하는 과정을 경험한다. 하지만 아직 좀 더 기나긴 치료적 여정을 거쳐야 하는 내담자의 경우 입을 다물게 하는 질문이기도 하다.

그래서 하인즈와 하인즈-베리는 독서치료의 4단계는 대체로 동일한 순서로 진행되지만 개인에 따라 다르며 모든 단계가 분석과 종합의 보완적인 과정을 포함하고 있다는 점에서 연속적이라고 볼 수 있다고 부연 설명한다.

독서치료를 배워 열심히 적용해 보았지만, 이상하게 독서치료가 잘 되지 않는다고 어려움을 호소하는 경우가 많다. 아마도 내담자의 상황을 고려하지 않고 이론적 독서치료의 단계를 기계적으로 적용하였기 때문일 수 있다. 상담이 진행되는 어느 단계에서 어떤 질문을 효과적으로 적용할지 판단하는 것 또한 독서치료사의 몫이다. 그러니 독서치료사는 좀 더 다양한 심리적 기법을 활용한 치료적 대화에 대한 인식과 공부가 필요하다는 결론에 다다른다. 이제 독서치료사가 현장에서 활용할 수 있는 다양한 심리기법과 치료적 대화에 대해 좀 더 깊이 있게 알아보자.

치료자의 태도:
PACE

1. 치료자의 기본 자세와 태도에 관하여

내담자가 상담실로 들어온다. 상담자는 당연히 부드러운 미소를 지으며 내담자를 맞이한다. "안녕하세요? 어서 오세요. 오시는 데 힘들지 않으셨어요?" 이 정도까지는 상담자라면 누구나 지니고 있는 기본적인 태도이다. 매우 탄탄한 상담 이론으로 무장하고 내담자와 맞닥뜨렸을 때 상담자가 보이는 태도는 프로답고 안정적이다. 배운 대로 첫 회기라면 당연히 라포(rapport) 형성을 위해 내담자가 안심하고 편안한 마음이 들도록 부드럽고 공감적인 태도로 따뜻하게 맞이해 줄 것이다. 그런데 그 이후의 상담에서 보여 주는 상담자의 모습은 상담자의 성격에 따라 배운 기법에 따라 다양하게 나타난다. 당신은 어떤 태도로 내담자를 대하고 상담을 진행하는가? 더구나 유·아동을 대상으로 하는 독서치료 상황이라면 상담자의 어떤 태도가 내담 아동의 마음을 안정시키고 편안하게 느낄 수 있도록 도와주고, 의욕과 흥미를 느껴 다음 회기에도 기대하는 마음으로 상담실로 오게 할 수 있을까?

지금 우리가 하려는 것은 유아와 아동을 위한 독서치료라는 점을 기억하자. 첫 회기에 상담실에 들어오지 않으려는 아이를 만난다면 상담자는 어떤 태도를 보여야 할까? 혹은 상담실에 들어오기는 했지만, 내담 아동이 말하지 않고 침묵으로 일관하거나 혹은 계속 별 의미 없는 이야기만 늘어놓을 때, 상담 중에도 상담실을 돌아다니며 이것저것 만지거나 등을 돌리고 앉아 아무 이야기도 하지 않겠다고 거부 반응을 보일 때, 짜증을 내거나 상담실 밖으로 나가 버리려 할 때, 혹은 공격적으로 째려보거나 씩씩대며 상남자에게 화풀이를 할 때, 심지어 상담자에게 반말이나 욕을 하거나 때리려는 공격적인 내담자에게는 어떤 태도로 대응해야 할까? 책을 읽어 줄 때 제대로 듣지 않거나 대화의 내용에 집중하지 못하는 내담 아동에게는? 심각한 문제를 너무 담담하게 말해서 진실인지 거짓인지 헷갈리게 만드는 내담자에겐 어떤 태도를 보여 주고 어떤 대화로 상담을 이어 가야 할까?

실제 상담 현장에서 상담자를 힘들게 하는 건 이런 돌발적 행동이고, 그에 대처할 줄 알아야 한다는 것이 상담자에게 주어진 과제 중 하나이다. 예기치 않은 돌발 상황에서 상담자는 자신이 어떤 태도를 갖추어야 하는지 헷갈리거나 혼란스러울 때가 많다. 과연 당신은 어떤 방식으로 이런 상황들을 잘 운영해 나가고 있는가?

상담자들의 농담 중에 이런 농담이 있다. '엄청나게 공부하고 배우고 나서, 결국 자기 성격대로 상담한다.' 상담자들은 이런 경우가 생각보다 굉장히 자주 있음을 스스로 깨닫고 있는 것 같다. 이제 기본적인 상담자의 태도를 살펴보자.

상담자는 내담자와의 대화와 소통을 통해 상담을 진행한다. 상담이 잘 이루어지기 위해서는 상담자와 내담자가 '지금 여기'에서 마음이 통해야 하는데 그 통하는 마음은 감정의 소통이다. 『애착중심 가족치료』의 저자 대니얼 휴즈의 말에서 그 의미를 살펴보자.

분노와 기쁨, 두려움과 사랑, 죄책감과 흥분은 모두—우리 그리고 개인 사이 관계—에게 활력을 주는 '지금 여기'에서의 경험이다. 감정이 없다면 우리 자신 그리고 우리 사이의 관계 속에는 무기력과 무관심만 남아 있을 것이다. 감정을 서로 나눌 수 있다면 슬픔은 줄어들고 기쁨은 더 커진다. 감정 소통이라는 맥락 속에서 사건의 의미는 더 조직화되고, 그에 따라 더 조리 있는 자서전적 이야기가 만들어지며, 이 친밀함의 경험은 우리에게 안전과 기쁨 그리고 새로운 발견을 가져다준다 (Hughes, 2014).

대니얼 휴즈의 말에 동의한다면 상담 과정에서 중요한 것은 어쩌면 그 감정을 믿을 만한 누군가와 소통하는 것에 있을 수 있다. 그의 말에서 좀 더 힌트를 얻어 그의 주장대로 감정 자체보다 소통에 더 초점을 맞추어 보자. 감정의 소통을 통해 내담자는 자신의 내면을 타인에게 선명하게 드러낼 수가 있다. 그는 감정의 소통에 초점을 맞추고 친밀감을 키우고 보다 효과적인 상담을 진행하기 위해 상담자는 내담자와 상호주관성을 가지고 감정을 소통하는 것이라 강조한다.

성장을 촉진하는 최고의 상호주관적 경험은 바로 내담자의 경험을 조건 없이 받아들이는 것이다. 상담자의 이러한 무조건적 수용의 분위기 속에서 서로의 경험에 대해 진심으로 궁금해하고 상대의 내적 삶을 이해하게 된다. 성장을 촉진하는 최고의 상호주관적 경험은 바로 상담자가 내담 아동의 경험을 조건 없이 받아들이는 것이다. 타인에게 깊이 이해받았다는 느낌, 타인이 나를 느꼈다는 느낌이 상호주관성의 핵심이다.

의사소통에 있어 상호주관성이 부족할 때 대화는 결국 타인의 내적 삶을 통제하는 것이고 따라서 상대가 나의 내적 삶에 복종하도록 강요하는 것이다. 그런 상황에서 의사소통이라 말할 수 있는 것은 존재하지 않는다. 유아의 감정 상태는 상호주관적 경험 속에서 발달하며, 이는 특히 발달 초기에 가장 예민하게 반응하고 영향을 받는다(Fosha et al., 2013).

만약 부모나 교사가 아이의 내면을 통제하고 억지로 변화시키려 한다면 어떻게 될까? 결국 아이는 자신이 문제투성이이며 구제 불능이라 생각하고 좌절하게 될 것이다. 세상과 자신을 믿지 못하고, 죄책감과 수치감을 느끼며 두려움과 슬픔, 분노로 더욱더 강한 벽을 쌓고 그 안에 숨어 버릴 수 있다. 상담자가 상담이라는 귀한 시간에 이렇게 부모나 교사가 저지른 실수를 반복하고 있기에는 우리 아이들의 삶이 너무 힘겹다. 이제 대니얼 휴즈가 말하는 상담자의 기본 태도에서 앞으로 독서치료에서 독서치료사가 가져야 할 기본 태도에 대한 지침을 얻어 보고자 한다. 대니얼 휴즈는 상호주관적 태도의 특징 네 가지를 말하며 이를 치료적 관계에서의 특징으로 설명한다.

치료적 관계는 모든 형태의 심리치료에서 핵심이 되는 요소가 된다. 치료적 관계가 최상의 상태에 있을 때 그 관계의 특징은 좋은 가족 관계 안에서 존재하는 애착과 상호주관성의 특징과 똑같다. 애착과 상호주관성 안에 있을 때 비로소 치료가 발달에 필수적인 안정감과 탐구를 제공할 수 있다(Hughes, 2014).

대니얼 휴즈는 치료자의 가장 중요한 태도는 유쾌함, 수용, 호기심, 공감(Playfulness, Acceptance, Curiosity, Empathy: PACE)의 네 가지 요소로 특징지어진다고 말한다. 이 네 가지 요소가 치료자가 꼭 가져야 할 자세이며, 이런 태도로 상담을 진행해야 아이에게 자신의 생각과 감정을 있는 그대로 말과 행동으로 표현해도 된다는 안전감을 심어 줄 수 있다고 강조한다.

부모가 아이를 대할 때의 태도는 아이에게 아주 큰 영향을 준다. 특히 아직 말의 뜻을 이해하기보다 부모의 표정과 몸짓에서 부모의 마음을 알아차리는 유아의 경우엔 더더욱 그렇다. 엄마, 아빠가 말로도 표현해야 하지만 그보다 더 중요한 건 기본적인 태도이다. 아무 말 없이 아이를 안아 주고 등을 다독여 주는 것만으로도 아이는 충분히 위로받지 않는가.

독서치료사가 만나는 아이는 자주 혼나고 겁에 질리거나 체벌로 인해 분노감과 원망감에 상처 입은 아이일 것이다. 아이를 잘 키우기 위해 부모나 교사가 잔소리하고 혼을 내는 과정에서 아이는 그 상처로 인한 증상을 나타내게 될 뿐 아니라 잘못된 신념을 갖게 된다. 그중 하나가 자신이 느끼고 생각하는 것을 있는 그대로 솔직하게 말하면 안 된다는 것을 배우는 것이다.

그렇다면 우리는 내담 아동이 상담자 앞에서 안전감을 느끼는지, 혹시 상담이라는 낯선 상황에서 긴장하고 당황하는지, 불안하고 무서움을 느끼는 건 아닌지 점검해 보아야 한다. 자신에게 심리적 어려움을 주었던 현실의 누군가와 마찬가지로 충고하고 설득하고 의도적 칭찬으로 자신을 통제하려 한다는 느낌이 든다면 상담실에서조차 내담자는 안전감을 느끼지 못한다. 심리적 안전감을 느끼지 못한 내담자가 잘 치유되고 성숙의 과정을 거치게 되기는 어려울 것이다.

따라서 내담 아동이 안전감을 느끼도록 하기 위해 이 네 가지 자세를 잘 유지하는 것은 치료자의 역할에서 매우 중요한 일이 된다. 유쾌한 분위기로 수용해 주고 공감해 주는 PACE의 자세로 아이를 대하면 아이는 안전하게 세상을 탐험하기 시작한다. 상담자는 내담 아동이 언제나 편안하게 머물 수 있는 '심리적 안전기지'가 되어 주고, 세상을 탐험하다 힘들면 언제든 돌아올 수 있는 '안전한 피난처'도 되어 주어야 한다. 그래야 한 걸음씩 더 세상 밖으로 나갈 수 있다. 안전감을 느낄수록 아이는 세상을 탐색하는 데 관심이 커진다. 새로운 걸 배우고, 도전하고, 실패해도 다시 도전할 수 있는 힘이 바로 거기서 생긴다. 아이에 대한 큰 호기심으로 어떤 아이인지 알아내어 다시 아이에게 들려주는 경험은 아이로 하여금 세상이 안전하다는 믿음뿐 아니라 자기 자신에 대해 탄탄한 자존감을 심어 주기 시작한다. 상담자의 PACE의 태도로 아이는 다시 자신과 세상을 믿고 당당하게 한 걸음씩 나아갈 수 있게 된다.

아이의 행복이 다른 그 무엇보다 우선이라는 대니얼 휴즈의 말처럼 행복한 아이로 키우는 일이 가장 중요하다. 이와 같은 4가지 요소를 잘 이해하고 아이를 대할 때의 치료자의 기본 자세로 활용하면 좋겠다. 유쾌함(Playfulness), 수용(Acceptance), 호기심(Curiosity), 공감(Empathy)의 자세가 어떤 것을 말하는 지 좀 더 자세히 알아보자.

2. 유쾌함

1) 유쾌함의 힘

"아이들 상담은 '재미'있어야 합니다." 15년 전부터 후배 독서치료사를 위한 강의에서 강조하던 말이다. 이론적 배경을 가진 말도 아니었고, 상담기법에서 찾은 말도 아니었다. 아이들을 만나면서 직관적으로 깨닫게 된 것이었고, 아이들에게 재미가 없는 것은 도움이 되지 못한다는 경험에서 기인한 것이었다.

상담에서 재미있다고 말한 아이들은 다음 회기에도 성실히 참여했으며, 부모들이 호소한 문제 행동이 개선되는 속도와 정도도 훨씬 훌륭하였다. 아이들과의 상담을 수년간 진행하면서 끊임없이 관찰하고 고민한 결과였다. 그러다 2013년 번역된 『감정의 치유력』에서 유쾌함을 강조하는 부분을 찾았고, 다시 2014년 번역된 『애착중심 가족치료』에서 더 깊이 있게 공부할 수 있었다. 대니얼 휴즈는 필자가 말하는 '재미'를 '유쾌한 태도'라 말하고 있다. 좀 더 자세히 살펴보자.

상담자에게 유쾌한 태도를 강조하는 경우는 그렇게 많지 않았지만, 그래도 강조하는 학자들이 있다고 한다. 미국 UCLA 대학의 앨런 쇼어(Allan Schore, 1994: Hughes, 2014 재인용)는 치료에 있어서 부정적 정서 경험뿐 아니라 '긍정적 정서 경험'도 촉진시킬 필요가 있다고 강조하였다. 신경심리학자 콜윈 트레바튼(Colwyn Trevarthen, 2001: Hughes, 2014 재인용)은 상호주관적 경험의 중심이 되는 '대화의 즐거움'이 아이의 심리적 성장에 있어 중요한 역할을 한다고 강조하였다.

책을 읽는 가장 큰 목적과 비교해서 생각해 보면 좋겠다. 책을 읽는 가장 큰 이유는 뭐니 뭐니 해도 즐거움이다. 재미있어서 책을 보고, 보니까 재미있어서 또 책을 본다. 책을 싫어하게 되는 가장 큰 이유가 책에서 재미를 뺏어 가는 순간부터라는 걸 누구나 잘 알고 있다. 잘 알고 있으면서도 끊임없이 그런 행위들이 재현되고 있는 건 참 아이러니한 일이다.

"천국은 틀림없이 도서관처럼 생겼을 것이다." 아르헨티나의 소설가이자 시인인 호르헤 루이스 보르헤스(Jorge Luis Borges, 1899~1986)가 한 말이다. 천국을 편안하고 행복하고 즐거움을 만끽하는 곳이라 설정한다면 책 읽으며 그런 느낌을 주는 곳이 도서관이고 이는 곧 책 읽기에 대한 의미를 말한다. 천국이 재미가 없다면 곧 지루해질 테고, 지루하고 힘들게 느껴진다면 더 이상 천국이라 말하기 어려울 것이다. 결국 책이 주는 가장 중요한 가치는 재미라고 말하고 싶다. 지식과 정보를 습득하고, 스스로 생각하는 능력을 키우고, 비판적으로 분석할 수 있게 되며, 창의적 사고로 지혜를 깨달을 수 있는 과정의 책 읽기를 무시하는 말이 아니다. 그러나 그건 어쩌면 자연스레 따라오게 되는 것이고, 그 과정에서 요구되는 약간의 노력은 얼마든지 감수할 수 있는 힘을 주는 것이 바로 재미와 즐거움인 것이다.

그렇다면 상담의 목표를 다시 생각해 보자. 칼 로저스(Carl Rogers)는 상담이란 치료자와의 안전한 관계에서 자아의 구조가 이완되어, 과거에는 부정했던 경험을 자각해서 새로운 자아로 통합하는 과정이라고 했다(김계현, 2000). 이장호(2014)는 상담에 대해 "도움을 필요로 하는 사람(내담자)이 전문적 훈련을 받은 사람(상담자)과의 대면관계에서 생활 과제의 해결과 사고, 행동 및 감정 측면의 인간적 성장을 위해 노력하는 학습과정이다."라고 정의하였다. 노안영(2005)은 상담을 전문적 훈련을 받은 상담자와 조력을 필요로 하는 내담자가 상담활동의 공동 주체로서 내담자의 자각 확장을 통해 문제 예방, 발달과 성장, 문제 해결을 달성함으로써 그의 삶의 질을 향상하기 위해 함께 노력하는 조력 과정이라 하였다.

이런 목표를 가지고 진행하는 상담 과정이 지루하고 어렵거나 부담스럽게 느껴진다면 상담의 효과를 얻을 수 있을까? 특히 유아와 초등학생을 대상으로 한 독서치료에서 재미요소는 더욱더 중요하다. 재미있으면 힘들어도 극복할 수 있고, 어려워도 견뎌 낼 수 있으며 손해를 보는 일도 기꺼이 감수하는 게 사람의 본성이고 유·아동의 경우엔 더욱 그렇다. 그러니 상담을 진행하기로 했다면 상담이 재미있게 진행될 수 있도록 고민하고 연구해야 한다.

유쾌함에 대해 좀 더 알아보자. 유쾌함이란 말 그대로 유쾌한 태도, 밝고 명랑한 태도를 말한다. 아이는 성인이 밝고 명랑하고 유쾌한 분위기로 다가올 때 편안하고 기대감을 갖게 되며 안심하며 밝아지기 시작한다. 유쾌한 마음은 많은 것을 쉽고 편안하게 만들어 준다. 치료자의 목소리와 표정이 밝으면 아이는 그것이 재미있고 기쁜 일이라 인식하게 된다. 이 느낌은 모두가 안전하고 편안한 느낌이다. 인간관계에서의 유쾌함은 혹시 갈등이 생긴다 해도 그 갈등은 단지 일시적인 것이며, 자신이 실수하거나 잘못해도 그 관계가 손상되지 않는다는 것을 알게 한다. 아이가 더 개방적이고 자신의 인생에서 긍정적인 태도가 무엇인지 인식하고 받아들이고 배우며 성장하게 된다는 의미이다. 여기, 아이의 고쳐야 할 문제 행동에 대해 이야기를 나눌 때 똑같은 상황에서 A와 B 중 어떤 말이 더 효과적일지 한번 느껴 보자.

A: 유치원 시간 늦겠다. 빨리 와. 버스 놓쳐도 안 데려다 줄 거야.
B: 앗, 시간을 놓치면 유치원 버스가 호박으로 변해 버릴지도 몰라.

A: 넌 지금 몇 살인데 아직도 이렇게 애기처럼 구니?

B: 오늘은 한 살 아기 흉내를 내고 싶나 보구나.

A: 오늘 친구랑 왜 싸웠어?

B: 오늘은 친구랑 힘겨루기 하느라 상처가 많이 생겼네. 누가 먼저 결투를 신청
했어?

　상담 중에 늘 상담자를 곤란하게 만들며 저항하는 7세 아이가 있다. 이 아이는 어떤 말이 어른들을 곤란하게 만드는 줄 잘 알고 있었다. 상담실에서 상담하다 말고 갑자기 "때리지 마세요. 꼬집지 마세요."라며 소리를 지른다. 물론 상담자는 전혀 그런 행동을 하지 않았다. 하지만 아이는 무슨 연유에서인지 가끔씩 이렇게 소리를 지른다. 상담이 끝날 때마다 아이의 이런 행동에 대해 부모와 의논하고 상담계획을 잡아 진행하고 있지만, 엄마는 어린 아이가 지르는 소리이니 혹시나 의심의 마음이 들기도 한 것 같다. 상담 초기, 아이의 엄마가 신경을 곤두세우고 밖에서 엿듣고 있다가 아이가 또 이렇게 소리를 지르자 노크도 없이 벌컥 문을 열고 들어온 적이 있다. 그 순간 아이는 매트에 앉아 있었고, 치료자는 멀찍이 떨어진 의자에 앉아 있었다. 혹시라도 가까이 앉아 있었다면 엄마의 의심이 더 커질 수 있었겠다는 생각이 들었다. 엄마에게 절대 아이를 아프게 하거나 다치게 하지 않는다고 안심을 시킨 후 다시 상담을 진행하기도 했다. 그 아이가 자주 하는 말 중의 하나가 입 냄새 공격이다. 처음 "선생님 입 냄새 나요."라는 말을 들었을 때 무척 창피하고 당황스러웠다. 아이에게 그 말을 들은 다음 회기부터는 꼭 양치를 하고 상담을 시작했다. 하지만 아이의 입 냄새 공격은 계속되었다. 아이의 공격적인 언어는 냄새의 유무와 관계없이 상대를 곤란에 빠뜨리는 일종의 공격 수단이었던 게 밝혀졌다. 이제 아이의 행위를 멈추게 하기 위해 어떤 방법을 사용할지 고민하다 유쾌한 방법을 사용해 보기로 했다.

아   이: 아, 좀 저리 가요. 입 냄새 나요.

상담자: 앗, 그래? 잘됐다. 입 냄새 나기를 기다렸어. 입 냄새 마왕이 되고 싶었거든. 네가 엉뚱한 말을 하거나, 상담실을 뛰쳐나가려고 하면 입 냄새 공격을 할 거야. 공격!

좁은 상담실이 갑자기 아이와 잡기놀이를 하는 공간으로 바뀌었다. 입 냄새 마왕에게서 도망치는 아이의 얼굴에 환한 웃음이 떠오른다. 어쩌면 아이는 이런 반응을 기다렸나는 생각이 들기도 했다. 상담자의 유쾌한 태도는 치료에 큰 도움을 준다. 유쾌한 태도는 내담 아동에게 쉽게 전염된다. 마음이 편안하고 안전감을 느낀 아이는 아이 특유의 창의적 아이디어로 유쾌하게 이야기를 만들어 낸다.

초등학교 3학년 아이가 있다. 처음 상담을 시작할 무렵 아이는 어두웠고 말이 별로 없었다. 무슨 말을 해도 시큰둥하고 생기 있는 반응을 기대하기 어려웠던 아이였다. 그 아이의 에너지를 다시 살려내기 위해 아이가 웃을 수 있는 상담을 공들여 진행했다. 책도 웃기는 책만 골랐으며, 아이가 좋아할 만한 보드게임을 활용했고, 상담자가 유쾌한 분위기로 대화를 나누었다. 그렇게 상담이 잘 진행되던 중 어느 날, 아이는 상담 약속이 정해져 있었음에도 불구하고 친구가 놀자고 했다며 상담을 취소하고 싶다고 했다. 친구와의 관계가 매우 불편했던 아이라 아이에게 소중한 기회가 될 수 있을 것 같아 기꺼이 취소하고 다음 시간에 만나 상담을 시작했다. 물론, 미리 정해진 약속을 취소하고 싶어 한 것에 대한 상담자의 서운한 마음을 아이에게 말했다.

상담자: 네가 약속을 지키지 않아 서운했어. 혹시 네가 나와의 만남을 너무 하찮게 여기는 건 아닌지 걱정도 됐고.

(그러자 아이가 웃으며 여유 있는 표정과 목소리로 말한다.)

아　이: 아! 선생님도 제 팬이에요? 이놈의 인기는! 제가 인기가 좀 좋아서 그래요. 좋아요. 선생님 약속을 1순위로 해 줄게요, 됐죠?

어느새 밝아지고 당당해지고 있는 아이의 모습이 너무 예쁘다.

어떤 대화가 아이의 행동을 바꾸는 데 효과가 있는지 확실하게 느껴지지 않는가? 혼내거나 설득하면 당장에는 아이가 잘못을 인정할 수 있지만, 다음 날이면 똑같은 문제 행동이 반복된다. 힘에 눌려 시키는 대로 하지만 마음은 전혀 움직이지 않았기 때문이다. 반면, 행동이 느린 아이에게 "오늘은 거북이 흉내 내는 거야?"라며 농담 삼아 이야기하면 아이는 자신의 행동을 자각할 뿐 아니라 놀이처럼 여겨 다른 역할로 바꾸는 것도 훨씬 수월해진다. 이런 대화는 아이가 자신을 표현하는 데에도 큰 도움을 준다.

앞의 사례에서 책을 선택할 때 유쾌한 분위기를 만들어 주는 웃기는 책을 선정했다고 했다. 책의 선택에서 중요하게 고려해야 할 사항이다. 누구나 재미있다고 느끼는 책, 흥미가 생기고, 호기심이 살아나는 책이 더 좋다. 독서치료사의 실수 중 하나는 증상이 있다고 해서 증상별 책을 선택해서 아이에게 들이대는 것이다. 자꾸 문제를 해결하고 싶은 마음이 앞서는 게 자연스러운 일이지만, 좀 더 효과적인 상담을 진행하기 위해 스스로 조절할 수 있어야 한다. 이런 실수를 줄이기 위해서라도 유쾌함의 가치를 제대로 알고 숙지하는 것은 중요하다. 밝고 유쾌한 분위기의 상담을 진행하다 보면 상담자도 여유가 생기고 보다 지혜롭게 상담을 진행할 수 있게 된다.

아이들은 같이 웃는 사람과는 쉽게 친해진다. 웃음은 긴장을 풀어 주고 불안감을 진정시켜 준다. 심리치료를 진행하면서 아이가 웃을 수 있다면 안정감을 갖고 앞으로 잘될 거라는 기대감도 높아진다. 감각적 웃음도 좋고 새로운 깨달음으로 유발된 웃음은 더욱 좋다. 때때로 아이가 새로운 지식과 깨달음을 얻을 때 공감하고 경청하는 것보다 더 큰 심리적 효과를 발휘하는 걸 경험한다. 심리치료를 잘 진행하려면 "어떻게 재미있는 것만 하고 살 수 있니? 싫은 것도 참고 해야지."라는 말은 맞지 않다. 아이에게 살아가면서 일어나는 거의 모든 일이 재미있다고 가르쳐야 한다. 웃으며 즐겨야 한다. 감각적 즐거움도 필요하지만, 새롭게 배우고 익히는 것이 즐겁다는 점이 더 중요하다. '배우고 익히니 이 또한 즐겁지 아니한가.'라는 느낌을 경험하는 상담으로 진행해 보자.

명랑하고 유쾌한 대화는 언제나 심리적 안전감과 연관되어 있다. 유쾌함은 우리가 수시로 느끼는 어두운 감정들에서 한발 떨어져서 잠시 멈추고 휴식을 취하는 의미이며, 자신이 경험한 부정적 사건을 다른 관점에서 혹은 좀 더 넓은 눈으로 바라볼 수 있는 심리적 여유를 준다. 이 유쾌함으로 아이는 불편한 감정에서 벗어나 다시 심리적 안전감을 얻고 현실의 세계로 돌아올 수 있다. 게다가 이 유쾌함 속에는 아이를 존중하고, 진심으로 아이를 위하는 엄마의 마음이 반영되어 있다. 그러니 사실만 이야기하는 딱딱한 대화에 비교가 안 될 정도로 대화의 마무리는 아름답게 끝난다. 치료자가 유쾌한 태도를 치료 회기에 통합할 수 있다면 고통스러운 경험들은 단지 한 가지 측면에 불과할 뿐이라는 것을 깨닫게 된다.

상담자로서 우리가 심각한 태도를 취할 때의 대가는 폭넓게 생각하는 능력이나 호기심을 유지하는 능력, 아이와 충분히 유쾌하게 어울릴 수 있도록 마음을 가볍게 가질 수 있는 능력, 그리고 이런 상황이 해결될 것이라는 신념을 가질 수 있는 능력 등을 약화시키는 것일 수 있다(Hughes, 2014 재인용).

2) 유쾌함을 주는 그림책 이야기

독서 자료에 대해서도 좀 더 생각해 보자. 유쾌함의 태도는 책을 선정함에 있어서도 고려되어야 할 부분이다. 그래야 편안하고 즐겁게 자신의 이야기를 시작할 수 있다. 유아들이 재미있어 하는 책과 학령기 아동들이 좋아하는 책이 다를 수 있지만, 그래도 누구나 좋아하고 재미있어 하는 책들이 있다. 스토리가 재미있는 책, 새롭고 신기함을 느끼게 하는 책, 놀이처럼 즐겁게 놀 수 있는 책 모두 좋다. 아이가 재미있다고 느끼는 책이 필요하다.

재미있는 그림책은 아이들이 충분히 공감하고 쉽게 동일시될 수 있는 등장인물과 이야기의 설정이 기발하거나, 예측할 수 없는 의외성과 반전, 그리고 약간의 긴장감을 주는 이야기, 카타르시스를 느낄 수 있는 결말, 재미있는 언어 감각을 즐길 수 있는 반복적인 리듬감과 재미있는 이름 등 여러 가지 요소가 작동하고 있다.

『내 멋대로 공주』(배빗 콜, 2005)에서는 제목도 일상의 상식을 벗어난 유머러스한 제목이고, 등장인물인 허둥지둥 왕자, 엉거주춤 왕자, 와덜덜덜 왕자, 어질떵떵 왕자, 뺀질이 왕자는 이름만으로도 재미있다. 『짖어봐 조지야』(줄스 파이퍼, 2000)에서는 짖을 때마다 조지의 목구멍에서 고양이, 오리, 돼지, 소가 튀어 나오는 의외성으로 웃음을 유발한다(신세니, 조희숙, 2008).

『늑대가 들려주는 아기돼지 삼형제 이야기』(존 셰스카 글, 레인 스미스 그림, 1996), 『아기 돼지 세 자매』(프레데릭 스테르, 2001) 등은 기존의 이야기를 뒤집거나 해체한 패러디 이야기로 책 읽는 독자로 하여금 놀라게 하고, 기존의 생각을 뒤집어 주고, 또 다른 생각에 도전하는 사고의 확장으로 흥미를 유발한다. 독서치료 현장에서 내담 아동들에게 유쾌함을 줄 수 있는 독서 자료에 대한 이야기는 제3장에서 좀 더 살펴보기로 한다.

3. 수용

아이가 말이 안 되는 소리를 해도 일단 그대로 받아들여 준 적이 있는가? 수용 (Acceptance)이란 '옳다, 그르다' 혹은 '맞다, 틀리다' '잘했다, 못했다'로 판단하는 것이 아니다. 아무런 판단도 평가도 하지 않고 있는 그대로 아이 마음을 받아들이는 것이다. '하고 싶었구나. 먹고 싶었구나. 가지고 싶었구나. 때리고 싶은 마음이 들 정도로 화가 많이 났구나.' 이렇게 아이 마음에 생겨난 다양한 감정과 생각을 알아 주는 것이다. '이렇게 해라, 저렇게 해야 한다.'가 아니라 '너는 그랬구나.' 로 표현되는 것이 수용이다. '좋을 때나 궂을 때나, 기쁠 때나 슬플 때나' 아이의 마음을 있는 그대로 받아들이는 것이다.

그런데 수용은 부모 입장에서 참 어렵다. 수용하는 자세에 대해 많은 학자가 말하고 있지만 정작 부모가 내 아이 앞에만 서면 제대로 수용하기가 쉽지가 않다. 엄마 마음은 화가 나는데, 아이에게 당장 그렇게 하지 말라고 따끔하게 혼내고 싶은데, 참고 아이 마음을 인정해 주어야 하는 것이니 말이다. 생각해 보자. 아이가 가만히 있기를 바라는데 계속 놀자고 잡아끄는 아이를 쉽게 수용할 수 있는가? 마트에서 많이 먹으면 안 되는 초콜릿을 사 달라고 떼쓰는 아이에게 '먹고 싶구나.'라며 수용할 수 있겠는가?

그렇다고 아이가 뭔가를 요구하는데 바로 안 된다고 야단치면 아이는 더 이상 말을 할 수 없다. 혹시 떼를 쓸 수도 있겠지만 이미 거부당한 아이가 떼를 써서 결국 자기가 원하는 걸 얻게 된다 해도 아이는 수용받았다는 느낌을 갖지 못한다. 수용받지 못한 아이는 성숙하게 자신을 표현하는 방법을 배우지 못할 수도 있다. 그런 엄마의 태도에 지치고 상처받은 아이가 상담을 받으러 온다. 상담자의 수용적 태도가 중요한 이유이다. 상담 상황에서 아이의 마음을 수용해 주는 대화는 어떻게 진행하면 좋은지 다음 사례를 보고 생각해 보자.

상담실에 엄마와 초등학교 1학년 여자아이가 왔다. 그런데 문 앞에서 엄마와 아이가 실랑이를 한다. 엄마는 들어가자고 아이를 억지로 끌고 있고, 아이는 들어오지 않겠다고 계단 난간을 붙잡고 온몸으로 버틴다. 엄마가 난처해하며 먼저 들어온다. 다른 선생님께 아이를 잠시 돌봐 달라고 부탁한 뒤 엄마와 이야기를 나누었다.

아이는 일 년 전에 놀이치료를 받은 경험이 있다. 그런데 치료 경험에서 아이는 그리 즐겁지가 않았고, 아이의 문제 행동을 빨리 고쳐야 한다는 압박을 받았다고 한다. 놀이치료를 받는 내내 아이는 늘 가고 싶어 하지 않았다고 했다. 그래도 처음에 걱정했던 자주 화내고 짜증내는 증상과 소리 지르고 물건을 집어 던지는 행동은 많이 줄어들어 치료의 효과를 보았다고 생각하고 있었다. 그러나 초등학교에 입학한 후 또다시 친구들과 잘 어울리지 못하고 제대로 말도 못하는 현상이 나타나자 담임 선생님이 상담을 받아 보라고 권하셨다고 했다.

이제 생각해 보자. 아이는 상담에 대한 부정적 선입견이 있는 상태이다. 엄마는 아이를 상담실에 데려왔고, 아이는 상담실에 들어와야 상담을 진행할 수 있다. 만약 내가 이 아이의 상담자라면 이 상황에서 어떻게 대처하겠는가? 이럴 때 헷갈릴 필요가 없다. 상담자의 자세 중에서 첫 번째 태도인 유쾌함과 수용의 태도만 활용해도 된다.

(엄마와 이야기를 마치고 상담자가 아이에게 갔다. 아이는 계단 난간을 꽉 잡고 경계의 눈빛을 보이며 몸을 움츠린다.)

상담자: 엄마가 상담센터에 데려와서 놀랐구나. 네가 싫으면 안 들어와도 돼. 선생님은 네가 싫은 건 절대 억지로 안 시키니까 걱정하지 않아도 돼. 아! 그런데 난간을 너무 꽉 잡아서 손이 붙어 버린 거 아냐? 어떡하지? 진짜 붙어 버렸을까

봐 걱정되네.

(그러자 아이가 손을 떼서 확인을 하며 치료자에게도 손을 보여 준다.)

상담자: 와! 고마워. 선생님 안심하라고 보여 주었구나. 그런데 아까 너 안 들어온다
고 소리 질러서 목이 마를 것 같아. 선생님이 주스 갖다 줄게. 망고 주스?
파인애플 주스?

아　이: 망고 주스.

상담자: 어디 가지 말고 잠깐 기다려 주세요. 선생님이 주스 가지러 간 사이에 '뿅' 하
고 사라지면 안 돼요. 알았지? 약속.

아이는 새끼손가락을 내어 상담자에게 약속해 준다. 상담자가 가져다준 주스를
마시고 긴장이 풀렸다. 엄마에게 오늘은 상담을 진행하지 않고 돌아가는 게 좋겠다
고 말했다. 어설프게 아이를 설득해서 들어오게 한들 아직 마음의 준비가 되지 않은
아이가 쉽사리 마음을 열기 어렵기 때문이다. 다만 첫 만남에서 들어오기 싫은 아이
의 마음을 있는 그대로 수용하는 상담자의 모습이 아이에겐 전혀 새로운 경험이 되
었을 것이고, 뭔지 모를 안전감과 편안함을 느껴 다음 상담 때 오기로 마음먹는 데
도움이 되는 것이 분명하다.

기대했던 대로 다음 주에 아이는 엄마와 함께 왔다. 약간 긴장하는 눈빛이 있었지
만, 성공적인 첫 상담을 시작할 수 있었다. 상담자의 유쾌한 태도와 아이의 마음을
수용하는 태도가 아이를 안심시켰기 때문이다.

또 다른 사례도 있다. 약 10회기 정도 독서치료를 진행하던 한 아이가 다음과 같
이 말한다.

아　이: 선생님 미워요. 맨날 선생님 마음대로 하고.

상담자: 선생님 마음대로 한다고 생각되는구나. 속상하겠다. 선생님이 뭘 마음대로

했는지 말해 줄래?

아　이: 맨날 선생님 마음대로 책 골랐잖아요.

상담자: 아! 그런 생각이 들었구나. 몰랐어. 미안해. 그럼 앞으로는 어떻게 했으면 좋

　　　　겠어?

아　이: 책 안 보는 날도 있으면 좋겠어요.

상담자: 솔직하게 말해 줘서 고마워. 또?

아　이: 좀 더 보드게임으로 많이 놀았으면 좋겠어요.

상담자: 와! 보드게임 놀이가 하고 싶었구나. 진짜 솔직하게 말해 줘서 고마워. 또?

아　이: 그 정도면 됐어요.

상담자: 좋아. 앞으로도 이렇게 네가 원하는 게 생기면 꼭 말해 주기 바라. 그럴 수 있

　　　　겠어?

아　이: 그럼요. 그게 뭐 어렵다고!

(아이는 상담자가 자신의 마음을 충분히 수용해 준다고 생각하자 더 당당하게 자신의
마음을 표현하기 시작한다.)

이렇게 아이의 마음이 진정되고 감정을 조절하는 과정을 상담자와 함께 하는 것이
다. 그 과정에서 아이는 안전하게 속상한 마음을 털어놓을 수 있게 된다. 그리고
다시 상담자는 그 마음을 받아들여 준다. 그렇게 아이의 정서가 상담자와 함께 공동
조절할 수 있게 되는 것이다. 상담자의 무조건적인 수용은 아이가 자신에 대한 감각
과 세상에 대한 감각을 키우는 핵심이 된다.

　그런데 '수용'에 대해 오해하는 경우가 있다. 아이가 하면 안 되는 행동을 수용하
라는 의미가 아니다. 속상하고 답답하고 불안한 아이의 마음을 수용한다는 의미이
다. 또한 "선생님 미워요."라고 말하는 아이에게 "그런 말 하면 안 돼."라고 대답하는
것은 수용하는 게 아니다. 최소한 수용하는 태도라면 "선생님이 밉게 느껴졌구나.

그런 마음 들 수 있어. 얼마나 속상하면 그런 마음이 들겠니?"라고 말하는 게 맞다. 이렇게 말하면 아이는 자신의 마음이 수용받았다고 느끼고 조금씩 자신의 마음을 진정시킬 수 있다.

정리해 보면, 수용적 태도는 아이의 '행동'을 모두 받아들이라는 것이 아니다. 그 행동을 하고 싶은 아이의 '마음'을 받아들이되, 하면 안 되는 '행동'은 단단하게 제한하는 것이다. 상담이 진행된 지 얼마 되지 않아 그냥 상담실을 나가려는 아이라면, 처음 한두 번은 그 마음을 수용해 주는 것이 좋다. 하지만 계속 습관이 되어 버리면 곤란하다. 그럴 때는 상담 시작 전에 미리 "우리는 3시까지 이 방에서 선생님과 이야기하고 책도 읽고 놀 거야. 약속시간까지 상담실에 있기가 좀 불편할까? 오늘은 몇 번 나가고 싶어? 3번? 좋아, 그럼 3번을 잘 지켜보자."라고 말해 보자.

아이가 원하는 행동을 제안하고, 약속하고 지키도록 도와주는 과정을 진행하는 것이 좋다. 이런 과정을 통해 아이는 충분히 수용받는 느낌으로 조금씩 행동을 바꾸어 갈 수 있게 된다.

부모 상담 시 마트에서 장난감을 사 달라고 떼쓰는 아이를 대하는 방법을 조언할 때에도 수용의 대화를 활용해 볼 수 있다. 아이의 마음을 수용하면서 동시에 행동을 제한하고 싶다면 "정말 갖고 싶구나. 네가 속상해하니 엄마도 속상해. 그런데 오늘은 장난감 사는 날이 아니야. 그러니 살 수가 없어. 엄마가 네 마음이 풀릴 때까지 꼭 안아줄게. 우리 시식 코너 한 바퀴 더 돌까?"라고 말하도록 도와주는 것이 좋겠다.

4. 호기심

"아이가 너무 산만해요. 짜증을 잘 내요. 공격적이에요." "아이가 무기력해요. 물어봐도 말을 잘 안 해요. 답답해요. 친구에게 당하기만 해요." 부모가 호소하는 아이들의 문제 행동이다. 부모는 심각한 문제 행동이라 생각하고 빨리 고쳐 달라고 호소한다. 이때 상담자가 자주 하는 실수가 있다. 상담자는 누구에게 공감하는가? 상담자도 성인이고 아이가 잘 자라길 바라는 마음이 간절하기에 자기도 모르게 아이의 마음보다 부모나 교사의 입장에 더 공감하게 된다. '부모가 얼마나 걱정되고 힘들까?' 싶은 마음이 든다. 그래서 빨리 아이의 행동을 수정하고, 아이에게서 그런 행동을 안 하겠다는 답을 듣기 위한 상담 목표와 치료계획을 세우게 된다. 특히 독서치료에서는 책을 선정하는 과정에서 더 실수하기가 쉽다. 아이의 그러한 문제 행동을 다루는 책을 고르게 되는 경향이 있기 때문이다. 물론 그런 책이 필요한 단계가 있겠지만 아직 섣부르다.

우선 아이의 마음에 공감해 보자. 아이가 왜 그랬을까? 왜 그런 행동을 했을까? 그런 행동을 할 수 밖에 없는 이유가 있지 않을까? 부모나 교사의 말을 듣고 아이의 행동을 보면서 '문제이다, 아니다'를 판단하기 전에 가장 먼저 생각해 봐야 할 것이 바로 아이의 행동 이유이다. 표면적인 이유도 있고, 심리적인 이유도 있고, 무의식적인 이유도 있을 것이다. 그런 것을 '아이 마음에 대한 호기심'을 가지고 알아보지도 않은 채 아이의 행동을 순화 혹은 교정하는 데만 목표로 둔다면 상담의 방향이 잘못되거나 중요한 정보를 놓쳐 버릴 수도 있다.

오랜 경력을 가진 상담자가 폭력적인 언어 사용 때문에 문제가 된 초등학교 6학년 내담 아동(A)과 상담하면서 아이가 사용하는 언어의 폭력성을 고쳐 주는 상담을 6개월 이상 진행하였다. 그 아이는 자신이 싫어하거나 괴롭히는 친구들을 묘사하면서 늘 폭파시켜 버리겠다거나, 몰래 죽여 버리겠다는 말을 했다. 상담자가 그렇게 말하는 이유를 물어보긴 했지만 아이는 제대로 된 이유를 말하지 않고 "그냥 싫어요. 그냥 이유 없이 미워요."라는 말만 했다. 아이의 언어 습관이 친구 관계를 힘들게 하는 것 같아 상담자는 아이의 언어 습관을 바꿔 주는 상담을 계속 진행하였다.

그런데 상담이 7개월쯤 접어들 무렵 같은 반의 다른 친구(B)가 따돌림과 괴롭힘을 당하는 사건이 생겼다. B가 부모님께 하소연하고, 학교폭력위원회가 열려 조사하는 과정에서 A도 심한 괴롭힘을 당했음이 밝혀졌다. 부모는 아이가 난폭해서 그랬던 게 아니라, 폭력을 당한 피해자의 증상이었음을 그제야 알고 아이를 혼내기만 했던 걸 마음 아파했다. 그리고 상담자는 자신이 그런 신호를 감지하지 못했다는 사실에, A가 상담자에게조차 털어놓지 못하는 상담을 진행했다는 사실에 상담자로서의 자격이 있는지 자책감과 자괴감으로 괴로워했다. 왜 이런 일이 발생하였을까?

문제행동이나 언어표현이 심하다면 가장 먼저 '분명히 그럴 만한 이유'가 있을 거라고 믿어 주는 아이에 대한 호기심이 부족하지 않았을까? 부모들이 문제라고 판단하고 호소하는 현상들은 생각보다 진짜 문제가 아닌 경우가 더 많다. 상담자 또한 문제라고 생각하고 고치려고만 하고 있었다면 멈춰야 한다. 아이가 왜 그럴 수밖에 없었는지 진지한 호기심을 가지고 아이의 깊은 내면까지 들여다보아야 한다.

'아이가 산만하다'는 문제를 호소한다면 아이가 문제인 것 같지만, 우선 산만하다는 아이의 연령과 집중시간을 자세히 살펴보자. 불안이 높으면 조금이라도 불편한 상황에서 산만해질 수 있고, 또 다른 원인이 있지만 말로 표현하지 못할 수도 있다. 그러니 호기심을 가지고 자세히 관찰해 보면 아이가 말로 표현하지 않는 심리적 특성과 문제행동의 원인을 알아볼 수도 있다. 또한 부모가 말하는 산만함의 기준도 자신만이 가진 기준일 수 있다는 점도 고려해야 한다. 5세 아이가 10분을 못 앉아 있는다고 산만하다고 말하는 경우는 또래의 평균 집중시간에 대한 무지 때문일 수 있고, 짜증을 잘 내는 건 엄마가 아이 마음을 전혀 알아주지 못해서 생긴 현상일 수 있다는 말이다.

상담자의 치명적인 실수는 섣부르게 판단을 내리는 것이다. 아이가 조금만 소리를 질러도 예민한 엄마가 쉽사리 공격적이라는 말로 정의를 내려 버리는 것처럼 말이다. 많은 부모가 저지르는 실수를 상담자가 똑같이 반복하면 상황은 어려워진다.

유·아동기 아이들의 행동은 특별한 경우를 빼곤 정상 범주에 속하는 경우가 대부분이다. 다만 부모가 자신의 아이가 어떤 아이인지 알지 못해서, 아이의 연령대에 정상적인 범주의 행동이 어느 정도인지 몰라서, 혹은 부모의 기대 수준이나 불안 수준이 너무 높아서 생겨난 오해로부터 비롯되는 것이 많다. 그러니 정상인지 아닌지를 판단하기보다 먼저 부모와 교사 그리고 상담자가 생각해야 할 것은 우리 아이의 나이와 어떤 기질과 성격을 가진 아이인지, 그리고 어떤 이유로 그런 행동을 하는지 호기심을 가지고 이해하는 일이다.

우리는 정답을 알지 못한다. 호기심이란 '모른다'는 강력한 태도로부터 흘러나온다. 호기심은 대화와 이야기 속에서 새로운 의미를 발견해 가는 과정이 되기도 하고, 제대로 알아 가는 과정에서 내담자에 대한 진심 어린 애정을 갖게 되는 것이다.

아이에게 호기심을 가져야 한다. 호기심 있는 태도란 '네가 잘못됐어.'라고 전달하는 게 아니라, '네가 이렇게 하는 건 이유가 있었구나.'라고 다시 아이도 알게 도와주는 일이다. '왜 그래?' 하고 따지는 일이 아니다. '응? 넌 그렇게 하는구나. 왜 그렇게 하고 싶어?'라고 호기심 있게 아이의 행동을 관찰하고 알아 가는 과정이다. 호기심은 단순히 질문하는 것이 아니라 아이를 존중할 때 나오는 진심 어린 궁금증이다. '이렇게 해야 한다.'는 명제로 아이를 보는 것이 아니라 '우리 아이가 저런 행동을 하는 이유는 뭘까? 무슨 의도일까? 어떤 식으로 하는 걸 더 좋아할까?' 하고 아이의 행동의 의미에 대해 궁금해하는 것이다.

아이들은 종종 자신의 행동이 적절하지 않다는 것을 알고 있다. 하지만 왜 그렇게 하는지에 대한 이유를 말하지도 못하고, 자신도 다 알지는 못한다. 그러니 상담자가 아이가 왜 그러는지 알아주고 다시 반영해 줄 때 아이도 자신이 어떤 사람인지 조금씩 알아 가게 되는 것이다.

잠시도 앉아 있기 힘들어하고 조금만 힘들어도 몸을 비트는 초등학교 3학년 아이가 있다. 학교에서 이런 행동은 늘 지적받고 혼나는 행동이다. 아이의 행동에 대한 종합적인 평가가 필요하여 종합심리검사를 진행했다. 물론 조금 힘들어하기는 했지만, 아이는 2시간 30분 정도의 검사시간을 잘 견뎌 냈다. 잘했다고 훌륭하다고 칭찬해 주고 넘어갈 수도 있겠지만, 이렇게 아이가 바람직한 행동을 했을 때도 호기심을 가지고 질문해 보자.

> 상담자: 이렇게 긴 시간 동안 어떻게 잘 견디고 검사 받을 수 있었어?
> 아　이: 제가 제대로 안 하면 엄마가 창피할까 봐요.

옆에서 듣고 있던 엄마의 눈이 놀라서 동그래진다. 눈물이 핑 돌고 미소가 떠오르며 고맙다고 말한다. 아이의 기특한 속마음을 조금 알게 된 엄마는 진정하게 되었고, 몇 달 만에 부드러운 대화가 이루어졌다고 했다. 이렇게 아이의 예쁜 의도를 알게 된다면 부모와 상담자가 아이를 믿는 마음이 더 커지고, 이를 바탕으로 변화와 성장의 속도가 더 빨라질 것이 분명하다.

상담자가 아이가 행동하는 이유에 대해 호기심을 가질 때 아이는 자신을 이해하고 치유받고 성장할 수 있다. 누군가 진심 어린 호기심으로 아이의 마음에 대해 물어보아야 아이가 마음을 열고 자신을 마음껏 내보이게 된다. 그렇게 발전해 간다. 아이들에게 호기심을 가지고 다음과 같이 질문해 보자.

- "그런 일이 있을 때 넌 어떻게 하고 싶어?"
- "왜 네가 그렇게 말했는지 궁금해."
- "그런 일이 생기면 넌 어떻게 하니?"
- "그래서 넌 어떻게 하고 싶어?"
- "나와 이야기 나누는 것에 대해 어떻게 생각하니?"

상담자들을 평하는 말 중에 이런 말이 있다. '상담자가 모든 걸 아는 척하는 태도가 너무 싫어요.' 상담자는 마음에 대한 공부를 하다 보면 사람들의 행동에서 그 이유를 분석하고 짐작하는 오류를 범하는 과정을 대부분 거치는 것 같다. 조심해야 할 태도이다. 내담자에 대해 '모른다'는 강력한 태도를 가지고 호기심 있게 내담자의 마음을 탐색해야 한다. 호기심의 역할은 상담 초기의 진단하는 과정이나 치료의 계획을 세우는 과정뿐 아니라 끊임없이 내담자와 마음과 행동에 대한 이야기를 나누면서 지녀야 하는 태도라 강조하고 싶다. 어쩌면 내담자 자신도 몰랐던 자신에 대한 생각들을 상담자와 함께 찾아가게 되는 멋진 여정이 될 수 있을 것이다. 상담에서 아이의 행동에 대한 호기심 있는 질문은 예외 질문이나 대처 질문이 매우 효과적이다. 이 부분은 제4장의 '해결중심 단기치료를 적용한 독서치료'에서 조금 더 깊이 있게 살펴보기로 하자.

5. 공감

친구에게 따돌림과 괴롭힘을 당하는 경험을 한 초등학교 4학년 두 남자아이 A, B가 있다. 둘 다 학교에 가기 싫어하는 증상이 심해져서 의뢰되었다. 둘은 각각 서로 다른 상담가와 상담을 시작했다. 약 세 달이 지난 후 두 아이의 상담 과정을 비교해 보았다. A는 상담이 잘 진행되고 있었으며, 상담에 오는 시간을 즐거워했다. 그래서인지 점차 안정적인 모습을 보이며 밝게 웃는 시간이 점점 늘어났다. 반면, B는 그렇지 못했다. 상담은 진행되고 있지만 아이는 상담 받기를 지속적으로 싫어했고, 상담에 올 때마다 엄마는 아이와 실랑이를 하느라 힘이 들었다. 초기에 호소했던 문제 행동은 조금 나아졌다 다시 퇴보하기를 반복하고 있었다.

왜 이런 일이 생길까? 물론 비슷한 문제 행동이 나타난다고 해서 상담 과정과 결과를 단편적으로 비교해 보기는 어렵지만, 상담의 차이가 두드러지게 나타난다면 우선 상담자의 상담 태도를 점검해 보는 과정이 우선이다.

A의 상담자는 공감하는 말로 시작한다.

> A의 상담자: 말하는 네 표정을 보니 지금 상태로 학교에 간다는 게 정말 힘든 일이라는 게 나도 잘 느껴져. 그 정도로 힘들었으니 학교 가기 싫다는 말을 할 수밖에 없었겠구나. 여러 번 말해도 엄마가 잘 들어주지 않아 혼자 막막했을 것 같아 선생님이 마음이 아파. 그런데도 어떤 날은 학교에 갈 수 있었다는 것이 너무 놀라워.

B의 상담자도 공감으로 대화를 시작한다.

> B의 상담자: 네가 학교에 가는 게 정말 많이 힘들구나. 얼마나 힘들었으면 그런 말을 하겠니. 그런데 그래도 학교는 가야 하지 않아? 학교에 잘 다닐 수 있도록 선생님이 도와줄게.

두 대화의 차이가 느껴지는가? A의 상담자는 내담자의 마음에 함께 머무르고, 섣부르게 학교에 가야 한다는 사실을 강조하지 않는다. 얼마나 힘들었는지 공감해 주고, 상담가가 느끼는 마음을 전달하여 충분히 함께하는 공감을 이루어 가고 있다. 반면, B의 상담자 또한 분명 부드럽고 친절한 말투이고 공감의 언어로 시작했지만, 곧바로 '그런데'라며 아이에게 부모와 상담자가 원하는 것을 강조하고 꼭 학교에 가야 함을 강요하고 있다.

어쩌면 B의 상담자는 아이에게 공감한 것이 아니라 공감한 '척'한 것일 수 있다. 공감할 때 조심할 점은 공감해 주는 척하는 경우가 많다는 것이다. 상담자가 아이에게 공감하는 것이 아이에게도 느껴져야 한다. 상담자는 마음을 읽어 주고 공감해 주었다고 말하지만, 아이 입장에서 전혀 공감을 받은 느낌이 아니라면 그건 공감한 것이 아니다. 아이는 다 안다. 아이 마음이 잘 이해되지 않거나 공감되지 않을 때는 차라리 솔직한 게 바람직하다.

공감이 잘 안된다면 차라리 호기심을 가지고 "네 마음을 잘 이해하려 애쓰지만 아직 이해되지 않는 게 있어. 네가 얼마나 힘들었을지 나도 제대로 알고 싶어. 너를 이해하기 위한 질문에 대답해 줄 수 있겠니?"라고 다시 솔직하게 질문하는 것이 더 공감적인 태도가 아닐까? 공감은 더 이상 강조하지 않아도 될 만큼 상담자의 필수 조건이자 가장 기본적으로 갖추어야 할 태도임을 모르는 사람은 없다. 하지만 현장에서 상담을 진행하고 여러 상담 사례를 공부하다 보면 의외로 상담자도 정확한 공감을 실천하기가 쉽지 않다는 생각이 들 때가 많다. 상담자가 자신도 모르게 부모나 교사의 마음에 공감하고 있는 경우가 많기 때문이다.

앞의 사례에서 궁극적인 상담의 목표는 아이가 다시 건강하게 학교생활을 하도록 하는 것일 수 있다. 하지만 상담자가 말로 목표를 강조한다고 해서 상담이 잘 진행되는 것은 아니다. 이제 현장에서 효과적인 독서치료를 위하여 공감에 대하여 다시 고민하고 진정한 공감이란 어떤 정도까지 진행되어야 하는지 살펴보자.

공감은 단순히 마음을 읽어 주는 것에 있지 않다. "힘들어 보여요. 정말 힘들겠어요. 정말 많이 화가 난 것 같아요." 같은 공감적 대화를 못하는 상담자는 없다. 좀 더 깊이 있는 공감, 내담자가 자신이 공감 받고 있다고 느끼는 수준의 공감이 필요하다. 대니얼 휴즈가 강조한 치료자의 태도에서의 공감을 좀 더 살펴보자. 그는 치료자가 내담자와 '함께하는 공감'의 경험이 중요함을 강조하고, 함께하는 공감에는 중요한 두 가지 요소가 있다고 말한다. 이는, 첫째, 치료자의 공감은 내담자에 의해 경험되지 않는 한 소용이 없다는 것이고, 둘째, 내담자의 경험에 대한 치료자의 공감이 내담자에 의해 경험될 때, 내담자는 자기 자신에 대한 공감을 경험하게 된다는 것이다.

공감은 치료자가 타인의 경험에 대한 자기 자신의 정서적 반응을 직접적으로 말할 때 보다 풍부하고 강하게 느껴진다. 즉, 내담자의 이야기의 한 측면에 대한 공감의 공동 경험은 이제 그 자체가 내담자와 치료자 모두의 이야기 속으로 들어오는 경험이 된다는 것이다.

정리해 보자. 공감은 아이의 슬픔과 고통 속에 들어가 함께 느끼고 함께 처리하는 것이다. 아이에게 "많이 힘들었지. 얼마나 무서웠어? 혼자 힘들어하지 않아도 돼."라 말하고 상담사가 아이의 마음에 함께 머무르며 그런 마음을 잘 이해하고 있음을 내담자에게 전달하는 것이다. 상담자가 아이 마음을 제대로 공감해 줄 때 아이도 자신의 마음을 이해하게 된다. '아, 내가 겁이 났구나. 두려웠구나. 무서웠구나. 당황했구나.'라고 스스로 자기 마음을 알아차리게 된다. 그래서 공감은 중요하다. 아이가 잘 성장한다는 것은 자기 스스로 자신을 잘 돌보는 아이로 자라는 것이다. 스스로를 잘 돌보기 위해서는 아이는 자신의 마음을 잘 알아차려야 한다. 치료자가 진심으로 자신을 공감해 준다고 아이가 느낄 때 아이는 스스로 자신의 마음을 알아차리고 표현할 수 있게 되는 것이다.

이상으로 치료자의 네 가지 태도에 대해 알아보았다. 치료자와 내담자 그리고 독서 자료의 세 가지의 통합적 작용으로 이루어지는 독서치료에서도 가장 중요한 부분이라 강조하고 싶다. 아무리 좋은 책이라도 치료자의 태도가 내담자에게 적합하지 않다면 치료는 기대대로 진행되지 않는 경우가 많다. 특히 유아와 아동을 대상으로 한 독서치료에서는 치료자의 태도가 가장 중요한 부분이라는 사실을 한 번 더 강조하고 싶다.

{ chapter 3 }

애착치료를 위한
독서치료

"좋은 치료자가 환자에게 하는 것은, 양육을 잘하는 부모가 자녀에게 하는 것과 유사하다."

– 『존 볼비와 애착이론(John Bowlby and Attachment Theory)』의 저자 제레미 홈스(Jeremy Holmes)

어쩌면 상담자가 꼭 알아야 할 기본 상담 태도에 대한 제레미 홈스의 표현보다 더 명확한 표현이 또 있을까 싶다. 앞 장에서 이야기한 상담자의 태도 PACE를 비롯해 다양한 심리 이론과 기법은 좋은 엄마가 아기에게 하는 대부분의 것을 이론화한 것이라는 것을 다시 한번 생각하게 된다. 결국 좋은 상담자는 내담자와 애착 형성을 잘할 줄 알아야 할 뿐 아니라 내담 아동이 다시 엄마와 안정적인 애착을 형성할 수 있도록 도와주어야 한다는 의미가 된다.

1. 애착치료의 주요 개념

1) 주요 개념

애착이라는 용어는 존 볼비(John Bowlby)가 1973년에 최초로 제시한 개념으로, "애착이란 영아와 양육자 간 연결되는 강렬하고도 지속적인 정서적 결속"이라고 정의하였다. 볼비는 대학 졸업 후 약 1년 동안 부적응아 발달 학교에 머문 적이 있다. 그는 그곳에서 생활하면서 아동의 행동장애와 가족 역기능 사이의 밀접한 관계를 발견하였다. 이때부터 아동기의 실제 경험이 병리적 성격에 영향을 준다고 생각하기 시작했고, 이것이 애착이론의 핵심이 되었다. 볼비가 목격한 것은 심각한 심리적 문제를 안고 있는 사람은 아동기 때 중요한 타인과의 애착 관계가 단절되었거나 손상되었고 역기능적 가정에서 자랐다는 것이다. 아동이 출생 직후 부모로부터 받은 보살핌의 질이 차후 정신건강의 토대이며, 부모로부터 따뜻하고 친밀하고 지속적인 보살핌을 받은 아이가 건강하게 자랄 수 있다는 것이다. 간단하게 말하면, 어린 아동의 정신건강에 엄마의 지속적인 보살핌이 필수적이라는 의미이다. 물론, 중요한 역할을 하는 사람은 기본적으로 어머니이지만 아버지, 다른 식구들, 혹은 대리부모도 부모 역할을 할 수 있음을 연구 결과로 밝히고 있다.

볼비는 기본적으로 자녀의 건강 혹은 병리를 결정하는 것은 부모의 양육 방식이며, 그것이 영아기뿐만 아니라 아동기와 청소년기의 발달 경로에도 영향을 미친다고 말한다. 아동에게 심리적 문제가 나타났다면 아이의 엄마는 어린 시절 자신이 부모에게 품었던 적대감을 부모가 된 지금 자녀에게 표출하고 있으며, 자기 부모가 충족시켜 주지 않은 욕구를 채우기 위해 자녀에게 부적절하고 비정상적인 것을 요구한다는 사실을 발견했다. 이때부터 볼비는 가족 간 상호작용과 정신병리의 대물림 현상에 주목하기 시작하였다.

볼비는 불우한 가정환경과 원활하지 못한 가족 간 소통은 불안정 애착을 심어 주기 때문에 과도한 분리불안의 원인이 된다고 제안하였다. 즉, 일관성 있고 신뢰할 만하고 공감해 주는 부모 밑에서 자란 아동은 부모와 안정 애착을 형성하고, 다양한 형태의 유기, 거절, 학대, 비일관성 등을 경험한 아동은 불안정 애착을 형성한다는 것이다.

2) 애착 유형

메리 에인즈워스(Mary Ainsworth)는 볼비가 『타임스』지에 낸 '초기 아동기에 엄마와 분리되는 경험이 미치는 심리적인 영향을 연구하는 연구자'를 구하는 구인광고를 보고 지원해 연구에 함께 참여하게 된다. 이렇게 시작된 볼비와 에인즈워스 두 사람은 서로 영향을 주고받으며 거의 40년 동안 지속적인 공동 작업을 이루었다.

애착이론의 요지는 인간은 병리적인 존재로 태어나는 것이 아니라, 병리적인 존재로 길러지는 측면이 더 많다고 보는 것이다. 인간은 어린 시절 양육자로부터 예측 가능하고 안전한 심리적 환경을 제공받아야 하는데, 그렇지 못하면 자연적인 발달 과정이 방해를 받아 정신병리가 발생할 수 있으며, 어린 시절에 형성된 병리적 패턴은 정도의 차이는 있지만 평생 동안 유지되고 그다음 세대에도 대물림되는 경향이 있다고 보는 것이다.

유아의 안정성이나 불안정성을 결정하는 것은 애착 관계에서 이루어지는 비언어적 의사소통의 질이며, 발달 초기의 비언어적 상호작용이 정신적 표상과 정보처리 규칙으로 유아에게 저장되고, 이것이 다시 아동, 청소년 그리고 성인이 사고하고 느끼며 기억하고 행동하는 것에 영향을 미치는 방식을 보여 주었다.

에인즈워스는 '낯선 상황(strange situation)' 실험 연구를 통해 애착 유형에 개인차가 존재하며, 엄마와 유아의 상호작용 패턴과 관련된 세 가지 애착 유형을 발견해 냈다.

또다른 연구자인 메리 메인(Mary Main)은 20년 후, 에인즈워스의 세 가지 유형으로 설명되지 않던 네 번째 유형인 불안정 혼란형도 밝혀냈다. 에인즈워스와 메리 메인이 밝혀낸 네 가지 애착 유형의 특성은 다음과 같다.

(1) 안정 애착

안정 애착을 형성한 아이는 엄마와 함께 있을 때 활발하게 주위 환경을 탐색하였고 정서적 교류를 하려 하였다. 엄마와 분리될 때는 고통스러워하고 엄마를 찾았다. 엄마를 다시 만나면 반가워하고 엄마와의 접촉으로 안정을 되찾아 다시 놀이에 몰두하거나 환경을 탐색하였다. 이와 같은 유연성과 탄력성은 유아가 보내는 신호와 의사소통에 민감하게 반응한 엄마와의 상호작용의 산물로 보였다. 이 엄마들의 행동은 감정적으로 공감하고, 아이의 요구를 수용해 주었으며, 민감하게 반응하는 경향이 있었다. 에인즈워스는 안정된 애착을 형성하기 위해서는 어머니의 민감성과 반응성이 요구된다는 것을 발견하였다.

(2) 불안정 회피형 애착

불안정 회피형 애착을 형성한 아이는 엄마와 함께 있어도 장난감이나 주변 환경만 탐색하는 것으로 보였고, 엄마에게 큰 관심을 보이지 않았다. 분리될 때에도 울지 않았으며, 엄마를 다시 만나도 정서적 표현을 거의 하지 않았고 오히려 회피하거나 무시하는 경향을 보였다. 하지만 고통받지 않는 것처럼 보인다고 해서 침착한 건 아니었다. 이 아이들의 낯선 상황 절차 이후에 측정한 스트레스 호르몬의 수치는 안정된 유아에 비해 증가량이 유의하게 높았다. 이 아이들은 엄마에게 요구해도 소용이 없을 것이라 스스로 결론짓고 체념한 것 같았다. 이후의 연구에서 이 유형의 엄마들은 연결을 원하는 유아의 시도를 적극적으로 거부했다는 사실을 발견했고, 유아가 슬퍼하고 있는 것처럼 보일 때도 뒤로 물러나는 것을 관찰했다. 아이들은 엄마에게 안겼을 때도 엄마를 껴안거나 달라붙기보다 축 늘어지는 현상도 발견할 수 있었다.

(3) 불안정 저항/양가적 애착

불안정 저항 애착을 형성한 아이는 엄마와 함께 있어도 불안한 듯 주변을 탐색하지 못하고 엄마에게 붙어 있거나 놀아도 자주 엄마를 확인하였다. 분리될 때에는 심하게 울음을 터뜨리며, 너무 고통이 심해 실험을 중단하는 경우도 종종 있었다. 엄마와 다시 만났을 때 엄마가 안으려고 할 때 거부하듯 몸을 뒤로 젖히는 것에서부터, 엄마에게 붙어 있긴 했으나 쉽게 안정되지 못하고 오히려 발로 차거나 때리기까지 하는 분노를 나타내는 양가적인 감정을 표현하기도 했다. 이 유형의 아이들은 엄마와 다시 만나는 것이 괴로움을 줄여 주지도 못했고, 집착하는 행동을 멈추게 하지도 못했다. 마치 엄마가 곁에 있음에도 아이는 거기에 존재하지 않는 엄마를 계속 찾고 있는 것처럼 보였다.

(4) 불안정 혼란형 애착

이 유형의 아이들은 모순되거나 혼란스러운 행동양식을 보이는데, 특히 부모와의 재결합 시 얼어붙거나 상동 행동을 반복하는 등 불완전한 움직임을 갖는 특징이 있었다. 혼란형 애착은 애착 대상이 안전한 피난처인 동시에 위험의 근원으로 경험될 때, 즉 안식처여야 할 엄마가 동시에 공포의 근원이 되는 해결할 수 없는 모순에 맞닥뜨려 위험을 느낄 때 애착이 붕괴된 상태를 나타낸다는 것이다.

3) 부모의 의사소통 방식이 애착 유형에 미치는 영향

애착 관계를 형성하는 가장 중요한 요소는 유아와 양육자 간 의사소통의 질이었다는 걸 알 수 있다. 안정된 애착이 형성된 엄마와 유아 사이에는 조율된 의사소통이 있었으며, 엄마는 유아의 비언어적인 단서들을 민감하게 읽어 내고 적절하게 반응했다. 한마디로 안정된 애착 유형 아이의 엄마는 '아이가 무엇을 느끼는지 민감하게 알아차리고, 아이에게 필요한 것을 반응해 주었다.' 자녀와 안정된 애착을 형성한 부모는 자녀에게 심리적 안전기지가 되는 존재로서, 거기서 아이는 낯선 환경에 대한 불안과 두려움을 견디게 된다. 그리고 안전감을 얻은 아이는 다시 주위 환경을 자유롭게 탐색할 수 있게 되는 것이다. 애착 이론가들은 부모-자녀 상호작용 패턴이 자녀의 대인관계 패턴이 된다고 주장한다. 애착에서 형성된 관계 패턴은 이후 다른 사람들과 관계하는 방식뿐만 아니라 느끼고 사고하는 습관에서도 나타난다는 것이다.

볼비에게 10년간 슈퍼비전을 받은 영국의 정신의학자 마리오 마론(Mario Marrone)은 『애착이론과 심리치료(Attachment and Interaction)』에서 자녀에게 병리를 유발하는 부모의 소통 방식을 정리했다. 병리적인 소통은 일상에서 항상 반복되고 있기 때문에 불안정 애착의 중요한 요인이 된다. 병리를 유발하는 의사소통의 뿌리는 부모가 흔히 통제적·거부적·징벌적·가학적 특징을 보이거나 혹은 자녀에게 얽매여 있는 양가적인 특징이 있다. 이런 소통 방식을 계속 고집하게 되면 결과적으로 아동의 자기존중감과 자신감이 손상되고, 아동은 과도하게 죄의식이나 수치심을 느끼며, 자신의 생각과 지각을 불신하고 인지적으로 혼란스러워진다고 한다.

자녀에게 병리를 유발하는 부모의 소통 방식에 대한 이해는 내담 아동이 어떤 소통 방식으로 상처받고 불안정 애착이 형성되었는지 이해할 수 있는 좋은 자료가 된다. 최소한 성공적인 심리치료가 되기 위해 무엇을 하지 말아야 할 것인지 명확하게 보여 주고 있다. 알아두면 유용하게 활용할 수 있을 것이다.

자녀에게 병리를 유발하는 부모의 소통 방식

1. 아동이 위안을 요청하면 비난한다

위로받고 싶은 아이를 야단치면 아이에게 자신은 겁쟁이라는 자기표상이 형성될 수 있다. 즉, 부모가 보여 주는 반응은 자녀의 내면에 형성되는 자기와 타인에 관한 내적 작동 모델 혹은 의미기억의 내용과 밀접한 관계가 있다. 엄마가 자녀에게 말한 것은 얼마 후 자녀의 일부가 된다.

2. 아동이 목격한 집안일을 부인한다

부모가 자신의 부정적인 측면을 줄이고 긍정적인 측면을 과장하려고 노력한다. 이러한 주입은 자녀에게 공연한 죄책감을 심어 주고, 인지적 · 지각적 발달을 방해한다.

3. 죄책감을 유도하는 언행

부모들은 훈육을 위해 죄책감을 유도하고 이는 종종 좋은 결과를 얻는다. 그러나 이런 방식이 자주 사용되면 자녀에게는 죄책감에 사로잡힌 초자아가 형성된다.

4. 아동의 주관적 경험을 쓸데없는 것으로 취급한다

부모는 자신이 원하는 대로 현실을 바꾸어 놓기 위해 아동이 경험하는 감정을 쓸데없는 것으로 취급한다. 이런 아동에게는 슬픔, 외로움, 분노를 표현하는 것이 금지되어 있다.

5. 위협

부모의 위협적인 언행에는 '사랑하지 않겠다.' '갖다 버리겠다.' '네가 그런 나쁜 짓을 하면 내가 죽어 버리겠다.'와 같은 협박이 포함된다.

6. 비생산적 비판

어떤 부모는 항상 자녀를 비판하여 자녀의 자기존중감에 상처를 준다. 이런 비판에는 자녀를 거부한다는 메타 커뮤니케이션이 포함되어 있다.

7. 수치심을 자극하는 언행

어떤 부모는 종종 잔인하고 모욕적인 말로 자녀의 수치심을 자극한다. 이런 경우 아이는 사회공포증으로 고생할 수 있다.

8. 독심술과 간섭

어떤 부모들은 자녀에게 충분한 심리적 자유를 허용하지 않는다. 그렇게 되면 아동은 모두 다 노출되기 때문에 마음속에 간직할 수 있는 것이 아무것도 없다고 생각한다.

9. 진퇴양난

첫 번째 말에 뒤이어 모순이 되는 두 번째 말을 던지는 소통 방식이다. "나가서 그 친구와 놀아도 돼. 하지만 내가 그 아이를 싫어한다는 건 너도 알겠지?" 결국 자신은 아무것도 할 수 없으며 어떤 것을 하든 거부당할 것이라는 생각을 심어 주는 매우 해로운 것이다.

10. 역설법

예컨대, "네가 그런 행동을 하니 무척 기뻐!"라며 화난 목소리로 말하는 것이다. 경우에 따라서는 인지적 혼란을 초래할 수 있다.

11. 부정적 비교

형제자매 혹은 또래와 비교하는 것이다. 비교를 반복하면 아동의 자기존중감과 자신감이 손상된다. 누구처럼 되라는 부모의 비교에는 아이를 거부한다는 의미가 함축되어 있으며 이런 말을 자주 들으면 나중에는 신념이 된다.

12. 반발심을 자극하는 언행
"네가 자전거 일주를 한다고? 아마 떠나기도 전에 지쳐 있을걸!" 부모가 자녀에게 높은 목표에 달성하지 못할 거라는 전제로 내뱉는 말은 자녀의 자신감에 상처를 준다.

13. 끊임없는 질책
부모의 모든 고통이 자녀 탓이라 말하며 끊임없이 질책하는 것은 자녀의 죄책감을 자극하는 것이며, 더 중요한 특징은 강한 적대감이다.

14. 자녀의 좋은 의도까지 비하하는 언행
"공부 좀 잘했다고 이제 네 마음대로 하고 싶겠지!"라며 어떤 부모는 자녀를 아무 짝에도 쓸모없다는 전제하에 자녀의 좋은 의도까지도 비하한다.

15. 아동의 권리를 무시하는 언행
어떤 부모는 아동에게는 의견을 말할 권리도 없고 아동의 의견은 심각하게 고려할 가치가 없다고 생각한다.

16. 자기 이야기만 늘어놓는 부모
자녀가 자기 문제를 이야기하면 어떤 부모는 즉시 자기에 관한 이야기를 한다.

17. 자녀를 귀찮아하거나 냉담한 반응을 보인다
어떤 부모는 자녀가 놀라거나 당황하여 부모에게 도움을 요청하면 "그런 쓸데없는 문제로 나를 귀찮게 하지 마라!"라고 한다.

18. 과민 반응

어떤 부모는 자녀의 불안과 곤경에 극단적인 반응을 보인다. 이런 반응은 아동에게 현재의 상황을 좀 더 비관적으로 예측하게 한다. 이런 경험이 반복되면 아동은 부모로부터 보호받을 수 없다고 생각한다.

2. 애착증진 치료를 위하여

1) 내적 작동 모델이란?

에인즈워스는 아동이 초기 양육자와의 관계 경험은 이후 지속적으로 발달하여 자기와 타인에 대한 신념으로 재조직되어 후속적 발달로 이어지며 이후 성인기까지 타인과의 관계 형성 과정에 영향을 준다는 것을 밝혔고, 이를 내적 작동 모델(internal working model)이라 불렀다.

내적 작동 모델이란 애착과 관련된 정보를 조직하고 그 정보에 대한 접근을 획득하거나 제한하는 일련의 규칙을 말한다. 즉, 인간은 애착 대상과의 반복되는 상호작용을 통해 자기, 타인, 자기와 타인의 관계에 대한 인지적 지도를 형성한다는 것이다. 자신이 타인에게 어떻게 행동하고, 타인이 자신에게 어떻게 행동하기를 기대하는지에 대한 일련의 사고와 감정을 의미한다. 한마디로 애착의 내적 작동 모델이란 양육자에 대한 정서 경험을 기초로 영아가 '자기와 타인에 대해 형성한 정신적 표상'이다.

애착 연구 초기에는 영아와 어머니 사이에 형성된 애착이 애정적 유대 관계만을 의미하였으나, 많은 후속 연구에서 유아기 애착 패턴은 장기적인 영향을 미친다는 것을 보여 주고 있다. 즉, 애착 개념은 생애 초기의 어머니와의 정서적 유대 관계를 의미하는 것을 넘어, 전 생애 동안 중요한 타인과 형성하게 되는 정서적 결합의 기초로 이해된다고 말한다. 영아기에 형성된 부모에 대한 애착은 이후의 관계 형성에 지속적으로 영향을 준다는 것이다.

이경숙, 서수정, 신의진(2000)의 연구에서 부모와의 애착에서 형성된 내적 작동 모델이 학령기 아동들이 또래 관계에서 경험하는 수용, 거부와 관련이 있는가를 살펴본 결과, 부모와 불안정한 애착 관계를 형성한 아동들은 타인과의 관계에서 자신이 거부당했다고 더 쉽게 느끼고 불안과 분노를 더 쉽게 지각하고 과민한 반응을 보였다. 불안정 애착 아동은 세상을 위험한 장소로 지각하고 자기 자신은 사랑받을 가치가 없고 쓸모도 없다는 내적 작동 모델을 저장하게 되는 것이다. 반면, 안정적 애착 관계를 형성한 아동은 자신에 대한 긍정적인 관점을 갖게 되며 또래로부터 긍정적인 반응을 이끌어 내어 실제 또래와의 상호적 관계에서 수용되는 것으로 나타났다. 즉, 안정 애착을 보이는 아동은 자신이 사랑받고 주목받을 가치가 있다는 내적 작동 모델을 저장하고 있다는 것을 확인할 수 있다. 또한 안정 애착의 역사를 가진 아이들은 불안정 애착을 형성한 또래들에 비해 자존감과 자아 탄력성, 긍정적 정서, 주도성, 사회적 능력 그리고 놀이에 집중하는 능력이 상당히 더 높다는 것도 많은 연구에서 밝혀졌다.

이상의 내용을 종합해 보면, 생애 초기에 안정 애착이 형성된 사람은 타인을 신뢰할 수 있고 자기 자신을 신뢰하며 사랑받을 가치가 있다는 무의식적 확신과 신념에 바탕을 둔 건강한 내적 작동 모델을 형성한다는 것을 알 수 있다.

2) 애착과 자아존중감, 또래 관계, 학업성취의 관계

메인은 안정된 애착을 형성한 아동은 자존감이 높았으며 문제 해결력이 우수했고 갈등 상황에 직면해도 적절히 대응하는 등 인지능력이 우수한 것으로 나타났다고 하였다. 에인즈워스는 안정된 애착을 형성한 아동은 어머니를 안전기지로 삼아 적극적인 탐색 행동과 인지적 호기심을 보인다는 사실을 관찰했으며, 따라서 애착은 인지발달에 영향을 미친다고 했다. 부모와 자녀의 애착 관계는 성장기 아동의 자아존중감과 또래 관계능력 그리고 학업성취와도 관계가 있다는 연구 결과들이 국내 연구에서도 빈번하게 보고되고 있다.

부모와의 안정 애착은 자아존중감과 같은 아동의 심리적 발달에도 중요한 영향을 미치며(임정빈, 2010), 성인이 되어서 타인과도 긍정적인 관계를 가질 수 있으며 신뢰감을 형성하고 환경을 탐색할 수 있게 된다는 것이다(김주연, 2009). 안정 애착이 형성된 아동은 상호 친밀적이며 질 높은 또래 관계를 형성하고 있었으며, 또래와의 갈등 상황에서도 유연하게 대처하는 또래 관계능력이 우수한 것으로 나타났다. 또한 부모와의 애착이 아동의 학습능력과 연관이 있음을 밝히고 있는 연구도 매우 많다. 고경애(1984)는 어머니와 안정된 애착 관계를 형성한 유아일수록 인지능력이 더 발달되며 높은 성취 동기와 과제 해결력을 갖는다고 하였다. 조은주(2007)는 초등학생의 부모와의 애착과 학업성취에 관한 연구에서 아버지와 의사소통이 잘 이루어질 경우 학업성취가 높게 나타난다고 밝혔다. 정인향(2005)은 부모와의 애착이 안정적일수록 학습 동기의 수준을 높여 학업성취도에 긍정적인 영향을 주며, 이혜진(2011)과 남정미(2010)는 부모와의 애착은 학습 몰입과 정적인 상관이 있으므로 학업성취도에서의 높은 성적을 예측할 수 있다고 하였다. 이렇듯 부모와의 애착 관계가 학습과 관련된 다양한 변인에 긍정적 영향을 미치는 것이 확인되고 있다.

3) 불안정 애착으로부터의 회복을 위하여

불안정 애착 유형의 아동이 지속적 불안정형으로 성장하게 되면 그에 대한 예후는 무척 부정적이다. 애착과 중독에 관한 연구를 살펴보면, 부모 애착이 낮을수록 휴대전화 중독 및 인터넷 게임 중독이 높게 나타나 청소년의 중독은 개인 심리적 요인뿐 아니라 부모와의 애착 관계도 영향을 받는다고 하였고(김민경, 2012), 이경아(2013)의 연구에서도 부모와의 애착에서의 신뢰감이 스마트폰 중독에 유의한 영향을 주는 것으로 나타났다. 이러한 청소년기의 비행 행동에 미치는 영향들은 교사 애착이나 또래 애착에 비해 부모 애착이 가장 우세하고 광범위하게 나타났다(이재경, 2011).

그렇다면 이들을 위한 상담과 심리치료는 어떻게 이루어져야 하는가?『애착과 심리치료(Attachment in Psychotherapy)』의 저자 데이비드 윌린(David Wallin)은 서문에서 '심리치료가 어떻게 사람을 변화시키는가?'라는 질문을 던진다. 그는 심리치료에 가장 깊이 있고 풍부한 시사점이 있는 것으로 보이는 세 가지 연구 결과를 정리한다. 첫째, 두 사람이 함께 만들어 내는 애착 관계가 발달에 핵심적인 맥락이다. 둘째, 언어 습득 이전의 경험이 발달하고 있는 자기의 핵심을 이룬다. 셋째, 개인이 자신의 경험에 대해 갖는 태도가 개인의 과거사 사실 자체보다 애착의 안정성을 더 잘 예측한다.

이 세 가지 연구 결과에 기초하여 어떻게 심리치료에 적용해야 할지 정리해 보자. 첫째, 불안정 애착을 안정 애착으로 회복하는 과정이 필요하다. 둘째, 언어 습득 이전의 경험으로 이루어진 자기의 핵심에 변화를 가져와야 한다. 셋째, 개인이 자신의 경험에 대해 갖는 태도가 애착의 안정성에 더 영향을 주므로, 자신의 경험에 대한 재해석과 치유와 회복의 과정이 필요하다는 의미가 된다.

결국, 애착 회복을 위한 심리치료란 '현재 불안정한 유형으로 작동하고 있는 내적 작동 모델을 끄집어내어 탐색하고 수정하고 통합하는 과정'이라고 정의할 수 있다. 안정 애착에 결정적인 요인은 애착 시스템과 탐색 시스템의 균형이다. 건강한 부모는 아이를 지지하고 안전을 제공하는 '보호 행동'과 두려움 없이 세상을 배우고 자유롭게 탐색하도록 격려하는 '놓아주는 행동' 사이에서 조화롭게 운영할 줄 아는 것이다.

이제 상담 현장에서 생각해 보자. 안정 애착을 형성해야 했지만 그렇지 못했던 부모의 자리에 상담자가 다시 들어가 시작해야 한다. 이제 상담자의 민감한 반응성은 내담 아동이 자라서 일생 동안 사용할, 사랑하고 협력하고 상호작용하는 능력뿐만 아니라 자기통합감과 자기가치감의 발달에도 매우 중요한 역할을 하게 된다. "좋은 치료자가 환자에게 하는 것은, 양육을 잘하는 부모가 자녀에게 하는 것과 유사하다."라는 제레미 홈스(Jeremy Holmes)의 말처럼 치료 작업에서 치료자가 구현해야 할 치료 과정은 좋은 엄마가 안정적인 애착을 형성하는 것처럼 보호 행동과 놓아주는 행동을 조화롭게 운영하는 것에서 시작해야 한다고 짐작해 볼 수 있다. 그러니 불안정 애착으로부터의 회복을 위한 치료자의 역할은 환자가 과거의 애착 패턴을 해체하여 내적 작동 모델의 변화를 통해 안정 애착 패턴을 구성할 수 있도록 돕는 것이다.

3. 획득된 안정 애착에서 길 찾기

1) 획득된 안정 애착을 위하여

과연 불안정 애착은 안정 애착으로 변화할 수 있을까? 상담을 진행하다 보면 이 질문에 확신 있게 대답하기 어려울 때가 종종 있다. 그만큼 내담자의 심리적 변화가 쉽지 않다는 의미이며 상담자는 자신의 상담이 내담자의 변화를 가져오지 못할 것 같은 불안에 힘겨워지기도 한다. 이럴 때 획득된 안정 애착에 대하여 공부해 보자.

애착 연구자들은 비록 어린 시절 부모와 부정적인 경험을 하였음에도 현재 애착 대상과 관련한 경험들에 대해 매우 높은 수준으로 일관된 표상을 가진 성인을 발견하였고, 그들을 '획득된 안정 애착' 유형으로 분류하고 연구를 진행했다. 그들은 생애 초기 부모와 좋지 못한 경험을 하였음에도, 성장 후 긍정적인 내적 작동 모델을 형성하고 있었는데, 이는 애착의 비연속적인 속성을 지지하는 근거로 볼 수 있다.

이제 우리는 획득된 안성 애착에 관심을 가지려 한다. 어린 시절 부모와의 불안정 애착으로 심리적 · 대인관계적 측면에서 어려움을 겪던 사람들이 안정 애착으로 변화할 가능성이 있다는 연구 결과에서 상담의 중요성과 가치를 찾아볼 수 있다. 모든 애착 연구자의 관심 주제인 어린 시절 부모와의 어려운 관계로 인한 트라우마에서 발생하는 우울 및 심리적 취약성에도 불구하고 현재 시점에서 타인과의 안정적인 관계를 맺을 수 있는 획득된 안정 애착으로의 변화의 원동력은 어디에서 구할 수 있었는지 그 해답을 찾아보아야겠다.

획득된 안정 애착을 가진 이들은 애착 변화의 계기로서 결혼이나 자녀 혹은 타인과의 긍정적인 관계 경험, 종교 경험, 글쓰기 및 독서, 명상, 상담을 통한 자기성찰, 직업적인 보람 등을 응답했다고 한다. 학자들은 현재의 부모−자녀 상호작용 방식은 어린 시절의 이력보다 어린 시절의 경험이 성인기에 어떻게 정신적으로 구성되고 통합되는가에 관련이 있다고 말했다. 비록 생애 초기에 부모와 부정적인 경험을 하였음에도 현재 그것이 자신에게 끼친 영향력을 명확하게 인식하며 과거 부모의 행동에 대해 이해함으로써 내적 작동 모델을 긍정적으로 수정한 획득된 안정 애착 성인에게는 따뜻한 지지를 제공해 주는 대안적 지지 대상의 역할이 중요하다고 강조한다. 정리해서 말하자면, 획득된 안정 애착을 형성한 이들의 삶 속에는 대안적인 애착 인물이 존재하였으며 이들을 통해 안정 애착을 재경험할 수 있었다는 점이다.

2) 애착 증진을 위하여

볼비는 위험과 불안정에 처했을 때 나타나는 선천적이면서 본능에 의해 유도되는 반응은 다음 세 유형의 행동에서 분명하게 드러난다고 하였다.

① 보호해 주는 애착 대상을 찾고 살피며 근접성을 유지하려고 애쓴다.
② 낯선 사람과 경험에 대한 탐험을 가능하게 하는 '안전기지'로 애착 대상을 활용한다.
③ 위험한 상황과 놀란 순간에 '안전한 피난처'로서 애착 대상에게 달려간다.

그렇다면 이렇게 위험과 불안정 상태의 내담자를 위한 애착 회복을 위한 상담은 위의 세 가지 역할이 가능해야 한다.

불안정 애착에서 안정 애착으로 변화시키는 요인들에 대한 연구는 아직까지 많지 않다. 그럼에도 불구하고 지금까지 밝혀진 획득된 안정 애착으로의 변화 요인들을 살펴보면 다음과 같다. 비처벌적인 양육 태도, 민감성, 아이에 대한 지지는 아이를 안정 애착이 되게 하든지 안정 애착으로 남아 있게 하고, 처벌적이고 통제적이며 덜 민감한 부모는 아이를 불안정 애착이 되게 하거나 불안정 애착으로 남아 있게 한다고 하였다. 즉, 긍정적인 애착 경험들은 삶을 통한 즐거움, 안락함 그리고 만족과 관련이 있으며, 상처를 주거나 외상적인 경험들, 특히 오래되고 반복되는 경험들은 신체는 물론 사고와 감정에도 부정적인 영향을 준다는 것이다.

에인즈워스는 부모에게 안정된 애착을 확립하지 못한 아이들은 가족이나 자신의 애착 욕구에 강하게 반응해 주는 타인과 같은 대체 애착 인물을 찾는다고 했다. 여기에는 일반적으로 애착 욕구에 잘 반응하고, 접근이 용이하고 믿을 만하며, 자신보다 더 강하고, 더 지혜로운 사람들이 포함된다고 한다. 획득된 안정 애착으로 분류

된 사람들은 부모 이외에 자신을 지지해 준 다른 사람들이 있었으며, 그들로부터 아주 높은 정서적 지지를 받았다고 보고하고 있다.

상담 현장에서 만나게 되는 내담 아동들은 불안정 애착을 형성한 경우가 매우 많다. 불안정 애착으로 자신과 타인을 신뢰하지 못하고 자신을 가치 없고 무능한 사람으로 지각하는 부정적 내적 작동 모델을 형성하고 있으며, 그로 인한 다양한 문제를 경험하고 있는 것이다. 이제 애착치료를 위한 독서치료에서 무엇을 어떻게 시작해야 할지 고민해 보자. 어떤 방식의 독서치료가 애착을 회복하고 건강하고 성숙한 태도의 삶의 방식으로 변화해 가도록 도와줄 수 있을지 살펴보자.

4. 애착의 시작은 웃음으로

1) 웃음이 중요한 이유

애착에 문제가 있거나 문제 행동이 나타나 상담이 필요한 아이들의 공통점이 있다. 바로 잘 웃지 않는다는 점이다. 웃음을 연구하는 학자들에 의하면 성인은 하루 10~15번 웃고, 아이는 평균 400~500번쯤 웃는다고 한다. 아이들은 하루 동안 그렇게 많이 웃는 게 정상이고, 그렇게 웃어야 아이의 마음이 건강하게 자란다. 그런데 상담이 필요한 아이들의 공통점은 잘 웃지 않는 것인데, 이는 심리적 현상의 심각함을 재는 잣대로 보아도 좋을 정도이다. 물론 불안하면 더 많이 웃는 아이도 있고, 웃음을 방어기제로 사용하는 아이도 있고, 나쁜 짓을 하고도 웃을 정도로 이상 증세가 있는 아이도 있다. 하지만 특별한 경우를 제외하고 일반적인 불안, 우울, 무기력, 애착 문제 등을 보이는 아이들의 공통점 중의 하나가 잘 웃지 않는다는 점임은 분명하다.

잘 웃지 않는 현상은 아마도 심리적 문제가 발생한 원인과 연관이 있을 것이다. 그중에서도 경험적으로 깨닫게 된 부분이지만, 대부분은 부모와의 관계에서 먼저 문제가 발생한다. 어린아이일수록 엄마와의 애착 문제를 가진 경우가 많고, 조금 더 크면 교사나 친구들과 안정적인 애착이 형성되지 않아 심리적 문제를 갖게 되는 것이다. 지금 현재 심리적 문제를 가진 아이가 부모나 주변 사람들과의 관계에서 어떤 트라우마를 겪었는지는 부모가 말하는 아이의 발달력에 미루어 짐작해 볼 수는 있다. 하지만 그건 짐작일 뿐이다. 그렇다고 원인을 찾느라 이 귀한 시간을 허비하고 있을 수는 없다. 짐작하는 원인을 바탕으로 무엇이 아이에게 가장 중요한지 판단하고 진행해야 한다. 사람과의 관계에서 문제가 발생한 아이에게는 치료자와의 안정적인 애착 형성이 가장 우선이다. 그런데 아이가 상담자를 믿을 만한 존재라 여기고 마음을 열고 새로운 애착 대상으로 인정해 주기까지 시간이 너무 오래 걸린다. 이때 필요한 게 아이의 마음을 열게 하는 기술이다. 그중에서도 아이가 웃기 시작하면 바로 다음 회기부터 상담 진행 속도는 좀 더 빨라지고 상담 효과가 좋아짐을 종종 경험하게 된다.

관계에서 문제가 생기면 가장 먼저 나타나는 현상이 바로 웃음이 사라진다는 것이다. 너무 사랑하지만 자주 혼내는 엄마, 아빠 앞에서 웃음이 사라지기 시작하고, 친구와의 관계에도 영향을 미친다. 관계가 회복되는 가장 두드러진 신호도 함께 웃는 웃음이다. 상담을 시작하면 처음엔 긴장하고 불안하게 주변을 탐색하는 모습이 한동안 지속된다. 그러다 어느 순간 편안하게 웃기 시작한다. 약간만 유쾌한 분위기를 띄워도 까르르 소리 내며 밝게 웃기 시작한다. 그때부터는 아이다운 눈빛과 미소를 띠기 시작하고, 작은 것에도 예쁜 웃음소리를 내기 시작한다. 실제로 많은 아동 상담자가 가장 안심할 때가 내담 아동이 환하게 웃을 때이고, 아이가 얼마나 자주 웃는지를 살펴보면서 상담이 잘 진행되어 가고 있음을 확인하기도 한다. 이제 웃음이 주는 효과를 좀 더 알아보자.

서던캘리포니아 대학의 신경학과 교수 안토니오 다마시오(Antonio Damasio)는 인간은 즐거운 상태가 되면 그 기쁨이 단순히 고단한 일상을 견디게 하는 정도가 아니라 활기차게 살도록 해 주며 행복하다는 느낌을 준다고 하였다. 또한 창의적 사고와 지각력, 정보처리 능력이 향상되고 신체 기능도 좋아지며, 이 상태에서 일을 하면 훨씬 더 빠르게 일을 처리할 뿐만 아니라 결과물도 더 우수해진다고 강조한다.

미국 인디애나주 볼 메모리얼 병원의 연구 결과에서는 웃음은 스트레스 호르몬인 코르티솔의 양을 줄여 주고 우리 몸에 유익한 호르몬을 많이 분비하며, 하루 15초 웃으면 이틀을 더 오래 산다고 밝혔다. 미국의 존스홉킨스 병원은 환자들에게 나눠 주는 '정신건강'이라는 책자에서 '웃음은 내적 조깅(internal jogging)'이라는 서양 속담을 인용하면서, 웃음은 순환기를 깨끗이 하고 소화기관을 자극하며 혈압을 내려준다고 소개했다.

이렇게 중요한 '웃음'을 잃은 아이들은 부모와의 애착 문제가 또래 관계의 문제로 확장되고, 자신감이나 자존감에 좋지 않은 영향을 받은 경우가 대부분이다. 이제 아이들을 위한 성공적인 독서치료를 위해 어떻게 아이와 함께 웃으며 상담을 진행할지 생각해 보자.

잘 울고 말도 잘 하지 않는 7세 서진이

7세 남자아이 서진이가 상담실에 왔다. 유치원에서 친구들과 잘 어울리지 않고, 말도 잘 하지 않고, 조금 불편한 일이 있으면 자주 우는 아이이다. 3회기 상담을 진행하는 동안에도 아이는 말을 잘 하지 않았고, 눈만 멀뚱멀뚱하니 이것저것 쳐다보는 정도였다. 그렇다고 상담실 밖으로 나가려 하지도 않았다. 나가지 않는 행동의 원인이 다양할 수 있지만, 아이의 표정을 보니 싫지 않고, 뭔가를 기대하는 눈빛이다. 아주 조금씩 상담실 안을 둘러보기도 하고, 관심 있는 것에는 뭔가 말하려 우물쭈물하는 모습도 보였다. 어딘가를 멍하니 바라보고 있는 아이에게 유쾌하게 장난치는 분위기로 말했다.

(손가락으로 아이 눈 가까이에서부터 아이의 눈길이 가는 곳을 가리키며)

"네 눈빛이 어디로 가고 있나 볼까? 지지지지지지지 찍! 아, 이거구나. 지금 네가 보고 있는 게 이 장난감이야?"

(이렇게 말하니 아이의 입가에 미소가 떠오를 듯 말 듯 한다.)

"아! 아니구나. 어쩌지? 좋아! 선생님이 서진이 마음 알아맞힐 때까지 열심히 해 볼게. 물어보면 고개로 끄덕끄덕해 줘야 해!"

서진이는 상담자를 쳐다보고 좀 더 크게 미소 지으며 고개를 끄덕인다. 현재 상태에서 상담자가 잘 하고 있는지 알아볼 수 있는 신호는 아이의 표정이고, 그중에서도 웃는 모습이다. 이렇게 상담 현장에서 아이의 웃음은 상담자가 하고 있는 것이 도움되는 것인지 아닌지의 바로미터가 되기도 한다. 조금이라도 아이의 마음과 통했다는 생각이 든다면 이제 아이가 좋아할 만한 책을 꺼내 보여 주자. 이때 주의할 점은 '시작언어'를 사용하지 않아야 한다는 점이다. 독서치료사의 흔한 실수 중의 하나가 바로 "책 읽자, 책 읽어 줄게."라는 말일 수 있다. 지금 아이는 책에 관심이 없다. 책이라는 존재 자체를 거부하는 것일 수도 있다. 그렇다면 '이제 ~하자.'라는 말은 조금 살아나고 있는 아이의 흥미나 호기심을 오히려 누그러뜨릴 수 있다. 바로 본론으로 들어가 보자. 아이의 흥미가 유지될 만한 언어를 사용하는 것이 좋다.

📖 『벗지 말걸 그랬어』

저/역자: 요시다케 신스케/유문조

출판사/발행연도: 스콜라/2016

『벗지 말걸 그랬어』(요시타케 신스케, 2016)의 표지에서 제목과 엄마 부분의 그림을 가리고 아이의 그림을 보여 주었다.

"이게 무슨 그림인 것 같아?"

"무가 움직이는 거예요? 강아지? 이상한데. 이게 뭐예요?"

"글쎄, 그럼 제목을 보여 줄게!"

"벗지 말걸 그랬어?"

"지금 뭐하는 것 같아?"

"모르겠어요."

그림을 전부 보여 주자 '아!'라고 소리 내고 다시 조용해진다. 이제 책을 넘기며 읽어 주었다. 서진이는 주인공이 옷을 벗으려다 꼼짝 못하게 된 장면, 바지를 벗으면 나을까 싶어 벗는 장면과 "이젠 정말 망했어."라고 말하는 장면에서 피식 웃기 시작한다. 발가벗은 그림에서는 뭐가 쑥스러운지 "아! 이건 심해요."라며 손으로 그림을 가린다. 얼굴과 두 팔이 옷에 걸린 채 꼼짝 못하는 주인공이 하는 말이 서진이의 마음에 말을 걸었나 보다.

"맞아, 얼굴에 옷이 걸려 있어도 훌륭하게 자란 사람은 많을 거야."

"꼼짝도 못하는데 이렇게 생각하는 사람이 어딨어요?"

"여기 있잖아. 얘."

"이건 그냥 이야기잖아요."

"그림책 작가가 자기 어릴 적 기억과 자기 아이들을 보면서 썼대."

"정말요?"

"응. 선생님도 기억나. 딱 이런 기분이었어. 넌?"

"그렇긴 하지만⋯⋯."

서진이는 그 다음엔 아무 말도 하지 않았다. 하지만 책을 다 보고 나서도 그 책을 혼자 다시 보기 시작했고 이번엔 좀 더 즐기는 느낌이었다. "망했어."라는 장면에서는 아까보다 더 큰 소리로 웃었고, 고양이가 배를 간질이는 장면에서 상담자가 살짝 간지럼 태우는 시늉을 하자 아기처럼 깔깔거리며 웃는다.

간지럼에 대한 웃음심리학자 로버트 프로빈(Robert Provine)의 말이 생각난다. 그는 간지럼은 부모와 아이 사이의 초기 의사소통의 한 형태이며, 이렇게 서로 얼굴을 맞대고 하는 행동이 다른 형태의 소통을 위한 문을 열어 준다고 했다. 간지럼을 태우는 것은 가족과 친구 사이의 관계를 돈독하게 하는 데 도움을 준다는 게 그의 주장이다. 간지럼으로 서진이와 상담자 관계가 좀 더 친밀해졌음이 분명했다. 서진이의 다음 행동이 이를 증명해 주었다. 서진이는 앉았다 일어섰다를 두세 번 반복하며 책을 보았다. 그런 서진이에게 장단을 맞춰 주고 웃을 때마다 등을 쓸어 주었다. 그렇게 이야기를 나누는 동안 서진이는 자연스럽게 상담자의 품으로 들어왔고, 마치 무릎 위에 앉듯이 몸을 기대었다.

"정말 웃기는 책이지. 서진이가 웃는 모습이 너무 멋지네. 선생님이 이런 책 또 찾아올게."

📖 『뭐든 될 수 있어』
━━━━━━━━━━━━━━━
저/역자: 요시다케 신스케/유문조
출판사/발행연도: 스콜라/2017

다음 회기엔 요시타케 신스케의 또 다른 책 『뭐든 될 수 있어』(요시타케 신스케, 2017)를 준비해 두었다. 책상 위에 있는 책을 보더니 바로 책을 잡고 보기 시작한다. 『뭐든 될 수 있어』에는 잠자기 싫은 아이가 엄마에게 내는 엉뚱한 퀴즈가 대방출된다. 아이의 기발한 퀴즈에 엄마는 난감해하지만 아이의 요구를 물리칠 수가 없다. 틀려도 화 안내기를 약속받고 퀴즈놀이가 시작된다. 아이가 몸짓으로 내는 퀴즈에 나도 모르게 정답이 무엇일지 상상하게 되고, 한 장 넘겨 아이가 말하는 정답의 기발함에 감탄하게 되는 책이다.

서진이도 책을 보며 정답을 맞히려 고민하고 상상한다. 대부분 틀렸고, 틀릴 때마다 서진이는 실망했다. 그리고 틀렸다는 사실이 자존심 상했는지 "말도 안 돼. 이건 퀴즈가 아니야. 시시해, 재미없어."를 연발한다. 그러다 의자를 눕혀 놓고 두 다리를 잡고 미는 그림에서 처음으로 '불도저'의 정답을 알아맞혔다. 그 순간 서진이는 자리에서 펄쩍 튕겨 오르며 기쁨을 표현했다.

"와! 맞혔어요. 제가 딱 맞혔어요. 선생님은 하나도 못 맞혔죠?"
"와, 진짜 대단하다. 어떻게 이걸 맞히니? 선생님은 정말 하나도 못 맞혔어. 정말 대단해."

서진이는 신이 나서 다음 장면을 넘기며 '선풍기'를 또 맞혔다. 또 한 번의 환호성이 터져 나왔다. 서진이가 알아맞힌 게 정말 감사했다. 이렇게 역동이 살아나는 작용을 했으니 매우 기특한 그림책이다. 만약 하나도 못 알아맞혀도 괜찮다. 시시하다고 말하지만, 한 장씩 집중해서 보는 태도에 대해 대화를 해도 좋고, 책의 퀴즈는 순 엉터리이니 서진이가 더 재미있는 퀴즈를 내 보라고 해도 좋으니 말이다. 서진이는 재미있는 그림책을 보며 웃음과 말이 터져 나왔다. 그림책의 재미요소들이 억눌린 감정의 물꼬를 터뜨린 게 틀림없다. 서진이는 "이런 책 또 없어요?"라며 지속되는 관심을 보였고, 오늘은 없다고 하니 "다음 주에 꼭 가져오세요."라고 당부한다.

아직 그림책의 여운이 남았는지 서진이가 갑자기 "아, 그럼 제가 퀴즈 낼 테니 선생님이 알아맞혀 보세요."라며 놀이를 제안한다. 너무 반가운 제안이다. 상담자가 먼저 하자고 하면 흥미를 잃을까 봐 어떻게 말하면 좋을지 망설이고 있던 차였다.

"좋아! 선생님이 한 번에 다 맞혀 줄게. 시작해."

서진이가 처음 보여 준 모습은 두 손을 허리춤에 올리고 인상을 찌푸리고 입술을 앙다문 모습이다.

"아! 어디서 많이 본 모습인데. 알았다. 혼내는 엄마!"
"어! 어떻게 알았어요."
"원래 엄마들은 아이 혼낼 때 딱 그렇게 하거든. 서진이 엄마도 그러시지?"
"네, 아, 아니예요. 이제 딴 거 해요."

서진이가 갑자기 말을 돌린다. 다음에 다시 탐색해 보아야 할 과제가 틀림없다. 오늘은 충분하다. 아이가 웃었고, 말을 했고, 그래서 방어가 풀리면서 자신의 경험이 툭 튀어나왔다. 아이가 자신의 어려움을 살짝 보여 주었다고 갑자기 들이대는 건 바람직하지 않다. 아이의 마음이 준비될 때까지, 좀 더 편안하게 자신의 어려움을 말할 수 있을 때까지 기다려 주어야 한다.

『판다 목욕탕』
저/역자: 투페라 투페라/김동욱
출반사/발행연도: 노란우산/2014

다음 회기에도 아이가 재미있어할 만한 『판다 목욕탕』(투페라 투페라 글·그림, 2014)을 골랐다. 판다 목욕탕은 판다만 들어갈 수 있는 목욕탕이다. 목욕탕에 들어가서 가장 처음 하는 일은 바로 옷 벗기이다. 판다가 옷을 벗기 시작한다. 검은색 티셔츠와 양말을 하나씩 벗다 마지막에는 선글라스까지 벗는다. 정체가 밝혀진 판다의 모습이 너무 귀엽고 사랑스럽다.

아이의 웃음을 유발할 수 있는 책의 조건은 이야기가 웃기거나 아니면 새로운 반전, 기대치 않았던 발상들이다. 『판다 목욕탕』은 그런 조건에 무척 부합하는 책이다. 판다가 옷을 벗는다는 발상과 판다의 몸에서 검은 색 부분이 전부 '입을거리'였다는 발상이 흥미를 유발한다.

책을 보며 아이는 연신 "세상에, 말도 안 돼. 전부 다 벗었어. 어! 그냥 백곰 같아요."라고 혼잣말을 하며 흥미롭게 책을 본다. "재밌어요." 책을 본 간단한 소감이다. 너무 간단하게 말해 좀 허전하지만 아이가 재미있다고 말하는 건 아주 중요한 요소이다. 바로 거기서부터 또 다른 대화가 가능하기 때문이다.

📖 『똑똑해지는 약』

저/역자: 마크 서머셋/이준영
출판사/발행연도: 북극곰/2013

이번엔 『똑똑해지는 약』(마크 서머셋 글, 로완 서머셋 그림, 2013)을 책상 옆 의자에 슬며시 올려놓았다. 제목 때문인지 서진이는 또 자발적으로 책을 펼친다.

양 메메가 칠면조 칠칠이에게 장난을 친다. 똥을 보고 똑똑해지는 약이라고 말한다. 정말 간절히 똑똑해지기를 바랐던지 칠칠이는 놀라며 메메에게 다시 묻는다. 하지만 살짝 이상한 마음이 들어 혹시 이거 똥 아니냐고 물어보기도 한다. 짓궂은 메메는 더욱 능청스럽게 진짜 똑똑해지는 약이라 말하며, 게다가 칠면조에게만 특별히 공짜라 말한다. 이제 칠칠이는 의심은 걷어 버리고 기대에 찬 마음으로 그걸 먹는다.

"우웩! 똥 맞잖아." 이렇게 항변하는 칠칠이에게 메메가 말한다.

"거 봐, 벌써 똑똑해졌잖아."

일단 똥을 소재로 어리석은 칠칠이가 메메의 장난에 당하는 이야기라 재미가 있다. 처음엔 웃기도 하고, 똥을 먹는 장면에서는 깔깔거리며 진짜 먹었다고 크게 웃는다. 그런데 잠시 후 서진이의 표정이 가라앉는다.

"무슨 생각이 드는 거야? 갑자기 웃음이 사라졌네?"

"메메가 너무 얄미워요."

책의 내용은 웃겼지만 서진이의 마음 한구석에서 칠칠이에게 공감하는 마음이 올라왔다. 갑자기 좀 더 센 억양으로 메메를 공격하기 시작한다.

"메메는 친구를 놀린 거예요. 이건 웃긴 게 아니라 화나는 얘기예요. 이건 나쁜 짓이에요. 거짓말로 골탕 먹인 거잖아요. 이런 애는 벌 받아야 하는데."

갑자기 여러 말이 봇물처럼 쏟아져 나온다. 그러다 이렇게 말한다.

"유치원에서 애들이 나 한글 모른다고 막 읽어 보라고 했는데……. 그냥 아는 척하고 읽었다가 더 놀림 받았어요."

"모른다고 말하기 어려웠구나."

"모른다고 하면 그것도 모른다고 또 놀린단 말이에요. 메메 같은 애가 너무 많아요. 난 그런 사람 안 될 거예요. 그런 애들은 없어졌으면 좋겠어요."

서진이의 눈에 눈물이 글썽인다. 서진이의 아픈 상처가 드러났다. 웃으려고 읽었던 책에서조차 아이들은 자신의 경험과 연결하여 기억을 떠올리기도 한다. 상담자가 어떤 의도로 책을 골랐든 아이에게서 나타나는 반응은 아이 자신의 것이다. 상담자는 아이가 보이는 반응에서 또 길을 찾아 상담을 진행하면 된다.

"완전 나빴어. 선생님이 그 자리에 있었으면 그 친구들 엄청 혼내줬을 텐데. 아무도 서진이 안 도와줬어? 유치원 선생님은?"

서진이가 고개를 젓는다.

"다음 세 가지 중에 어떤 건지 말해 줘. ① 말 못한 거야? ② 고자질하면 안 된다고 생각했어? 아니면 ③ 말해도 소용없었어?"

상담자의 빠른 말에 아이가 제대로 듣지 못했을까 봐 하나씩 다시 물었다. 아이는 ③에서 끄덕인다. 선생님께 말씀드렸지만 기억나는 도움을 받지 못했다. 그랬으니 아이들이 툭툭 내뱉는 비난섞인 말이 서진이에게는 큰 상처로 남았던 것이다.

주의할 점이 있다. 대화가 이렇게 진행될 때 아이의 아픈 상처에 공감해 주는 일은 기본이지만, 자칫 친구들에 대한 원망감을 더 키울 수도 있다. 서진이의 힘들었던 마음을 공감해 주고 빠르게 분위기를 바꾸기 위해 아이가 그 시간을 어떻게 잘 견디고 버텨 왔는지 지지해 주기 시작했다.

"그런데 생각해 보니까 서진이 너무 대단하다. 친구들이 그렇게 놀렸으면 유치원 가기 힘들었을 텐데 어떻게 그렇게 잘 다녔어? 대단해. 화가 많이 났을 텐데 친구를 놀리지도 않고, 때리지도 않고, 욕도 안 했어? 정말 훌륭한데. 어떻게 그럴 수가 있었니?"

"욕하는 건 나쁜 거잖아요. 때려도 안 되고, 놀리는 것도 나쁘고. 엄마가 절대 그러지 말라고 했어요."

서진이의 말 속에서 서진이가 어떤 아이인지 드러나기 시작했다. 서진이는 착하고 순한 아이이다. 친구가 놀려도 되받아치지 않았다. 놀리는 것은 나쁜 일이고 나쁜 행동은 하지 않겠다는, 어리지만 단단한 결심이 있었기 때문에 가능한 일이다. 그게 바로 서진이가 선택한 것이었다. 이건 서진이의 강점이며 용기일 수 있다. 서진이에게 그런 이야기를 들려주었다.

"서진이 정말 대단하다. 나쁜 행동은 하면 안 된다고 생각했구나. 속상하고 화가 나는데도 정말 훌륭한 선택을 했네. 진짜 대단해. 네가 그렇게 훌륭한 사람인 줄 몰랐어."

전혀 다른 상담자의 말에 서진이는 놀란 듯한 표정이다. 그럴 수밖에. 그 누구도 아이에게 이런 이야기를 들려주지 않았기 때문이다. 아이는 늘 자신은 못났고 용기가 없고 잘 못하는 아이라고만 생각해 왔던 것이다. 그러니 시간이 갈수록 점점 말이 없어지고 무기력해질 수밖에 없었던 것이다.

『암탉 젖짜기 대작전』

저/역자: 조안 베티 스트츠너/김선희
출판시/발행연도: 같이보는책/2014

다음 회기에는 좀 더 긴 이야기가 있는 책 『암탉 젖짜기 대작전』(조안 베티 스트츠너 글, 조 바이스만 그림, 2014)을 골랐다. 이젠 이야기의 힘으로 함께 웃으며 자신을 표현할 수 있는 힘을 키워 보고 싶었다.

켈름 마을의 슐로모와 리브카 부부의 작은 농장에는 아이들과 마른 암탉 열두 마리 그리고 수탉 한 마리가 산다. 아내 리브카는 암탉을 보며 한숨 쉬며 말한다.

"달걀을 낳는 암탉도 좋지만, 암소 한 마리가 있으면 좋겠어요. 우유하고 치즈도 먹을 수 있게요."

남편은 아내의 말을 생각하고 생각하다 꿈까지 꾸었다. 그러다 아주 기발한 아이디어를 생각해 낸다. 가족 모두에게 말한다.

"암소는 왜 우유가 나올까?"

"그야 풀을 먹으니까 우유가 나오죠."

이렇게 대답한 딸 토바에게 정말 똑똑하다고 칭찬하며 계속 말을 이어 나간다.

"이제부터 암탉에게 풀을 먹이는 거야. 그러면 알도 낳고 우유도 나오겠지?"

풀을 먹어도 암탉에게서는 절대 우유가 나오지 않는다는 것을 아는 독자들은 누구나 어리석은 가족들의 대화가 웃기고 어떤 상황이 펼쳐질지 기대가 된다. 남편은 아무리 풀을 먹이려 해도 암탉들이 풀을 먹지 않자, 또 열심히 생각하고 아이디어를 낸다. 암탉들이 좋아하는 곡식처럼 동그란 모양으로 돌돌 말아 놓으면 곡식으로 착각하고 먹을 거라 생각한다. 과연 암탉들은 동그란 풀을 먹을까?

책을 읽어 가며 서진이는 웃으며 "말도 안 돼."라는 말을 반복한다.

"이것 봐요. 풀을 하나하나 이렇게 돌돌 말아요. 말도 안 돼. 진짜 웃겨. 그런데 랍비는 왜 어리석다고 혼내지 않아요? 이런 사람은 없어요. 이건 그냥 이야기니까."

서진이는 랍비의 현명하고 따뜻한 해결책을 현실적이지 않다고 비판한다. 서진이의 경험이 반영된 반응이다. 어쩌면 상담자가 서진이에게 랍비같은 사람으로 경험되는 것이 중요하다는 의미가 된다. 그리고 지금까지 서진이는 그렇지 않은 경험을 더 많이 했지만, 서진이의 주변에 그런 따뜻함을 전해 주는 사람이 있음을 깨달아 가는 과정으로 한 걸음 더 나아가야 한다는 의미도 된다. 이는 서진이 부모님과 담임선생님의 협조를 요청해야 할 부분이다.

2) 독서치료에서 웃음의 역할

이제 정리해 보자. 서진이와 함께 진행한 상담 초기의 독서치료는 무기력하고 우울하고 때론 멍하니 자신을 드러내지 않고 꼭꼭 숨어 버린 자아의 문을 살짝 건드리고, 안심하고 드러내도 된다고, 알고 보면 재미있고 웃기는 것도 많다고 알려 주고 깨닫게 하는 과정이었다. 웃음을 유발하는 독서치료가 중요한 역할을 해 주었고, 치료자의 공감적이면서도 유쾌한 태도로 서진이가 웃기도 하고 비판도 하면서 자신의 이야기를 드러내도록 도와주었다. 이제 무엇이 아이의 마음을 열고 치료적 힘을 발휘할 수 있었는지, 웃음이라는 요소가 무엇이길래 이렇게 아이가 마음을 열고 상담자와 새롭고 안전한 관계를 맺을 수 있는지 알아보자.

로버트 프로빈은 『웃음에 관한 과학적 탐구(Laughter: A Scientific Investigation)』에서 웃음은 그저 유머에 대한 생리적인 반응이 아니라 인간관계를 돈독하게 해 주는 사회적 신호 중 하나라고 주장한다. 그의 실험 이야기를 살펴보자. 그는 심리학과 학생들을 대상으로 흥미로운 실험을 했다. 재미있는 TV 프로그램이나 코미디 영화를 혼자 볼 때와 여럿이 함께 볼 때 웃음의 빈도가 어떻게 달라지는지 알아보았다. 결과는 놀랍게도 혼자 있을 때보다 여럿이 함께 영화를 볼 때 무려 30배나 더 많이 웃는다는 것을 밝혀냈다. 혼자 있을 때는 재미있는 장면에서 그저 미소를 짓는 경우가 많았으며 무의식중에 크게 웃다가도, 주변에 사람이 없다는 것을 인식하고 나면 이내 웃음이 입가에서 사라진다는 것이다.

그는 메릴랜드 주립대학교 학교 광장과 주변 거리에서 웃으며 이야기를 나누는 사람들 1,200명의 대화 내용을 분석해 몇 가지 흥미로운 사실을 발견하기도 했다. 사람들이 대화 도중 웃는 상황들을 살펴보니, 대부분 "그동안 어디 있었니?" 혹은 "만나서 반가워요." 같은 일상적인 대화를 나눌 때 가장 많이 웃었다. 또 가장 큰 웃음이 터진 대화들을 분석해 봐도 그다지 포복절도할 내용은 아니었다고 한다. 그는 사람들이 웃기 위해 아주 특별한 유머나 농담, 우스갯소리를 많이 생각하지만, 정작 그런 웃음은 전체 웃음의 15퍼센트 정도밖에 되지 않는 것으로 나타났다고 말한다. 그는 연구에서 사람들은 혼자 있을 때보다 다른 사람들과 함께 어울려 있을 때 무려 30배나 웃는 횟수가 늘어난다는 사실을 알아냈다. 결국, 웃음은 대화 상대에게 친밀감이나 호감을 느끼기 때문에, 그리고 대화를 나누는 것 자체가 즐거워 웃는 것이며, 인간관계를 형성하는 과정에서 더 자주 발생하는 것이라 말한다.

정리해서 생각해 보자. 웃음이라는 존재 자체가 인간관계를 돈독하게 해 주는 사회적 신호라는 로버트 프로빈의 주장에 크게 공감이 간다. 상담자가 내담자를 만나

반갑게 웃으며 환대할 때, 한 주 동안의 안부를 묻거나 자신의 이야기를 전할 때, 그리고 재미있는 책으로 편안하게 대화할 때, 상담자와 내담자는 함께 웃는다. 그러다 점점 친밀감이 더 깊어지면 이젠 전혀 웃기지 않은 말에도 서로 교감하고 웃을 수 있게 되는 것이다. 웃음은 주변 사람들에 대한 반응이라는 말의 뜻이 좀 더 잘 이해가 된다. 자신이 속해 있는 집단이 웃으면 따라 웃게 되는 감정적 상태를 표현하는 것이라는 말에도 공감이 간다. 혼자 책을 보며 웃는 것과 다르게, 치료자의 상호작용과 함께 책을 읽고 나누는 이 아이에게 더 많은 웃음을 유발한다는 것으로 이해해도 될 것 같다.

5. 애착치료를 위한 독서치료

이제 우리가 알게 된 애착이론을 바탕으로 독서치료에 적용해 보자. 안정 애착을 회복하기 위한 독서치료에서 상담자의 역할은 좋은 엄마의 역할과 비슷하다고 했다. 비처벌적인 양육 태도, 민감성, 아이에 대한 지지, 일관성 있고 신뢰할 만하고 공감해 주는 건강한 의사소통이 애착 회복을 위한 과정이 된다. 애착 문제로 힘들어하는 승우를 위한 독서치료를 살펴보자.

엄마의 사랑을 확인하고 싶은 1학년 승우

1학년 승우는 학교에 가지 않겠다고 떼를 쓴다. 3월에 입학할 때는 괜찮았는데 2주일쯤 지난 뒤부터는 아침마다 학교에 가는 문제로 엄마와 실랑이를 벌인다. 배가 아프다고 하는 날도 있다. 그런 날은 그냥 하루쯤 학교를 쉬게 한 적도 있다. 그랬더니 점점 학교에 안 가겠다는 증세가 심해진다. 그뿐만 아니다. 유치원 때와는 달리 종종 친구와 다투었다는 말을 한다. 처음엔 별일 아닐 거라 생각했는데 다른 아이들이 아무도 자기와 놀아 주지 않는다는 말을 듣자 엄마는 승우가 혹시 왕따를 당하는 건 아닌지 걱정되기 시작했다. 같은 반 친구 엄마들에게 물어보니 승우가 욕도 한다고 한다. 심하게 때리지는 않지만 종종 다른 아이를 때려서 친구들이 힘들어한다는 말도 들린다. 엄마가 모르는 사이에 승우는 학교에 잘 적응하지 못하고 있을 뿐 아니라 과격한 행동까지 보이고 있었던 것이다.

승우를 만났다. 처음 보는 낯선 어른에게 승우는 경계심을 보인다. 공연히 쭈뼛거리고 눈 맞춤도 잘 하지 않는다. 잠시 지켜보니 손톱을 물어뜯기 시작한다. 아직 어린아이가 이런 행동들을 보일 때 가장 먼저 살펴보아야 할 것은 엄마와의 관계이다. 대부분의 경우 엄마와의 관계에서 안정감이 부족해서 비롯되는 경우가 많다. 불안하고 안절부절못하는 승우를 위해 먼저 상담자가 승우와 앞으로 무엇을 할 것인지 말해 주었다.

"승우가 화나고 속상한 일이 많았나 보다. 표정 보니까 억울한 것도 많았네. 그래?"

승우가 상담자를 한번 쳐다보더니 고개를 끄덕인다.

"그랬구나, 그랬어. 그렇게 많이 힘들었어?"

갑자기 승우의 눈이 빨개지며 눈물이 핑 돈다. 그동안 어린아이 속이 얼마나 엉망이었으면 이 정도의 말에도 눈물이 나는 걸까. 승우의 마음을 따뜻하게 보살펴 주어야 한다.

"선생님은 우리 승우랑 즐겁고 재미있는 시간을 보낼 거야. 승우가 싫어하는 건 절대 하지 않아. 넌 선생님과 만나는 동안 이 방에서 네가 하고 싶은 걸 할 수가 있어. 선생님은 네가 재미있게 잘 놀 수 있게 도와줄 거야. 그리고 선생님은 완전 재미있게 잘 놀아."

승우의 표정에서 긴장된 표정이 조금 가라앉는다. 승우는 주위를 돌아보더니 상담실에 있는 보드게임 중 하나를 가리키며 물어본다.

"저거 가지고 놀아도 돼요?"

"와, 승우가 먼저 물어봐 줘서 너무 고마워. 네가 원하는 걸 할 거라고 했잖아. 네가 가서 가지고 올래?"

"이거 저도 해 봤어요. 애들이 다 좋아해요."

이렇게 마음을 열기 시작하고 재미있게 놀았다. 물론 노는 동안 승우가 보여 주는 모습 하나하나를 보며 승우의 장점과 개성 있는 모습을 찾아내어 승우에게 들려주었다.

"승우는 카드 섞는 것도 잘하네. 많이 해 봤어?"

"제가 좀 잘해요. 친구들이 잘한다고 했어요. 전에 처음에는 카드 섞다가 자꾸 다 흘려서 친구들이 똑바로 하라고 뭐라고 했는데 제가 집에서 혼자 연습해서 다음엔 잘한다고 했어요."

"와, 대단하다. 친구들이 못한다고 했는데 혼자 연습했어? 대단하다. 그건 어른들도 잘 못하는 건데 어떻게 혼자 연습할 생각을 했어?"

"전 원래 그래요. 못하면 싫어요. 근데 옛날에 친구가 그림 못 그린다고 해서 제가 막 혼자 사람 그리는 거 연습해서 이제 잘 그려요."

"정말? 선생님도 보고 싶다. 그림 한번 그려 줄래?"

종이랑 연필을 꺼내 승우 앞에 내밀었다.

"아, 지금 안 그리고 싶은데."

"어, 그래? 미안. 네가 그린다는 말도 안 했는데 선생님이 종이를 먼저 꺼냈네. 미안해. 다음엔 승우 허락받고 꺼낼게."

그리고 다시 종이를 치우려 했다. 그러자 갑자기 승우가 "아! 아니에요. 지금 그릴게요." 라고 말한다.

아마도 상담자가 진심으로 사과한 것이 오히려 승우의 마음을 바꾸게 한 것 같다. 승우는 그림을 그리기 시작한다. 좋아하는 포케몬 캐릭터를 그린다. 그리는 동안 승우의 태도에서 나타나는 강점과 긍정적 의도들을 찾아 지지해 주었다.

"꼼꼼하게 그리는구나. 정성스럽게 그리네. 연필 잡는 모습이 반듯하다. 지우고 다시 그리고 싶구나. 좋은 모습인 것 같아. 포케몬 모습을 정확히 기억하네. 기억력이 좋은가 보다. 대단해."

이렇게 시간을 보내는 동안 첫 회기 시간이 다 되었다.

"승우야, 이 그림은 선생님이 잘 간직할게. 다음 시간에 어떤 그림인지 이야기해 줄 수 있어?"

"알았어요. 선생님 가지세요."

승우는 상담자가 자신의 그림을 귀하게 여긴다는 사실이 마음에 들었는지 마치 선심 쓰는 듯한 표정으로 가지라고 말하며 상담실을 나갔다. 첫 회기엔 아이가 다시 안전감과 신뢰감을 느끼는 것이 가장 중요하다. 그리고 또 한 가지 중요한 치료적 요소인 재미를 느끼게 해야 한다. 꽤나 성공적인 첫 회기였다.

2회기, 상담실로 들어오는 승우의 표정이 밝다. 들어와서 이것저것 둘러보며 이건 뭐냐며 질문도 여러 번 한다. 승우는 이제 이 공간과 시간과 상담자에 대해 어느 정도 안심하는 것 같았다. 지난 회기에 그렸던 그림을 꺼내 놓고 시작했다.

"선생님이 일주일 동안 너무 궁금했어. 그림 이야기 듣고 싶어서."

그러자 승우는 이 그림이 누구인지, 어떤 캐릭터인지 신이 나서 이야기한다. 물론 상담자는 계속해서 맞장구치고 이야기를 재밌게 하는 점도 지지해 주었다. 그러자 승우는 다음과 같이 말한다.

"그런데 엄마는 제가 포케몬 좋아하는 거 싫어해요. 제가 포케몬 인형으로 놀거나 그림 그리면 막 잔소리도 하고 화도 내요."

"에구, 승우는 좋아하는데 엄마는 싫어해서 속상하겠다."

"아니, 싫어해서 속상하진 않아요. 사람들은 다르니까. 그런데 왜 화를 내는지 모르겠어요."

"왜 화내시는지 물어봤어?"

"그런 거 물어보면 그걸 몰라서 묻냐고 또 막 화내요."

"아, 그랬구나. 승우는 엄마가 왜 화내는지도 모르겠고 물어볼 수도 없어서 더 답답했겠다."

"네."

"엄마가 화낼 때 무섭지는 않았어?"

"무서워요. 막 숨고 싶어요. 휴우."

어린아이가 깊은 한숨을 내쉰다. 엄마에 대한 답답함과 원망이 가득 차 있는 것 같다. 그런데 갑자기 "아, 아니예요. 무서울 때도 있지만 괜찮을 때도 많아요." 엄마에 대한 험담은 이렇게 아이를 불안하게 하고 다시 자신의 말을 철회하게 만들기도 한다. 승우에게 상담의 비밀보장에 대해 말해 주었다.

"승우가 허락하지 않는 건 절대 엄마한테 말하지 않아. 누구에게도 말하지 않아. 지금까지 한 번도 약속 어긴 적 없어."

"진짜요? 정말요?"

"그럼."

이제야 조금 안심이 되나 보다. 그래도 좀 더 아이가 즐겁고 편안한 기분이 들도록 하기 위해 재미있는 그림책을 보았다.

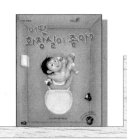

📖 『어떤 화장실이 좋아?』

저/역자: 스즈키 노리타케/이정민
출판사/발행연도: 노란우산/2012

『어떤 화장실이 좋아?』(스즈키 노리타케, 2012)를 보다가 승우에게서 또 엄마에 대한 이야기가 또 툭 튀어 나온다.

"전 숙제하다 화장실 가도 되냐고 물으면 또 혼나요."

승우의 여러 가지 문제 행동을 다루기 전에 먼저 엄마와의 관계를 알아볼 때가 되었다. 초기의 엄마와의 애착 관계는 아이의 정서적 안정성과 대인관계 등의 사회성 발달에 매우 중요한 기반이 된다. 아이는 애착 대상과 함께 있으면 마음이 안정되고 편안하다. 괴롭거나 불편할 때, 아프고 불안할 때와 같은 스트레스 상황에서는 애착 대상을 찾아 마음을 달래게 된다. 심리적 안전기지인 것이다. 그런데 승우는 그런 애착 대상인 엄마에게서 안정감을 느끼지 못한다. 그러니 불안하고 거부적인 행동이 자주 나타날 수밖에 없었던 것이다.

승우와의 애착 회복을 위한 독서치료 계획을 잡았다.

📖 『엄마가 미운 밤』

저/역자: 다카도노 호코/김소연

출판사/발행연도: 천개의바람/2017

『엄마가 미운 밤』(다카도노 호코 글, 오카모토 준 그림, 2017)을 꺼냈다. 어두운 밤, 공원에 아기 곰과 아기 너구리 그리고 아기 염소가 모여 앉아있다. 모두들 엄마에게 야단을 맞고선 엄마가 밉다고 불평을 터뜨린다.

"치. 엄마 미워. 불쑥 화를 낸단 말이야."

"우리 엄마도!"

"우리 엄만 만날 똑같은 소리야."

"우리 엄마는 장난치지 말라면서 나를 쥐어박지 뭐야."

"우리 엄마야말로 '손 씻어, 손 씻지 않으면 간식 안 줄 거야' 하고 진짜 간식을 안 주는 거 있지!"

세 친구는 서로 마음이 통했다고 여겨 힘이 나는지 동네를 누비며 소리친다.

"잔소리쟁이 엄마는 필요 없어!"

"필요 없어!"

"필요 없어!"

세 친구는 마치 승우의 마음을 환히 들여다보듯이 불평을 쏟아 낸다. 현실에서는 하면 안 되는 생각이고 내뱉으면 안 되는 말이다. 아이들은 엄마에 대한 불평을 쏟아 내지만, 남에게 엄마에 대해 불평을 했다는 사실이 또 다른 불안을 야기한다. 그런데 승우 마음을 이렇게 책 속의 친구들이 대신 내뱉어 주니 속이 후련한가 보다. 승우에게 우리도 큰 소리도 따라 해 보자고 했다. 상담자가 유쾌한 분위기로 이끌자 승우도 신이 나서 소리친다.

"잔소리쟁이 엄마는 필요 없어! 필요 없어!"

승우의 웃음소리가 더 커진다. 함께 신나게 두 번을 더 외쳤다.

"맞아요. 우리 엄마도 똑같아요. 진짜 똑같아요."
"그렇구나. 선생님 엄마도 그러셨어. 세상 엄마들은 정말 다 똑같은가 보다, 그치?"

다시 책으로 들어갔다. 우쭐우쭐 으스대며 걷던 세 친구에게 어느 집 창에서 부드러운 노랫소리가 들려온다. 한바탕 신나게 놀았지만, 왠지 그 소리에 모두가 멈추어 서서 숨을 죽이고 귀를 기울인다. 창가에서 엄마가 아기를 보듬고 사랑스럽게 불러 주는 자장가였다.

자장자장, 우리 아가
마을 사는 아이도,
숲에 사는 아이도,
목장 사는 아이도,
모두모두 잘 자렴.

달님 아래 눈 감고

자장자장, 우리 아가, 자장 자장 우리 승우.

사랑스런 우리 승우, 소중한 우리 승우……

상담자가 아주 부드러운 목소리로 음률에 맞춰 나지막이 자장가를 불러 주었다. 마지막에 승우 이름을 넣어 부르니 승우가 예쁘게 미소 지으며 쑥스러워한다. 이것으로 족하다. 엄마에 대한 불평을 쏟아 내었고, 엄마의 자장가를 떠오르게 하는 예쁜 상년에서 승우도 함께 마음이 진정된다. 아무 말이 없다. 아까 엄마에 대한 불평을 이야기할 때와는 전혀 다른 감정이 느껴지나 보다. 책을 다 읽었지만 승우는 다시 책을 뒤적인다. 그러더니 자장가 장면을 펴고 노랫소리를 흥얼거린다. 그 분위기를 잘 살려내기 위해 승우를 방해하지 않는 아주 작은 소리로 조금씩 함께 흥얼거렸다. 승우가 상담자를 보고 씩 웃는다.

3회기에는 엄마에 대한 불평을 쏟아 냈지만, 뭔가 불안하게 느낄 승우의 마음을 편안하게 해 주기 위해 엄마와의 애착을 회복하는 경험을 시도하기로 했다. 우선 승우의 심리 에너지를 끌어올리기 위해 신문지 격파놀이를 했다. 이런 종류의 놀이는 치료놀이처럼 마음속 심리적 앙금을 풀어 주는 데 효과적일 뿐 아니라 건강한 역동을 일으켜 독서치료를 진행하는 데 도움이 된다.

신문지 격파 놀이 – 신문지 격파로 마음속 찌꺼기 날려버리기

1. 상담자가 신문지를 펴서 좌우 양쪽을 팽팽하게 잡아당긴다.
2. 아이가 주먹을 들고 소리칠 준비를 한다.
3. 상담자가 '하나, 둘, 셋' 하고 속상한 사람을 부르고 하고 싶은 말을 한다. 이때 이

름 부르는 것을 망설인다면 다르게 불러도 좋다고 말해 준다.

(예: 땡땡이, 너 왜 자꾸 나 놀려. 놀리지 마!)

4. 아이는 신문지를 주먹으로 쳐서 격파한다.

5. 상담자는 아이가 소리치고 격파한 것에 대해 지지하고 격려해 준다.

신문지 격파가 성공적으로 진행되면 몇 번 더 반복해도 좋다.

그냥 놀이와 치료적 놀이가 다른 점은 단순한 놀이에서 그치는 것이 아니라 놀이를 진행하면서 상담자가 하는 치료적 대화 때문이다. 내담 아동이 자신의 마음을 표현하기 어색해한다면 상담자가 먼저 자신의 스트레스를 푸는 모습을 보여 주면 더 좋다.

"이건 그냥 신문이 아냐. 이건 마법의 신문지야. 네가 짜증나고 화나는 거 소리치면서 격파하면 속이 후련해질 거야. 자, 머릿속에 생각났어? 그럼 소리치면서 격파하는 거야. 시작!"

"이야, 격파 완전 잘하는데. 역시 우리 승우는 속상한 거 표현도 잘하네. 멋지다. 사람이 속상한 걸 표현할 줄 아는 게 너무 중요하거든."

한바탕 격파를 끝내고 기분이 개운해진 승우가 자리에 앉으며 또 종이를 달라고 한다. 그림을 그리기 시작한다. 그림을 그리며 노래를 흥얼거린다. 지난 회기에 불렀던 자장가이다. 이 타이밍이 엄마와의 회복 경험에 도움이 될 것 같아 승우에게 물었다.

"승우야, 엄마가 너 어릴 때 자장가 불러 주셨을까, 안 불러 주셨을까?"

"모르겠어요."

"그럼 우리 엄마한테 물어볼까?"

"싫어요. 안 궁금해요."

"너, 엄마가 안 불러 줬을까 봐 그래?"

"네. 아, 아니에요. 그냥 다른 놀이 하고 싶어요."

"승우가 모르는 게 있구나. 세상 엄마들 중에 아기에게 자장가 안 불러 주는 엄마는 없어. 그런데 아이들은 모를 수 있지. 너무 어렸으니까. 선생님이 더 궁금하네. 진짜 엄마에게 물어보고 싶다."

"쌤이 궁금하면 물어보세요. 전 안 궁금해요."

"알았어. 그럼 넌 그냥 듣기만 해."

승우의 엄마를 들어오시게 했다.

"승우 어머니. 제가 궁금한 게 있어서 들어오시게 했어요. 승우 어릴 때 자장가 불러 주셨어요?"

"그럼요. 날마다 낮잠 잘 때도 불러 주고, 밤에도 불러 주고, 아주 어렸을 때, 태어난 지 한 달밖에 안 됐을 때는 승우가 하루 종일 잠만 자서 하루 종일 불러 준 적도 있어요."

"에이, 어떻게 하루 종일 불러요?"

갑자기 승우가 끼어들어 질문한다.

"진짜야. 밥 먹고 화장실 갈 때만 빼고, 하루 종일 불렀어. 네가 깊이 잠 들어서 조용히 해야 할 때 빼고."

승우가 씨익 웃으며 자기도 모르게 일어나서 엄마 가까이 기댄다. 엄마도 살포시 승우를 안아 준다.

엄마를 다시 내보내며 숙제를 드렸다. 『사랑해 사랑해 사랑해』(버나뎃 로제티 슈스탁 글, 캐롤라인 제인 처치 그림, 2006)를 보여 주었다.

『사랑해 사랑해 사랑해』

저/역자: 버나뎃 로제티 슈스탁/신형진

출판사/발행연도: 보물창고/2006

"사랑해, 사랑해, 사랑해 머리끝부터 발끝까지 너를 사랑해." "마음 깊은 곳부터 온 몸 구석구석까지 너를 사랑해." "말썽을 피워도 사랑해." "쿵쾅쿵쾅 뛰어도 사랑해."

글의 내용에 승우 이름과 행동 몇 가지를 넣어서 모방 글쓰기를 하는 것이다. 가능하면 열 가지를 채우도록 했다. 승우 엄마는 다음과 같이 썼다.

사랑해, 사랑해, 사랑해. 우리 승우를 사랑해.

잠자면서 잠꼬대를 해도 사랑해.

속상해서 울고 있을 때도 사랑해.

아침에 잠이 덜 깬 모습도 사랑해.

자주 엄마 손 잡아 줘서 사랑해.

앞니 빠진 귀여운 모습을 사랑해.

배부르다며 볼록 내민 너의 배를 사랑해.

엄마에게 태어나 줘서 고마워.

학교 갔다 와서 '배고파' 하는 목소리도 사랑해.

승우 말 잘 들어주지 못해 미안해.

힘이 되어 주지 못해 미안해.

그래도 너무너무 사랑해.

회기를 끝내면서 엄마가 승우에게 직접 읽어 주는 시간을 가졌다. 듣는 동안 승우의 얼굴에 편안하고 환한 미소가 떠오른다. 이런 시간들이 승우의 마음을 따스하게 회복시켜 갈 것이다.

참고로 『사랑해 사랑해 사랑해』는 필자가 애착 회복을 위한 과정에서 자주 활용하는 책이다. 집단 부모교육 시간에도 활용하여 모방 글쓰기로 사용한다. 자세한 활용법은 다음과 같다.

Tip ┈┈┈┈┈┈┈┈┈┈┈┈ 「사랑해 사랑해 사랑해」를 활용하는 사례와 방법

책의 글을 모방해서 글쓰기를 하면 쉽게 아이에 대한 마음을 전하게 된다. 그런데 가만히 살펴보면 사랑하는 내용에 아이가 들으면 부담되는 내용도 있다. 조건부 사랑을 전하는 경우이다. 아직 존재 자체를 사랑한다는 의미와 조건부 사랑의 의미를 잘 구분하지 못하고 그런 글을 쓸 경우 짚어서 설명해 주는 것이 좋다. 가장 중요한 건 아이의 존재를 있는 그대로 사랑한다고 전하는 말이다.

1. 아이의 존재를 있는 그대로 사랑한다는 말이 중요하다

네가 엄마 아빠 딸이어서 사랑해.

앞니 빠진 귀여운 모습을 사랑해.

잠자면서 잠꼬대를 해도 사랑해.

속상해서 울고 있을 때도 사랑해.

아파서 열이 오를 때도 사랑해.

너의 잠자는 모습 또한 사랑해.

엄마 뱃속에서 태어나서 고마워. 사랑해.

동생과 깔깔 웃으며 장난을 쳐도 너무너무 사랑해.

아침부터 잠자리에 드는 순간까지 사랑해.

아침마다 허둥지둥하는 모습을 사랑해.

네가 엄마 딸(아들)이어서 사랑해.

2. 신체 자존감을 높여 주는 '사랑해'

웃을 때 보이지 않는 너의 눈을 사랑해.

눈병 나서 안대를 낀 너의 눈을 사랑해.

환하게 웃어 주는 너의 입을 사랑해.

너의 낮은 코도 사랑해.

사랑스러운 주근깨를 가진 너를 사랑해.

부끄러울 때 빨개지는 너의 귀도 사랑해.

학교 갔다 와서 '배고파' 하는 목소리도 사랑해.

키 작고 아담한 너의 모습을 사랑해.

너의 눈, 코, 입, 너의 말, 너의 행동들을 모두 사랑한단다.

3. 아이의 바람직한 말과 행동을 강화시킬 때의 '사랑해'

"엄마, 내 마음이 웃고 있어."라고 말하는 너를 사랑해.

아침에 양치질 꼼꼼히 잘하는 아들을 사랑해.

옷도 알아서 챙겨 입는 너를 사랑해.

동생이랑 즐겁게 잘 노는 너를 사랑해.

책을 좋아하는 너를 사랑해.

아침마다 씩씩하게 등교하는 너를 사랑해.

수학놀이를 좋아하는 너를 사랑해.

춤추기를 좋아하는 너를 사랑해.

친구들과 사이좋게 신나게 놀 줄 아는 너를 사랑해.

엄마에게 힘든 것을 말해 주는 너를 사랑해.

엄마가 혼내도 엄마가 좋다고 말해 주는 너를 사랑해.

속상해서 "엄마 나랑 이야기 좀 해요."라고 말하는 너를 사랑해.

엄마에게 안아 달라고 말해 줘서 고마워.

엄마의 사랑을 확인하기 시작하면서 승우의 애착 회복을 위한 독서치료는 조금씩 진전되어 갔다. 엄마가 자신을 사랑한다는 사실을 믿기 시작한 승우에게 사랑이 뭔지 질문했다. 아직 대답이 잘 나오지 않는다. 사실 안정적인 애착을 형성한 아이들은 훨씬 쉽게 "사랑은 엄마가 나를 안아 주는 거예요. 그럴 때 마음이 분홍색이 돼요." "사랑은 엄마에게 선물 주는 거예요. 전 하트 그림이랑 편지 써서 엄마에게 선물했어요." "사랑은 내가 양보하는 거예요. 전 동생 사랑해요. 그래서 제 장난감 많이 양보해요."라고 대답하기도 한다.

아직 승우가 그런 말을 쉽게 하지는 못했다. 사랑의 개념이 좀 더 명확하게 형성되도록 도와주기 위해 승우랑 『사랑이 뭐예요?』(다비드 칼리 글, 안나 라우라 칸토네 그림, 2015)를 읽었다.

📖 『사랑이 뭐예요?』

저/역자: 다비드 칼리/서소영

출판사/발행연도: 키즈엠/2015

여자아이가 엄마에게 묻는다.

"엄마, 사랑이 뭐예요?"

"사랑은 천천히 피어나는 거란다. 봄에 피는 꽃처럼 말이야."

"아빠, 사랑이 뭐예요?"

"사랑은 갑자기 '펑' 하고 찾아오는 거란다. 축구선수가 마지막 순간에 예상치 못한 골을 넣는 것처럼 말이야."

할머니는 달콤한 케이크라고 얘기하고, 자동차를 좋아하는 할아버지는 사랑이 엔진처럼 따뜻한 느낌이라고 말한다.

대답을 들었지만 아직 아이는 사랑이 뭔지 모르겠다. 그래서 고민을 하다가 또 다른 질문을 한다.

"그럼 사랑에 빠진다는 건 어떤 거예요?"

이 대목에서 승우가 "전 사랑에 안 빠져 봤어요."라고 말한다.

"너 엄마 사랑해?"

"네."

"그럼 사랑에 빠진 거 아냐?"

승우가 씩 웃는다.

"승우는 기분 좋을 때 엄마랑 뭘 하고 싶어?"

"엄마랑 맛있는 거 먹고 싶어요. 놀이공원 가고 싶어요. 또 자전거 같이 타고 싶어요. 근데 엄마는 자전거 안 좋아해요. 그리고…… 또 여행 갔으면 좋겠어요. 여름에 수영장 있는 바다에 갔는데 수영장에서 놀다 또 바다에서 놀다 되게 재미있었어요."

이제 승우는 엄마에 대해 훨씬 편안하게 감정을 표현하기 시작했다. 아직 엄마에 대한 원망도 있지만 자신이 엄마를 사랑하는 마음도 무척 크다는 걸 확인하기 위해 이번엔『우리 엄마가 좋은 10가지 이유』(최재숙 글, 문구선 그림, 2010)를 펼쳤다.

📖 「우리 엄마가 좋은 10가지 이유」

저/역자: 최재숙

출판사/발행연도: 아이세움/2010

"승우는 엄마를 정말 사랑하는 것 같아. 여기 책처럼 엄마를 사랑하는 이유 열 가지를 써 볼래? 세 개 밖에 못 쓰는 애도 있고, 열 개를 뚝딱 쓰는 아이도 있어. 우리 승우는 얼만큼 쓸 수 있을까?"

승우가 쓰기 시작했다. 두세 개 쓰고 또 생각하고 다시 쓴다. 생각하고 쓰는 승우를 지켜보며 조용히 감탄해 주며, 승우가 자기 마음속에 숨어 있는 엄마에 대한 마음을 찾도록 도와주었다.

승우와의 상담은 약 6개월간 20여 회기로 마무리하였다. '획득된 안정형'의 사람들은 애착 변화의 계기로서 '긍정적인 관계 경험'과 '자기성찰'을 주로 꼽았다고 했다. 아직 승우는 어리기에 자기성찰까지는 어렵겠지만 분명 긍정적인 관계 경험의 측면에서 보면 성공적이라 할 수 있다. 상담을 통해서 상담자와의 상호 신뢰적이고 긍정적인 관계를 경험했을 뿐 아니라 애착 대상인 엄마와의 관계 회복이 이루어졌으니 말이다.

부모와의 애착 관계를 통해 아이의 마음속에는 자신과 타인에 대해 형성한 정신적 표상인 내적 작동 모델이 형성된다고 하였다. 엄마와 형성된 애착 관계가 아이의 일생에 걸쳐 다른 사람들과 관계를 맺는 방식에 영향을 미친다는 의미이다. 이제 애착 회복을 위한 독서치료를 통해 승우는 불안정 애착 관계였던 내적 작동 모델의 변화가 생겼을 거라 짐작해 본다. 가끔 승우 엄마에게서 문자가 온다. 승우는 이제 9세이고 학교도 즐겁게 잘 다니고 친구와도 잘 지낸다. 가끔 다투는 일도 있지만 금방 털고 다시 활기를 되찾을 줄도 안다. 물론 엄마는 지금도 승우에게 사랑하는 마음을 잘 전하고 있다고 했다.

해결중심 단기치료를 적용한
독서치료

1. 해결중심 단기치료의 주요 개념

1) 주요 개념

해결중심 단기치료 모델은 스티브 드 세이저(Steve de Shazer)와 김인수(Insoo Kim Berg)를 중심으로 확립된 치료법이다. 1978년 위스콘신주 밀워키에 단기가족치료센터(Brief Family Therapy Center)를 설립하여 단기치료 모델로서 해결중심치료를 개발하였다. 드 세이저는 연구와 이론 형성에 기여하고, 김인수는 임상과 교육 및 훈련에 초점을 두었다.

드 세이저는 해결중심 단기가족치료의 핵심은 "내담자가 자신의 일상생활에서 욕구를 충족시키기 위해 가지고 오는 자원을 활용하는 것"이라고 보았다. 해결중심 단기치료의 공동 개발자 김인수는 내담자의 문제 원인과 증상을 파악하는 대신, 문제를 해결하는 것을 우선으로 하는 것이라 설명한다. 해결중심 단기치료에서 가장 중요한 요점은 내담자를 보는 관점이다. 내담자는 자신의 문제에 있어서 전문가이고, 이미 문제에 대한 해결책을 가지고 있다는 생각을 기본 전제로 하며, 자신의 문제를 해결할 능력이나 자원을 갖고 있다는 가정하에서 상담이 이루어지는 것이다. 즉, 내담자의 문제점보다는 강점과 장점을 활용하고, 문제의 원인 분석보다는 문제해결에 초점을 두는 상담치료법이다. 내담자가 원하는 해결이 무엇인가에 초점을 두어 단기간 내에 해결을 가져올 수 있도록 하는 데 목적이 있다.

일본의 정신과 의사 오가나 나가시는 해결중심 단기치료를 미로에 비유해서 설명한다. 해결중심 단기치료가 단기간에 해결책을 찾아내는 이유는 미로를 출구에서부터 찾아 나가기 때문이다. 미로는 입구에서 출발하면 자꾸 막다른 길이 가로막혀 있어 출구를 찾기가 어렵지만, 출구에서부터 길을 찾으면 거의 외길인 경우가 많다. 인생의 문제도 미로와 흡사하다. 문제를 현재 시점이나 과거의 시점에서 보면 이리저리 얽힌 샛길 때문에 어디로 가야 할지 갈피를 잡기 힘들다. 그러나 미래로 시점을 옮기면 답은 일목요연해진다. 자신이 가장 원하는 미래의 목표에서 현재까지의 길을 찾으면 가장 중요한 본줄기가 무엇인지 뚜렷이 보이기 때문이다.

2) 내담자에 대한 관점

해결중심 단기치료에서 내담자에 대한 관점은 매우 중요하다. 강점 관점이라 불리는 이 기법은 임파워먼트(empowerment) 접근법이라 말하기도 한다. 누구라도 자신의 문제를 해결할 수 있는 능력을 가지고 있다는 신념을 전제로 하는 것이다. 강점 관점의 세 가지 주요 개념과 전제 가치는 다음과 같다.

〈강점 관점의 세 가지 주요 개념〉

- 임파워먼트(empowerment): 역량 강화, 강점을 향상시키고 스스로 의사결정을 하고 선택하는 환경으로 재구성할 수 있도록 돕는 과정이다. 즉, 개인과 집단이 가지고 있는 힘을 발견하는 것을 의미한다.
- 소속감: 사람들은 가족과 지역사회의 구성원인 것을 인식하고 소속감을 가질 때 자신의 소중함, 존중감, 책임감을 갖게 된다.
- 레질리언스(resilience): 회복 탄력성, 심각한 삶의 도전에 직면하고서도 다시 일어설 뿐만 아니라 심지어 더욱 풍부해지는 인간의 능력이다. 모든 사람은 극한적 경험에 적응하고 회복할 수 있다.

〈강점 관점의 전제 가치〉

- 내담자는 많은 강점을 가지고 있다.
- 내담자의 강점을 존중한다.
- 내담자의 동기는 강점을 조장할 때 증가한다.
- 상담자는 내담자의 협력자이다.
- 내담자가 피해자라는 생각에서 벗어나야 한다.
- 모든 환경은 자원이다.

3) 해결중심 단기치료의 자세와 태도

해결중심 단기치료에서 강점 관점을 기반으로 강조하는 치료자의 자세와 태도는 매우 중요한 점을 시사한다. 심리적 이론이 현실화되는 과정에서 치료자의 자세와 태도가 결국 얼마나 효과적인 상담을 진행하는가에 매우 중요한 요소가 되기 때문이다. 해결중심 단기치료에서 중요하게 강조되는 두 가지 자세와 태도를 살펴보자.

(1) 경청

경청하는 자세라야 내담자의 신뢰와 정보를 얻을 수 있으며 내담자의 주체적인 대화를 끌어낼 수 있다. 주체적 발언이야말로 변화를 만들어 낸다는 로저스의 이론이 응용된 것이라고 볼 수 있다.

(2) 알지 못함의 자세

해결중심치료에서 내담자가 가져온 문제의 전문가는 내담자 자신이다. 치료자는 협력자일 뿐이다. 따라서 내담자를 존중하고 상담자는 '알지 못함의 자세(not-knowing posture)'로 항상 보다 많은 정보를 얻고자 하는 자세를 취해야 한다. 이미 짐작되는 사실도 "잘 모르겠어요. 자세히 설명해 주세요." 하는 태도를 취하는 것이다. 그래야 내담자의 저항도 줄일 수 있으며, 새로운 해결책으로의 전환을 돕는 데 큰 역할을 한다.

많은 상담자는 '난 당신을 잘 안다.'는 태도로 대화를 진행한다. 이런 태도로는 내담자의 자원을 무시하게 될 뿐 아니라 상대의 잘못에 초점을 맞추게 되고 결국 이런저런 충고로 대화를 끝낼 위험이 있다. 내담자가 가진 자원을 활용하지 못할 뿐 아니라 일반적인 상식과 원칙의 기준으로 내담자를 이끌려는 실수를 범하게 된다. 상담자가 언어적 · 비언어적 행동을 통해 내담자에게 풍부하고 진실한 호기심을 전달하는 것이 매우 중요한 태도가 된다.

2. 해결중심 단기치료의 원리와 치료 목표 세우기

해결중심 단기치료는 초점을 내담자가 제시하는 문제가 아닌 해결에 맞추어 단기간 내에 해결을 가져올 수 있는 여러 가지 치료 전략을 개발하였다. 내담자의 문제와 그 해결책은 별개이며, 문제보다는 내담자가 원하는 바에 초점을 두라고 강조한다. 또한 내담자의 장점이나 예외에 대한 탐색이 내담자의 문제 해결 능력을 향상시킨다고 본다. 내담자가 자신의 문제에 관한 전문가이며 내담자가 이미 가지고 있는 자원을 활용하는 의미 있는 해결방안을 구축하도록 돕는 것을 목표로 하는 '해결중심 모델'인 것이다.

해결중심 접근법은 매우 긍정적이고 건설적인 방법으로 여겨지는데, 계획대로 상담이 잘 진행되지 않을 때는 방법을 바꾸는 것을 기본으로 한다. 잘 안 될 때 그 원인을 찾으려 시간을 낭비하지 않는다는 것이다. 이럴 때 중요한 자세가 바로 예외 상황에 주목하는 것이다. 효과가 있는 것에 관심을 가지고 상담을 진행하고, 내담자가 아무리 어려운 문제를 호소한다 해도 늘 안 좋은 상황은 없다고 생각하는 것이 중요하다. 예외적으로 증상이 멈추었거나 완화되었던 상황에 관심을 가지는 것이다. 과거의 성공 경험을 중시하는 이유도 바로 이 때문이다. 그 예외 상황과 성공 경험 속에 현재 상태를 개선할 수 있는 실마리가 숨어 있으며, 또한 바로 그 지점에 내담자의 숨은 잠재력과 희망이 자리하고 있기 때문이기도 하다.

1) 상담 원리

해결중심 단기치료의 상담 원리는 다음과 같다.

- 병리적인 것 대신에 건강한 것에 초점을 둔다.
- 내담자의 강점과 자원은 물론 증상까지도 찾아내어 치료에 활용한다.
- 탈이론적 · 탈규범적이며 내담자의 견해를 존중한다.
- 간단하고 단순한 방법을 일차적으로 사용한다.

- 변화는 불가피하다.
- 현재에 초점을 맞추며 미래 지향적이다.
- 내담자와의 협력 관계를 중요시한다.

2) 치료자와 내담자의 관계 유형

해결중심 단기치료에서 치료자와 내담자의 관계 유형을 정리한 것도 흥미롭다. 관계 유형을 미리 파악하는 것은 상담을 어떻게 신행할 것인시, 치료석 메시지에서 어떤 과제를 부여할 것인가를 판단할 때 큰 도움이 된다. 해결중심 단기치료에서 설명하는 내담자 유형은 방문자 관계 유형, 불평형 관계 유형, 고객형 관계 유형의 세 가지이다. 유형의 명칭에서 조심할 것이 있다. 잘못하면 이 개념을 내담자의 성격을 나타내는 것으로 오해할 수 있다. 이 세 가지 유형을 제안한 김인수는 내담자—치료자의 '관계 유형'임을 강조한다. 관계에 강조점을 두어 치료자에게도 그 책임을 부여한다는 의미이다. 즉, 치료자는 자신과 내담자의 관계 유형을 잘 파악하고, 그에 맞는 방법으로 상담을 진행하는 것이 바람직하다고 강조한다.

(1) 방문자 관계 유형

방문자 관계 유형은 비자발적 내담자인 경우가 많다. 부모님이나 학교 등 다른 기관이나 상황에 의해 상담을 받게 된 유형으로 자신은 문제가 없고 다른 사람에게 문제가 있다고 생각하며, 치료자와 함께 다뤄야 하는 문제가 있다고 생각하지 않는다. 따라서 공동으로 문제를 인식하거나 상담의 목표를 찾기가 어렵다.

이 유형에서 치료자는 훌륭한 집주인 역할을 해야 한다. 원치 않았음에도 불구하고 상담을 받으러 온 의사결정을 존중하고, 상담 중에 최소한의 변화를 보이려 하는 부분 등을 찾아 칭찬하는 것이 중요하다. 또한 내담자가 표현하고 있는 말과 행동,

의도 등 뭐든 하고 있는 것에 대해 자주 긍정적 반응을 보여 내담자가 상담에 더 많은 관심을 갖도록 이끄는 것이 좋다.

> 상담자: 오늘 여기 와서 어떤 점이 좋아지면 여기 오길 잘 했다고 생각하게 될까?
>
> 내담자: 별로……. 엄마가 가자고 해서 왔는데요?
>
> 상담자: 엄마가 오자고 해도 따라오기 어려웠을 텐데 왔구나. 궁금한 게 있는데, 평소 네가 싫은 걸 엄마가 시키면 잘 따르는 편이니?
>
> 내담자: 아니요. 절대 안 하죠.
>
> 상담자: 아! 그럼 네가 여기 온 건 따라온 게 아니라 뭔가 너도 약간 궁금하거나 기대한 것이 있다는 말로 들려. 내가 생각한 게 맞아?

이런 대화를 진행하면 내담자는 스스로 선택해서 왔음을 자각하게 되고, 조금씩 자신의 상담 목표가 무엇인지 말할 수 있게 된다.

(2) 불평형 관계 유형

자신의 문제라기보다는 타인, 상황 등에 문제가 있다고 보는 유형이다. 자신을 문제 해결의 일부로 보지 않으며, 다른 사람의 변화를 원하는 내담자를 말한다. 이런 내담자를 만날 때는 문제에 대해 많이 생각하고 고민해 왔던 것에 대해 칭찬한다. 문제를 잘 관찰하고 분석하는 부분을 활용하는 것이다.

사실 불평형 관계에서 해결책을 구축하기가 어렵다. 해결책 구축은 방문형이거나 불평형 관계가 아닌, 변화를 추구하는 유형인 고객형 관계일 때 효과적이다. 불평형 관계인 경우 치료의 목표는 내담자를 고객형 관계가 되도록 만들거나, 최소한 내담자가 자신의 말을 치료자가 경청하고 있다고 느끼도록 해 주어야 한다.

상담자: 상담에서 어떤 점이 달라지기를 바라니?

내담자: 우리 엄마 좀 달라지게 해 주세요. 맨날 짜증만 내세요. 숙제 했는데도 다시 하라고 그러고, 시키는 걸 해도 계속 화만 내세요.

상담자: 엄마가 달라지기를 바라는구나. 넌 노력하는 데도 엄마가 알아주지 않아 답답하고 속상하기도 한 것 같아. 어떻게 이런 힘든 상황들을 견뎠어?

(3) 고객형 관계 유형

고객형 관계 유형은 내담자 자신이 문제를 갖고 있다고 생각하고 있어 해결방안을 찾는 것을 중요하게 생각하는 유형으로, 자신과 관련된 치료 목표를 잘 표현하고 행동 변화를 실천할 준비가 되어 있는 경우가 대부분이다. 치료자는 내담자에게 고용되어 내담자가 자신의 이야기 속에서 스스로 해결책을 구축할 수 있도록 돕는 작업을 진행하는 것이 좋다. 즉, 고객형 관계 유형은 자신을 문제 해결의 일부로 생각하고, 문제 해결을 위해 무언가 할 의지를 보이는 내담자이다. 또한 새로운 아이디어, 제안, 격려 등에 마음이 열려 있어 본격적인 해결중심 상담이 시작될 수 있다. 자신이 변화할 준비가 되어 있으므로 자신과 관련된 것으로 목표를 설정하고, 변화된 행동을 하도록 지원하고, 변화가 일어난 경우 칭찬해 주는 것이 좋다.

아동·청소년 독서치료 현장에서는 방문형 관계, 불평형 관계가 주를 이룬다. 이럴 때는 고객형 관계 유형으로 변화해야 보다 효과적인 독서치료가 이루어질 수 있음을 항상 유념해야 한다. 제2장에서 강조했던 PACE의 자세와 해결중심 단기치료에서 중요하게 강조하는 '경청'과 '알지 못함의 자세'로 고객형 관계로의 변화를 우선으로 해서 문제 해결을 위한 독서치료로 진행해야 함을 기억하자.

3) 치료 목표 세우기

해결중심 단기치료에서 상담의 목표란 여행의 목적지라기보다는 내담자가 성취하고자 하는 첫 시작 단계를 말한다. 우선 첫 단계에서 필요한 것은 달성 가능한 목표를 정하는 일이다. 이 목표는 앞으로 나아가면서 상황에 따라 달라질 수도 있다. 목표 설정의 원칙은 다음과 같다.

- 내담자에게 중요하며 유익한 것을 목표로 하기
- 내담자의 생활에서 현실적이고 성취 가능한 것을 목표로 하기
- 구체적이고 명확하며 행동적인 것을 목표로 하기
- 지금–여기에서 시작하는 것을 목표로 하기
- 문제 행동의 소거보다는 원하는 긍정적인 행동의 시작에 관심을 두기

목표 설정을 위한 구체적 질문들은 다음과 같이 응용해 볼 수 있다.

- "지금 제일 바라는 게 뭔가요?"
- "1년 뒤에 자신이 어떻게 됐으면 좋겠어요?"
- "상담을 통해 뭘 얻고 싶은가요?"
- "그러기 위해서 지금 당장 자신이 할 수 있는 일은 뭘까요?"

이런 질문을 수시로 던져 목표를 뚜렷하게 하는 일이 해결책 모색의 과정이다. 독서치료에서도 목표 설정은 매우 중요하다. 독서치료 상황에서 내담자가 자신의 이야기를 직접적으로 하기가 어렵다면 책을 읽고 이야기를 나눌 때 책의 인물들에 대한 질문으로 응용하면 효과적이다. 매 회기 상담 후에는 EARS 법칙에 따라 상담 이

후에 조금이라도 나아지거나 변화된 것에 초점을 두고 대화를 나눈다.

- Elicit: 무엇이 나아졌는지를 이끌어 내기
- Amplify: 나아진 것을 확장시키기
- Reinforce: 그것을 강화하기
- Start again: 또다시 나아진 다른 것에 관하여 묻기

예를 들어 보자. 하연이는 엄마가 식당을 다니는 초등학교 1학년 여자아이이다. 낮시간엔 외할머니가 하연이를 돌봐 주신다. 그런데 하연이는 어릴 적부터 분리불안이 너무 심해 엄마와 떨어질 때마다 한바탕 울음보가 터진다. 어린이집을 다닐 때도 그랬고 초등학생이 된 지금도 그렇다. 그나마 학교에 가면 다행히 잘 지낸다고 하지만, 학교에서 돌아오기만 하면 또 엄마에게 계속 전화하거나, 엄마가 퇴근하면 껌딱지처럼 붙어서 떨어지려고 하지 않는다. 아이의 행동이 걱정된 엄마가 하연이를 데리고 상담을 받기로 했다.

첫날부터 하연이는 엄마와 떨어지려 하지 않았다. 그래도 상담실에 있는 다양한 놀잇감과 보드게임을 보더니 관심을 가진다. 상담자는 아이와 엄마가 있는 자리에서 "하연이가 들어가서 노는 동안 엄마가 어디에 있기를 바라?" 이렇게 질문하니 하연이는 대기실 의자 하나를 가리키며 "하연이가 나올 때까지 꼼짝 말고 앉아 있어!" 라고 명령형으로 말한다. 엄마가 약속하겠다고 말하자 손가락을 걸고 약속한 뒤에 상담실로 들어갔다.

첫 회기 상담에서 아이는 약 5~10분에 한 번씩 나가서 엄마가 제자리에 있는 지 확인했다. 아이가 나가고 싶어 할 때마다 기꺼이 허락했고, 나가서 확인하고 들어온 뒤엔 엄마가 약속을 잘 지키려 애쓰고 있으며, 하연이와의 약속을 매우 중요하게 생각하는 것에 대해 이야기하고 강조해 주었다. 하연이는 첫 회기에 6번을 나갔다.

2~3회기 때도 계속 나가서 확인했지만 조금씩 그 횟수가 줄어들었다.

4회기째 되던 날, 하연이는 상담시간 50분 동안 한 번도 나가지 않았다. 바로 그 지점에서 EARS의 법칙에 따라 하연이를 칭찬해 주었다.

〈표 4-1〉 해결중심 단기치료의 EARS 법칙

Elicit: 무엇이 나아졌는지를 이끌어 내기	앗, 오늘은 한 번도 안 나갔어. 그거 알고 있니?
Amplify: 나아진 것을 확장시키기	어떻게 그럴 수 있어? 무슨 마법을 쓴 거야? 대단하다.
Reinforce: 그것을 강화화기	엄마가 약속을 잘 지킨다는 걸 믿는구나.
Start again: 또다시 나아진 다른 것에 관하여 묻기	하연이가 책 읽는 것 재미없다고 했는데 선생님이 읽어 줄 때마다 눈 반짝이며 잘 듣는 거 알아? 어쩜 이렇게 멋진 모습을 숨기고 있었어?

재미있는 현상은 아이들에게 달라진 점을 짚어서 강화해 주면 아이들은 마치 자기가 언제 그랬냐는 반응을 보이며 자신은 원래 지금과 똑같았다고 대답하는 아이들이 참 많다는 점이다. 이럴 때 군이 과거의 모습과 지금이 달랐음을 꼬집어 이야기할 필요가 없다. 지혜롭고 유쾌한 상담자라면 다음과 같이 말하면 좋겠다.

"그래, 맞아. 넌 원래 이렇게 멋진 아이였어. 지금도 그렇고, 앞으로 더 멋있어질 것 같아. 미리 사인 받아 놓을까?"

3. 해결중심 단기치료의 치료적 질문기법

1) 해결 중심적 대화란?

해결중심 접근법이란 내담자가 문제를 다른 시각에서 바라보게 하며, 내담자의 생활에서 문제시되지 않았거나 문제가 해결되는 시점의 예외적 상황을 발견하도록 도움을 주는 방법이다. 문제를 해결하고자 할 때 인간은 적극적이고 의욕이 넘친다. 과거는 바꿀 수 없지만 미래는 바꿀 수 있으니 말이다. 과거를 후회하거나 원인을 다루는 것보다 성과를 얻을 가능성이 훨씬 크다. 당장은 해결할 수 없더라도 작은 노력으로 변화가 가능하다는 생각이 들 때 인간은 변하기 시작한다. 그러니 과거가 아닌 미래로 눈길을 돌려 모든 대화의 초점을 문제 해결에 맞추는 방식의 대화가 바로 해결 중심적 대화, 해결지향 대화라는 것이다. '해결지향 대화'는 적극적으로 문제를 해결하는 해결지향 태도를 촉구하는 방식으로 진행된다. 대화를 진행할수록 문제 해결로 이어지는 긍정적 기대와 전망과 방법을 생각하게 되며, 해결 지점에 가까워질수록 대화의 양과 질은 발전하게 된다. 해결지향 대화는 현실적 문제에 지치고 상처받은 내담자로 하여금 기분이 밝아지고 자신감과 의욕을 높이는 작용을 한다.

단, 주의할 점도 있다. 문제의 뿌리가 깊고 마음의 상처가 심할 때는 해결지향 대화만 끌어내기란 쉽지 않으며, 끌어낸다 해도 표면적인 형태에 머무를 때가 많다. 내담자가 아직 지쳐 있거나 문제 해결 의지가 약한 단계라면 상당 기간 부정적 감정을 충분히 털어놓은 뒤가 아니면 진정한 의미의 해결지향 대화로 이어지기 힘들 수 있다. 그러니 이럴 땐 한동안 문제 자체와 거리를 둔 대화를 진행하며 상대의 관심사와 가치관을 이해하고 신뢰를 쌓아 가는 시간이 필요하기도 하다. 물론 이런 경우에도 해결지향 대화의 비중이 늘어나도록 경청과 공감, 수용하는 자세가 중요하다.

그래야 해결지향 대화로 진전할 수 있다. 조금씩 해결지향 대화가 증가하면 좀 더 구체적인 계획을 세우고 실행함으로써 현실의 문제 해결로 이어질 수 있다. 드 세이 저는 다음과 같이 강조한다.

> 해결의 문을 통과하는 가장 효과적인 방법은 문제가 해결됐을 때 본인의 행동 이 어떻게 달라질까, 지금과는 다른 어떤 일이 일어날까를 상상해서 유익한 변화 를 예상하는 것이다(de shazer, 1985: Takashi, 2017 재인용).

문제를 해결하는 가장 좋은 길은 문제가 해결된다면 어떻게 될지를 상상하고 그 상황에서 무엇이 변하는지를 명확하게 하는 것이다.

2) 해결중심 접근법의 질문기법

해결중심 접근법의 탁월한 효과는 직접 문제를 지적하는 방식보다는 질문을 던 져 스스로 깨닫게 할 때 나타난다. 이 질문법들은 상담자로서 익혀 두면 다양한 상 담 장면에서 효과적으로 활용할 수 있다. 해결중심 단기치료의 중요한 상담기법인 질문기법들을 살펴보자.

(1) 면담 전 변화에 관한 질문

면담 전 변화에 관한 질문(pre-session change question)은 '변화란 불가피하며 계 속적으로 일어난다.'는 해결중심 모델의 기본 가정에 근거하여 형성된 질문이다. 보 통 내담자가 상담을 약속한 후 상담실에 오기까지, 내담자는 우울하거나 좌절하는 태도에서 해결책을 나름대로 모색하는 모습으로의 변화가 있을 것으로 가정한다. 따라서 상담자는 이러한 변화에 대해 점검함으로써 긍정적 변화를 발견하고 확대해 나갈 수 있는 질문을 한다. 첫 회기의 이런 대화는 문제 해결에 매우 중요한 단서를 제공할 수 있다.

(2) 예외질문

예외란 내담자가 문제로 생각하는 행동이 일어나지 않는 상황이나 행동을 의미한다. 아무리 문제가 심각해도 늘 예외가 존재한다. 오랫동안 우울증을 겪는 사람도 24시간 365일 계속 우울할 수는 없다는 사실에 초점을 두며, 또한 과거에 행복했던 시절이 분명히 있었을 것이라는 전제를 둔다. 중요한 예외를 찾아내어 그것을 계속 강조하면서 내담자의 성공을 확대하고 강화시켜 주는 것이다. 살다 보면 안 좋은 날도 있고 좋은 날도 있게 마련인데, 나쁜 일이 닥치면 좋은 일은 그 기억이 통째로 사라지는 경우가 많기 때문에 매우 중요하다.

해결중심 단기치료에서는 이렇게 '문제가 일어나지 않은 예외 상황'을 실마리로 하여 바로 문제 해결에 뛰어든다. 예외적인 상황을 찾고 이를 지속시키는 과정에서 내담자는 자신의 자원과 이미 자신이 문제를 다루는 해결책을 갖고 있었다는 사실을 깨달으면서 자아존중감이 향상될 수 있다. 현재로만 한정할 필요는 없다. 과거의 좋았던 시기나 성공 체험이 있다면 거기에 주목하면 된다. 현재 상황은 어렵지만, 과거의 성공적으로 잘 지냈던 예외적 상황을 찾아보고, 자신이 잘하고 있는 점을 발견함으로써 현재의 문제를 해결해 갈 수 있다. 다음의 질문이 바로 예외 상황에 대해 묻는 예외질문(exception question)이다.

"우울하지 않은 날은 언제인가요?"

"만약 지난주에 덜 우울했다면, 왜 그랬을까요?"

"어떤 행동이 날 덜 우울하게 했을까요? 왜 지금은 그 행동을 하지 않는가요?"

"최근 문제가 일어나지 않은 때는 언제였습니까?"

"그때는 왜 잘 됐을까요? 그 이유를 자신에게서 찾는다면 어떤 이유가 있을까요?"

"문제가 해결된다면 어떻게 알 수 있을까요?"

"문제가 조금이라도 나아진 때에 대해 말씀해 주세요."

"지금 잘 하고 있는 일은 무엇인가요?"

유아와 아동을 위한 독서치료에서도 마찬가지로 예외질문을 효과적으로 활용할 수 있다. 내담 아동의 예외 상황도 좋고, 책 이야기 속 인물들의 예외 상황을 찾기 위한 질문으로 시작하면 된다. 예외 상황을 찾아내어 성공 경험을 확대하고 강화시켜 주는 것이다. 노력이든 우연이든 아이의 성공적 경험을 찾아내고, 의도적인 노력으로 이어질 수 있도록 격려하고 칭찬한다. 이런 과정을 통해 내담 아동은 숨겨진 자신의 잠재능력을 찾고 자아존중감도 향상시킬 수 있다.

"지난 한 주 동안 동생에게 짜증을 내지 않았던 적은 언제니?"

"그 친구랑 잘 지냈던 때는 언제야?"

"지금보다 학교가 지루하지 않았던 때는 언제니?"

이런 질문은 상황을 개선하는 데 도움이 될 만한 힌트를 발견하는 동시에, 자신이 그럴 만한 능력과 가능성을 이미 가지고 있음을 스스로 깨닫게 한다. 상황이 나쁠 때는 누구나 되는 일이 하나도 없다며 나쁜 쪽으로 일반화하는 경향이 있다. 그래서 자신감만 더 떨어지고, 자신은 문제를 해결할 능력이 없다고 믿게 된다. 항상 모든 것이 나쁘진 않았다는 점, 문제에 적절히 대처하고 보란 듯이 난관을 돌파한 경험이 분명히 있었음을 이해하는 것은 지금 현재의 내담자가 희망을 되찾고 문제를 해결하는 힘을 주는 원동력이 된다.

(3) 기적질문

기적질문(miracle question)은 김인수가 처음 사용한 기법으로 현실치료와 동기부여 면담법을 비롯한 여러 심리치료에서 널리 사용되고 있다. 기적질문이란 글자 그대로 '만약 기적이 일어난다면? 문제가 해결된다면?'이라는 가정으로 내담자의 소망이 실현되었을 때 일어날 일을 이야기하게 하는 방법이다. 이런 질문을 통해 자신이 풀고 싶은 문제와, 이루고 싶은 바람을 다시 생각해 볼 수 있을 것이다.

기적질문은 내담 아동이 바라는 변화를 스스로 생각하게 하고 설명하게 한다. 기적이 일어난다면 어떤 일이 이루어져 있을지 질문하는 방식이니 아이가 그 장면을 상상하고 어떤 모습인지 구체적으로 말할 수 있도록 도와준다. 이 과정을 통해 아이의 욕구를 탐색할 수 있고, 구체화해서 어떻게 자신의 바람을 채워 나갈 수 있는지에 대한 탐색으로 이어질 수 있다. 문제 자체에서 한 발 떨어져 그 문제를 객관적으로 바라보며 해결책을 상상하게 함으로써 문제 해결 영역으로 들어가게 하는 효과적인 질문이다. 이 질문은 변하고 싶다는 욕구나 변화하는 데 필요한 것을 끌어낼 때 매우 효과적이며, 그야말로 '기적'을 일으킬 때도 있다.

그런데 기적질문의 효과를 발휘하려면 사용에 주의를 기울여야 한다. 중요한 점은 단순히 기적 상황을 묘사하는 것이 아니라는 점이다. 자칫하면 몽상적 대화로 흘러갈 수 있다. "만약 기적이 일어난다면 무엇이 달라질까요?"가 아니라 "만약 기적이 일어나 ~한다면 무엇이 달라진 걸까요?"라고 질문해야 한다.

예를 들어, 약물을 끊을 수 없는 사람에게는 "만약 기적이 일어나 약물과의 악연을 끊을 수 있다면?" 하고 질문을 던진다. 이 경우에도 약물을 끊으면 무엇이 달라지는가보다는, 무엇이 달라졌기에 약물을 끊었는가에 주목하게 하는 것이다. 이런 질문은 변화란 주위가 아닌 자신이 달라지는 것임을 자각하게 하고, 변화하기 위해서는 무엇이 필요한지 스스로 발견하게 한다.

기적질문을 성공적으로 활용하기 위해서는 상대의 마음을 강하게 사로잡기 위해 이야기를 시작할 적절한 타이밍을 포착하고, 본론으로 들어가기 전에 어느 정도 분위기를 조성해야 한다. 다음의 대화 예처럼 약간 상상적인 분위기 혹은 연극적 느낌으로 기적의 상황으로 내담 아동을 데려가는 듯한 분위기를 연출하는 것도 효과적이다. 이러한 대화를 통해 '문제가 해결된 뒤에는 어떤 상태가 될까?' 하고 구체적인 모습을 떠올려 볼 수 있다.

> 상담자: 한번 상상해 보세요. 오늘 마음먹은 걸 실천하기로 결심하고 집으로 돌아갔습니다. 그리고 밤새 잠을 푹 잘 잤어요. 당신이 잠든 사이 기적이 일어나 골치 아픈 문제들이 모두 해결됐어요. 그리고 아침이 밝았어요. 기적이 일어난 걸 아무도 모릅니다. 그럼 당신은 기적이 일어난 걸 어떻게 알게 될까요? 제일 처음 뭘 보고 눈치챌까요?

기적질문의 핵심은 절망적인 심정을 충분히 공감하고 나서 질문을 던져야 기사회생의 역전이 일어날 가능성이 크다는 점이다. 현재 상황에 얽매여 한 발짝도 나아가지 못하는 사람도 기적이라는 설정을 통해 현실에서 벗어나 생각해 보면, 불가능하다며 억누르고 있던 소망과 목표를 입 밖에 내기가 한결 수월해진다. 그때 하는 이야기 속에 목표를 이루기 위한 힌트가 숨어 있는 경우도 많다. "기적이 일어나 저녁 내내 기분이 좋다면 무엇이 달라져 있는 걸까?"라는 질문을 받은 한 아이는 다음과 같이 말했다.

아 이: 기적이 일어나면 숙제는 이미 다 되어 있고요. 엄마는 웃으면서 맛있는 요리 하시고요, 아빠는 나랑 놀아 줘요. 전 뭐 큰 걸 바라는 게 아니에요.

내담자 관계 유형의 관점으로 본다면 이 아이는 불평형 유형으로 자신이 뭔가 달라지기보다 부모님이 달라지기를 바라는 아이이다. 그런데 엄마, 아빠의 밝고 온정적인 모습뿐 아니라 자신의 숙제가 다 되어 있는 상황을 기적으로 묘사하고 있다. 자신의 말처럼 큰 걸 바라는 게 아니다. 이 소소한 일상의 생활이 원활하지 못해 괴로움을 겪고 있는 것이었다. 이제 이 아이와는 숙제를 잘해 내었던 예외 상황과 숙제에 대한 어려움에 대한 척도질문, 그리고 자신의 행동과 부모님과의 관계성을 묻는 질문으로 확장하며 이야기를 나눌 수 있을 것이다.

다시 한번 정리해서 생각해 보자. 기적질문이 효과적인 이유는 문제 자체를 제거하거나 감소시키지 않고 문제와 떨어져서 해결책을 상상하게 하기 때문이다. 또한 내담자가 문제에 대한 집착에서 벗어나 해결중심 영역으로 들어가게 한다. 내담자의 기적 상황이 추상적이고 모호하거나 비현실적일 때는 이를 구체화하고 명료화하여 작은 것으로 바꾸는 과정을 통해 현실적으로 해결 가능한 행동으로 연결할 수 있다.

하지만 주의할 점이 있다. 기적질문이 누구에게나 효과를 발휘하지는 않는다. 너무 기교적으로 느끼는 사람은 기적질문에 거부 반응을 드러내기도 한다. "어차피 불가능한 걸 생각해서 뭐 해요. 그런 일은 안 생겨요."라며 아예 상상조차 하지 않으려 하거나 냉소적인 반응을 보이기도 한다. 이런 말 속에는 변화를 생각한다는 것 자체에 저항하는 심리가 숨어 있을 수 있다. 기적질문이 효과가 없는 경우는 대부분 관계가 아직 무르익지 않은 단계에서 조급하게 성과를 내려 했기 때문이다. 기교에 너무 치중하다 보니 상대가 따라오지 못하는 것이다. 먼저 상대의 관심사에 초점을 맞추어 공감하고 귀를 기울이면서 신뢰 관계를 쌓아야 한다. 상대가 거부 반응을 보일 때는 한발 물러서서 대응 방식을 달리 하는 편이 현명하다. 그리고 주의할 점은 기적질문은 상담 초기에 사용하고 과정 중 반복적으로 사용하지는 않는 것이 좋다. 기적질문을 보다 성공적으로 사용하기 위해 다음 질문을 통해 미리 마음의 준비를 하게 하는 것도 좋다.

질문의 예

"자, 잠시 상상력을 발휘해 볼까?"

"상상력이 좀 필요한 질문이야. 한번 잘 생각해 봐."

"아침에 일어나서 처음 무엇을 보면서 기적이 일어났는지 알 수 있을까?"

"지금 내게 세 가지의 기적을 일어나게 하는 힘이 있다면 나는 무엇을 할까?"

"기적이 일어나면 네 기분이 나아진다고 했는데, 엄마는 무엇을 보면 너의 기분이 나아진 것을 알아차릴 수 있을까?"

"몸무게가 1kg 덜 나가는 것을 기적이라고 하셨는데, 맨 처음 1kg이 빠진다면 당신의 생활에서 무엇이 달라질까요?"

기적질문 또한 예외질문이나 관계성 질문과 연결하여 상담을 좀 더 깊이 있게 문제 해결을 향하여 진전시키면 좋다.

질문의 예

"기적이 일어나면 남편은 당신의 어떤 점이 달라졌다고 할까요?"

"다른 사람들은 당신의 변화를 어떻게 알 수 있을까요?

"당신이 달라진 것을 다른 사람들은 무엇을 보고 알 수 있을까요?

"그러한 행동들이 최근에 언제 있었나요?"

만약 너무 큰 기적을 말한다면, "그렇게 된다면 정말 기적이겠군요. 언젠가는 그런 기적이 일어나겠지만, 지금은 아주 작은 기적을 한번 생각해 볼까요?"와 같이 이야기를 진행하면 된다.

(4) 척도질문

상담이 진행되면서 좀 더 내담자 스스로 자신의 마음을 인식할 필요가 있을 때, 내담자가 모호하고 막연한 생각만 표현할 때, 자신의 마음을 정확히 표현하기 어려워할 때 척도질문(scale question)을 활용하면 효과적이다. 자신의 문제에 대한 걱정과 불안 정도, 심각하다고 여기는 정도, 문제 해결에 대한 희망의 정도, 변화하기 위한 의지, 상담의 효과에 대한 평가 등을 0에서 10까지의 숫자로 표현하는 방법이다. 객관적 숫자로 표현함으로써 자신의 마음을 정확히 이해할 수 있다.

척도질문을 통해 내담자의 문제 해결에 대한 태도를 보다 정확하게 알 수 있으며, 내담자의 변화를 격려하고 강화해 주는 주변 사람과 상황에 대한 구체적인 정보도 얻을 수 있다. 또한 내담자 스스로도 자신의 마음을 가늠해 보고 수치로 표현함으로써 자신의 변화나 의지를 구체적으로 지각할 수 있도록 도와준다. 그리고 척도질문은 적극적으로 문제를 해결하고자 하는 자세를 강화하는 데 쓰일 때도 효과적이다. 상담 진행 중에 현재 문제를 해결해 낼 수 있다는 자신감이나 의욕의 정도를 확인할 필요가 있다면 척도질문을 활용해 보자.

> **질문의 예**
>
> "지금은 어느 정도 해결된 상태인가요? 처음 상태를 0이라 한다면 지금은 몇인가요?"
> "문제를 해결하려는 의욕은 어떤 정도인가요? 0에서 10까지의 숫자로 말씀해 보세요."
> "문제를 해결할 자신은 어느 정도인가요? 0에서 10까지의 숫자로 말씀해 보세요."

척도질문에서 중요한 점은 질문에 대한 답의 긍정적 부분을 강조한다는 점이다. 5 이하의 숫자가 나와도 왜 낮냐고 질문하지 않는다. 2라고 말해도, "0이나 1이 아니라 왜 2인가요?"라고 질문하는 것이 중요하다.

만약 이번 회기에서 2라고 대답한 항목이 다음 회기에 3으로 변했다면, 어떻게 해서 달라질 수 있었는지 질문한다. 질문에 대답하는 과정에서 그 변화가 더욱 확실해진다. 상담을 진행하다 상담 목표가 불확실해지거나 상담이 지지부진하다 여겨질 때 척도질문을 활용해 목표를 재실정하는 것도 효과적이다. 현재 심리 상태를 4나 5 정도라고 대답했다면 "그럼 10은 어떤 상태인가요? 무엇을 이루면 숫자 10이 됐다고 할 수 있을까요?" "10에 대해 말하기 부담스럽다면 8은 어떤 상태인가요? 무엇이 가능할 때 8이라고 할 수 있을까요?"와 같이 질문해 볼 수 있다.

한 단계 위의 달성 과제를 분명히 하기 위해 "지금이 3이면 한 단계 위는 4인데, 무엇이 변하면 4라고 할 수 있을까요?" "몇 점이 되면 만족할 수 있을까요?"라고 물을 수도 있다 .

척도질문은 다른 질문과 함께 통합적으로 활용할 수 있다. 이 질문은 자신의 현재 상태를 평가하면서 앞으로의 목표를 세우는 데 도움이 된다.

질문의 예

"오늘 나는 얼마나 우울한가요?"

"만약, 오늘 나의 상태가 5점이라면 1점을 높여 6점으로 가기 위해서 내가 당장 할 수 있는 일은 무엇인가요?"

"어제는 7점이었는데 왜 오늘은 5점인가요?

"어제와 오늘의 차이점은 무엇인가요?"

"어제 했던 긍정적 행동 중에서 오늘 내가 하지 않은 일은 무엇인가요?"

"그 행동을 내일 다시 할 수 있을까요?"

(5) 대처질문

절망감에 빠져 있는 내담자에게 희망을 심어주기란 결코 쉬운 일이 아니다. 자신의 현재와 미래를 절망적으로 보고 아무런 희망이 없다고 하는 내담자에게 좀 더 색다르고 효과적인 질문이 필요한데 그것이 바로 대처질문(coping question)이다. 내담자가 아무것도 할 수가 없다고 말하면서 상담시간을 잘 지켜서 상담에 참여한다면 "아무것도 할 수 없다고 하면서 상담시간을 잘 지켜서 오시네요. 그 힘은 어디서 나오나요?"와 같이 질문할 수 있다.

이것이 바로 내담자 자신이 대치방안의 기술을 가졌음을 알려 주는 중요한 요인이 된다. 대처질문은 자신의 능력과 문제 해결 능력을 비관적으로 보는 견해를 바꾸기 위한 질문이다. 작은 진보나 현재와 과거의 성공 체험에 대해 질문을 던지는 것이다. 낙담한 내담자에게 그렇게 어려운 상황에서 어떻게 견뎌 내고 더 나빠지지 않았는지를 질문함으로써 내담자가 자신의 자원과 강점을 발견하도록 한다. 대처질문은 내담자의 부정적인 신념 체계와 무력감에 정면으로 대항하는 질문을 통해 내담자에게 약간의 성공감을 느끼도록 유도할 수 있다. 질문에 대한 대답을 통해 자신을 칭찬하고 격려하는 기법으로, '나는 이렇게 힘든 상황에서도 여전히 일상을 챙기는 힘이 있구나.'라는 사실을 깨닫게 하는 것이다. 자신이 늘 문제만 일으키는 것이 아니라 이미 성공적인 대처방안 기술과 스스로 좋은 가치관을 가지고 있는 사람이라는 것을 깨닫게 해 주는 것이다. 상황이 더 나빠질 수 있었음에도 그만큼 할 수 있었던 힘이 어디에서 오는지, 어떻게 그렇게 할 수 있었는지 질문해 보자.

> **질문의 예**
>
> "힘들었을 텐데 어떻게 그렇게 할 수 있었나요?"
> "그렇게 잘 대처할 수 있었던 이유가 뭘까요?"

"그와 같이 대처하면 도움이 될 것이라는 사실을 어떻게 아셨습니까?"
"어떻게 모든 것을 포기하지 않고 오늘까지 지탱해 오셨습니까?"
"오늘까지 지탱하도록 한 힘은 무엇입니까?"
"지금까지 해 온 것을 유지하기 위해 무엇을 해야 합니까?"
"잘 대처했을 때의 얘기를 좀 더 해 주시겠어요?"

대처질문은 유·아동과의 독서치료에서도 매우 효과적으로 사용할 수 있다.

친구에게 소리 지르고 거친 말을 해서 문제가 된 아이에게는 "친구를 때리고 싶은 마음도 들었을 텐데 어떻게 참을 수 있었니?"라고, 친구에게 왕따를 당하고도 학교를 잘 다니는 아이에게는 "힘들어도 잘 견뎌 올 수 있었던 힘이 무엇인지 궁금하구나." "넌 스스로 조절할 힘을 가졌구나." "좋은 선택을 할 힘이 있는 아이구나."라고 질문할 수 있다. 이 외에도 "힘들었을 텐데 어떻게 버텼니? 어떻게 대처했어? 비결이 뭐야?" "어떤 것들이 이 상황을 견딜 수 있도록 해 주었니?"와 같은 대처질문은 아이가 자신이 어떤 힘을 가진 사람인지 깨닫도록 도와준다. 어떤 행동을 하면 갈등이 줄어드는지도 알게 해 준다. 대처질문은 아이가 숨겨진 자신의 잠재능력을 찾고 자아존중감도 높아지도록 도와준다.

(6) 관계성 질문

관계성 질문은 내담자에게 중요한 다른 사람들이 갖고 있는 느낌과 생각, 의견에 관한 질문이다. 내담자에게 중요한 타인인 부모, 배우자, 자식, 연인, 동료, 친구, 선생님 등 소중한 관계와 관련된 질문을 하는 것이다. 내담자 자신의 문제를 중요한 타인은 어떻게 볼 것인가를 내담자의 생각으로 알아봄으로써 이전에는 없었던 가능성을 만들어 낼 수 있다.

"만일 네가 열심히 공부한다면 어떻게 달라질까?"라는 질문은 관계성을 내포하고 있지 않다. "만일 숙제를 열심히 한다면 엄마와 너의 관계에서는 무엇이 달라질까?" 또는 "아빠가 너를 대하는 태도는 어떻게 달라질까?"와 같은 질문이 바로 관계성 질문이다. 관계성 질문을 던지면 문제의 본질이 뚜렷해져서 해결책이 더 잘 보인다. 문제 해결의 실마리도 바로 거기에 있다.

질문의 예

"내일 아침에 일찍 일어난다면 엄마는 어떻게 반응하실까?"

"친구에게 먼저 인사를 한다면 친구는 뭐라고 말할까?"

"잘못한 행동에 대해 사과 편지를 쓴다면 선생님은 어떤 대답을 주실까?"

"엄마께 네가 어떤 점이 달라졌느냐고 묻는다면 엄마는 뭐라고 말씀하실까?"

"아빠는 상담을 통하여 너의 무엇이 변화되었다고 말하실까?"

"지금 이 상황을 개선하려면 어떻게 해야 좋을지 주변 사람들에게 묻는다면 어떤 대답이 돌아올까?"

"게임시간 약속을 잘 지킨다면 엄마와 아빠는 너를 어떻게 생각할까?"

"너와 가족의 관계는 어떻게 달라질까?"

"만약 네가 할 일을 다 끝내고 기분이 좋다면 가족에게 해 주고 싶은 게 있니?"

질문에 따라 중요한 타인이 주어가 되는 경우도 있고 목적어가 되는 경우도 있다. 유·아동의 경우 자신에게 소중한 부모와 친구, 선생님과 관련된 관계성 질문은 해결하고자 하는 욕구를 증폭시키고 더 견고히 할 때 매우 효과적인 질문 기법이 된다.

(7) 간접적인 칭찬의 질문

내담자에 대한 어떤 측면이 긍정적인 것을 암시하는 질문이다. 간접적인 칭찬의 질문은 내담자로 하여금 자신의 강점이나 자원을 스스로 발견하도록 하므로 직접적인 칭찬보다 더 바람직하다. 쉽게 말하면 이미 내담자가 바람직하고 좋은 방법으로 문제를 해결할 능력을 가지고 있을 뿐 아니라 성공적으로 잘하고 있음을 증명해 주는 방식이다. 이 질문을 통해 자신에 대해 자신감과 자존감을 높일 수 있으며, 앞으로 보다 긍정적인 방식으로 문제를 해결해 갈 수 있는 힘을 주게 된다.

"어떻게 친구를 그렇게 도울 수가 있었어?"
"엄마가 화를 낼 때 조용히 기다린 다음 나중에 다시 이야기하는 게 도움이 된다는 걸 어떻게 알 수 있었니?"
"그렇게 하는 것이 ～에게 좋다는 것을 어떻게 알게 되었어?"

간접 칭찬은 부모 상담에도 무척 효과적인 질문이다.

"어떻게 해서 그렇게 하도록 마음먹게 되었나요?"
"아이가 어떻게 그처럼 열심히 공부하게 되었나요?"
"어머님은 자녀 모두를 특별하게 대하는 것이 중요하다는 것을 어떻게 아셨습니까?"
"어머니께서 지금까지 희생적으로 가정을 지킨 것에 대하여 자식들은 어떻게 생각하나요?"

(8) 가정법으로 저항 돌파하기

문제 해결이 어려운 내담자일수록 감정이 불안정하기 때문에 해결하려 할 때 큰 저항에 부딪힌다. 양가적 갈등이 심해지고 변하지 않으려 버티는 심리가 생기게 마련이다. 이럴 때 실망하는 부정적인 말은 전혀 도움이 되지 않는다. 저항이 나타날 때 도움이 되는 수단 또한 질문이다.

부정적인 말 속에 숨어 있는 긍정적인 말을 바로 수용해서 되풀이하고 질문을 덧

붙임으로써 그 생각을 더 구체적이고 강력한 것으로 다듬어 간다. 예를 들어, 숙제를 열심히 하고 싶지만 실제 행동으로는 옮기지 않는 아이가 "하고는 싶은데 몸이 움직이지 않아요. 집중할 수가 없어요."라고 말한다면, '몸이 움직이지 않는다' '집중할 수가 없다' 같은 부정적인 말에는 반응하지 말고 '하고 싶다'는 긍정적인 말에 주목하고, 그 말에 놀라움을 표하며 "여전히 힘들긴 하지만 하고 싶다는 생각이 들었구나." "지난번에는 아무것도 하고 싶지 않다고 했는데 어떻게 그런 생각이 들었을까?"라고 질문한다.

그런데 여기서 몸이 움직이지 않는 깃 또한 변화에 대한 저항의 표시이나. 뭔가 하고 싶다는 다른 쪽의 심리만 강화하려 들면 마음 한구석에 자리한 '이 상태를 바꾸기란 불가능하다.'는 저항 심리가 오히려 강해질 수도 있다. 갈등을 건너뛰어 미로의 출구에서부터 길을 찾는 발상을 이용해 보자. '만약 ~한다면?'이라고 묻는 방법이다. 상담자가 아이에게 "만약 의욕이 생겨서 움직이고 싶은 마음이 든다면 뭘 하고 싶니?"라고 물으면 분명 아이의 대답 중에는 놀이와 공부가 함께 존재할 것이다. 이때 저항을 더 없애기 위해 '만약 ~한다면?' 형식의 질문을 반복한다. "만약 숙제를 먼저 다 한다면 어떤 일이 일어날까?" "날마다 스스로 숙제를 한다면 지금의 자신과 뭐가 다를까?" 이런 질문을 통해 생각해 보려고 하지 않았던 자신이 바라는 이상적인 모습을 구체적으로 상상하면서 그 소망이 더 뚜렷해지고 강화된다. 하지만 그래도 의욕이 생기지 않아 '그래 봐야 어차피 시험은 잘 못 볼 텐데.'라며 상상하는 일조차 거부할 수도 있다. 그럴 때는 살짝 물러서는 듯 공감해 주면서 다시 질문을 반복한다. "시험에 자신이 없구나. 그래도 상상인데 뭐. 만약 100점 받았다 치고 누가 그 이유를 너에게 묻는다면 뭐라고 대답할까?" 시간이 걸리더라도 곰곰이 생각하고 대답을 했다면, 이는 곧 심리적인 저항의 벽을 하나 넘었다는 증거일 것이다.

(9) 악몽질문

해결중심 단기치료에는 악몽질문(nightmare question) 혹은 비관적 질문이라는 기법도 있다. 이 질문은 기적질문과 유사하나 유일하게 문제 중심적 질문이다. 목표설정을 위한 상담 전 변화에 관한 질문, 예외질문, 기적질문 등이 효과가 없을 때 이질문을 사용할 수 있다. 내담자가 마음을 열려고 하지 않거나, 변화의 의지가 없을 경우, 더 나쁜 일이 일어나야만 내담자가 무언가를 하려고 하거나 문제에서 벗어날수 있을 것으로 생각될 때 사용할 수 있는 질문이다. 비관적 미래에 대해 예측해 보게 함으로써 현재 상태에서 벗어날 의지를 가질 수 있도록 자극하는 질문이다.

질문의 예

"한밤중에 악몽을 꾸었어요. 당신이 걱정하는 문제가 갑자기 더 많이 나빠진 겁니다. 그야말로 악몽이지요. 그 악몽이 정말로 현실이 된 거예요. 내일 아침에 눈을 떴을 때 무엇을 보면 악몽 같은 인생을 살고 있다는 것을 알게 될까요?"
"계속 이렇게 지낸다면 1년 후엔 어떻게 될까요?"

그러나 이 질문은 섣부른 역설을 사용하여 생길 수 있는 부작용을 유념해야 한다. 더 나쁜 상황을 예상하게 됨으로써 오히려 더 포기하고 될 대로 되라는 식의 절망을 경험할 위험도 있다. 따라서 적절한 타이밍을 찾아 한 번 정도만 쓰는 것이 좋다. 유아와 아동을 위한 독서치료에서는 더더욱 조심해서 사용해야 한다는 사실을 기억하기 바란다.

지금까지 해결중심 단기치료의 다양한 질문기법을 살펴보았다. 다시 한번 정리해서 말하자면, 해결중심 단기치료는 문제의 원인을 분석하여 치료하는 관점이 아니라 내담자와 상담자가 함께 협력적 관계를 맺고 내담자의 강점과 자원을 최대한 발견하여 치료하는 상담 방법이다. 모든 인간은 어떤 문제에 부딪힐 때 스스로 문제를 해결할 수 있는 능력을 가지고 있기 때문에 상담자는 내담자의 자원과 강점, 이전의 성공 경험들을 활용하여 문제를 해결할 수 있다고 강조한다는 사실을 기억하며, 이제 유아와 아동을 위한 독서치료에서 활용할 수 있는 사례를 살펴보자.

4. 해결중심 단기치료를 적용한 독서치료

장난감을 훔친 3학년 현성이

① 현성이 이야기

제1장에서 언급한 현성이 사례를 기억해 보자. 초등학교 3학년 현성이는 학교에서 선생님의 지시를 잘 따르지 않아 꾸중을 자주 듣고, 주어진 과제에 집중하지 못하고 산만하다. 종종 친구와 크고 작은 다툼이 일어난다. 숙제하기로 한 약속을 거의 지키지 않고 틈만 나면 TV를 보겠다며 고집을 부리거나, 엄마의 스마트폰을 주지 않는다고 떼를 쓴다. 아무 일이 없어도 늘 짜증을 내고 있고, 사소한 일에도 화를 폭발한다. 그러다 문구점에서 장난감을 훔쳐서 상담에 의뢰가 되었다. 현성이 부모님은 다음과 같이 상담의 목표를 말했다.

- 차분하고 바른 태도로 수업에 임하는 착한 아이가 되기를 바란다.
- 선생님과 부모님의 말씀에 경청하고 순종하는 아이가 되기를 바란다.
- 정서적으로 편안하고 웃음이 많고 긍정적인 아이가 되기를 바란다.

엄마는 현성이가 지금의 행동과는 180도 다른 너무나도 완벽한 모습의 아이가 되기를 바란다. 조금 더 현실적이고 구체적인 상담 목표에 대해 이야기할 필요가 있을 것 같아 대화를 시작했다.

"차분하고 바른 태도란 어떤 걸 말씀하시나요?"

"학교에서 선생님 말씀 잘 듣는 거죠."

"학교 이야기는 상담을 진행하면서 천천히 하기로 해요. 우선 집에서의 행동에 대해 말씀해 주시기 바라요. 예를 들어, 숙제를 할 때 어떻게 하기를 바라시나요?"

"학교 갔다 오면 숙제부터 했으면 좋겠어요. 한 번도 그런 적이 없어요. 1학년 때 잡아 놓고 시키려 했지만 어찌나 짜증을 내고 거실 바닥에 뒹굴기만 하는지 아무리 혼을 내도 고쳐지지가 않았어요. 학교 갔다 와서 제대로 한 적이 없어요. 숙제만 제대로 해도 좀 살 것 같아요."

"어머니는 현성이가 숙제를 잘하는 게 더 중요하신가요, 아니면 꼭 하교 후에 곧바로 하는 게 더 중요하신가요?"

"잘하기만 한다면 꼭 갔다 와서 바로 안 해도 되죠. 근데 나중에 하겠다고 하고 밤 9시가 넘어도 제대로 안 하니까 문제인 거죠."

"그렇다면 현성이가 제대로만 한다면 어느 시간대에 해도 괜찮다는 말씀인가요?"

"음, 네."

"그럼 상담 목표 중 한 가지를 이렇게 정리해 볼게요. 현성이가 숙제를 자신이 원하는 시간에 스스로 잘 하기를 바란다. 어떠세요?"

"네, 좋아요. 그런데 그런 적이 없다니까요."

"자, 그럼 이제 제가 다른 걸 질문할게요. 그런데 이 질문은 제가 말하자마자 바로 대답하지 마시고 잠시 1분만 생각한 후에 대답하시기 바라요. 질문 드립니다. 혹시 현성이가 스스로 숙제를 한 적이 한 번도 없었나요?"

1분의 침묵이 흐른다. 일부러 현성이 엄마와 눈을 마주치지 않고 상담 기록지에 조금 전의 대화를 기록하였다. 현성이 엄마도 조용하다.

1분이 지나고 이야기를 시작했다.

"한 번도 없는 건 아니에요. 친구들이랑 놀기로 약속한 날이나, 체험 학습 가기 전날, 현성이가 좋아하는 장난감 사기로 한 날, 이런 날은 조금 빨리 제대로 하긴 해요. 너무 빨리 해서 의심나서 살펴보면 잘했더라고요. 그러니까 더 열 받아요. 할 수 있는 녀석이 제대로 안 하니까요."

"지금 굉장히 중요한 말씀을 해 주셨어요. 처음엔 맨날, 항상, 늘, 한 번도, 이런 말로 표현하셨어요. 이제 현성이가 숙제와 공부를 하는 수준에 대해 어머니가 어떤 정도로 판단하고 계신지 궁금하네요. 3학년 평균으로 본다면 현성이는 어느 정도 수준으로 숙제와 공부를 한다고 생각되시나요? 최고 잘하는 걸 10으로 봤을 때 현성이는 어느 정도로 수행한다고 생각하시나요?"

"한 6 정도?"

"그렇게 생각하시는군요. 궁금한 점이 생겼어요. 현성이가 그렇게 숙제도 제대로 안 하는데 성적은 괜찮은 편이라고 하셨어요. 성적 수준은 반에서 어느 정도인가요? 예를 들어, 수학은 반에서 상위 몇 %인가요?"

"수학은 잘해요. 늘 한두 개밖에 안 틀리니까요."

"정말 잘하는군요. 그런 수준이면 몇 % 정도인가요?"

"한 반이 30명이니까 한 5%? 제일 잘하는 세 명 중의 한 명이라고 담임선생님이 말씀하셨어요."

"아! 정말 잘하는군요! 그런데 아까 수행 정도는 6 정도라고 하셨어요. 그건 상위 40% 정도라는 의미 같은데 지금 수학에 관한 말씀과는 많이 다른 것 같아요. 어떤 차이가 있나요?"

"아유, 잘하는 애들이 얼마나 많은데요. 잘하는 애들만 모아 놓고 보면 중간밖에 안 돼요. 그러니 제가 속이 터지죠."

"어머니께서는 현성이 성적이 최상위로 나오길 바라시는군요."

이후 엄마가 말한 현성이에 대한 이야기는 대략 이렇다. 현성이는 어릴 때부터 수

감각이 좋았고, 책도 많이 읽어 주었다. 7세 때까지는 정말 똘똘하고 잘하는 것도 많아서 기대가 컸다. 엄마 말도 잘 듣고, 엄마가 피곤하다고 하면 꼭 와서 어깨를 두드려 주는 사랑스러운 행동도 무척 많이 했다. 엄마 말을 듣다 보니 현성이가 지금 이런 행동을 한다는 게 이해가 되지 않아 질문했다.

"일곱 살까지 그렇게 잘 키우신 비결은 뭔가요?"

"그땐 별로 혼내지 않았어요. 혹시 못하는 게 있어도 살 다독여 주고, 많이 웃고, 그러다 보니 아이가 점점 잘하는 거예요. 애가 잘해서 조금만 더 시키면 크게 될 거라 생각했어요. 제가 정한 공부계획이 있었는데 안 하려고 하면 무섭게 혼낼 때도 많았고, 때릴 때도 있었어요. 그래도 남들보다 더 심하진 않았어요. 대부분 그 정도로 혼내는 건 당연하잖아요."

현성이 엄마는 원래 아이를 많이 혼내던 사람이 아니었다. 현성이는 따로 특별히 가르쳐 주지 않았는데 5세 초에 글자에 관심을 보이더니 글을 읽기 시작했고, 영어 애니메이션을 보여 주면 간단한 단어나 문장을 따라 말해서 엄마를 기쁘게 했다. 순하고 착한 아이여서 엄마는 무척 자랑스러웠다. 그런데 바로 그런 모습에 주변 사람들의 온갖 충고와 조언이 쏟아지기 시작했다. 그때까지 자연스러운 방식의 육아와 교육 방식을 선호하던 엄마였다. 하지만 뛰어난 아이를 그냥 내버려 두면 안 된다는 말들과 이것저것 좋다는 교구와 교재들에 대한 정보, 사교육 기관에 대한 정보들을 접하게 되면서 흔들리기 시작했다. 그래서 일찌감치 현성이에게 영어 유치원을 다니게 했고, 수학과 유아 논술까지 하게 했다. 과제는 많아졌고 아이는 점점 짜증을 내기 시작했다. 그렇게 초등학생이 되었고, 그때부터 짜증을 잘 내고 해야 할 과제도 하기 싫어하는 아이로 변해갔던 것이었다.

이제 정리해 보자. 현성이는 순한 기질의 아이이고 인지적 호기심이 많았고, 수놀이를 좋아했으며 엄마를 배려하고 공감할 줄 아는 강점을 지닌 아이였다. 엄마의 양육 방식도 좋았다. 엄마는 아이와 잘 놀아 주고, 즐겁게 책도 읽어 주었으며, 아이가 호기심과 관심을 보일 때 인지적 자극을 제공하며 아이 발달에 맞는 적기교육과 아이의 강점을 잘 살려주는 방식으로 유아기를 보냈다. 그런 점이 바로 엄마의 강점이었다. 그리고 이 대화 속에는 해결중심 단기치료의 관점 중의 하나인 미로의 출구에서 찾는 문제 해결의 실마리가 나타나 있다. 7세까지 잘해 왔던 엄마의 육아 방식을 현재 나이에 맞게 잘 응용하는 것과 상담자와의 치료과정을 통해 치유하고 회복하는 것이다. 엄마는 아이의 강점을 이미 알고 있으니 그 점을 아이와의 소통에서 자주 활용할 수 있게 도와주어야 하고, 상남자는 해결중심 녹서치료의 과정에서 아이가 힘을 얻고 문제 행동을 변화해 갈 수 있도록 강점을 지지해 주고, 효과적인 질문 기법들을 통해 아이가 얼마나 훌륭하게 잘 견뎌 내고 있는지 찾고 확인해 가는 상담을 진행해야 한다. 마지막으로 물었다.

"현성이에게 뭐라 말하고 데리고 오셨나요?"

"네가 거짓말하고 숙제하기 싫어하는 거 달라지게 해 줄 선생님 만나러 가자고 했어요. 재미있는 책도 읽고 놀기도 하는 거라고 했어요. 애가 처음엔 싫다고 하더니 가는 대신 절대로 선생님한테 자기가 문구점에서 물건 훔친 건 말하지 말라고 약속하자고 해서 그렇게 했어요. 선생님도 먼저 얘기 꺼내진 말아 주세요."

② 현성이와의 독서치료 이야기

현성이에게 먼저 물었다.

"현성이는 상담 받고 뭐가 달라졌으면 좋겠어?"

"엄마가 화 안 냈으면 좋겠어요."

"또?"

"저도 짜증이 안 났으면 좋겠어요. 좀 재미있으면 좋겠어요."

현성이는 두 가지 상담목표를 말하였다. 재미있으면 좋겠다는 목표는 조금 뒤로 미루어 두고, 엄마에 대한 이야기를 먼저 시작했다. 엄마에 대한 마음을 충분히 공감해 주고 대화를 이어 갔다.

"엄마가 화를 안내면 뭐가 달라질까?"

"그럼 저도 숙제도 잘하고 속도 안 썩이고."

"아, 현성이는 엄마가 화를 내서 너도 그런 행동을 한다는 거야?"

"네."

"근데 엄마에게 얘기 들으니 엄마가 화를 내면 잘할 때도 많다며? 화나면 속상해서 더 하기가 싫을 텐데 어떻게 그렇게 잘할 수가 있었어?"

"엄마가 진짜 무섭게 화낼까 봐요. 엄마가 진짜 무섭게 화내다 울 때도 있어요. 그건 너무 싫어서."

"너도 많이 무서웠을 텐데 엄마가 우는 건 더 싫구나."

"네."

"훌륭하다. 너도 힘든데 엄마 마음을 더 배려하고 있었구나. 그런데 엄마는 네가 그런 마음이라는 거 아실까?"

"모르실 거예요. 말한 적 없어서."

"그렇구나. 좋아, 상담을 잘 진행하다 보면 분명히 엄마도 너도 조금씩 달라질 거야. 선생님 믿고 한 번 시작해 보자. 알았지?" 현성이의 손을 잡고 악수를 하였다.

현성이는 자신이 무엇을 잘못하고 있는지 너무 잘 알고 있다. 대부분의 아이가 그렇다. 숙제는 제때 열심히 해야 하고, 놀기로 약속한 만큼만 놀아야 하고, 친구와 사이좋게 지내야 하는 걸 모르는 아이는 없다. 하지만 자신의 마음이 그런 행동을 할 수 있을 만큼 편안하거나 만족스럽지 못하고 불평과 원망으로 가득 차 있는 것이 문제이다. 이런 아이에게 '네가 문제'라고 알려 주는 책은 바람직하지 않다. '맞아. 네가 그렇게 느끼는 게 정상이야.' 이런 메시지를 줄 수 있어야 하고, 거기에 더해서 '웃으며 스트레스를 날릴 수 있으면' 금상첨화일 것이다.

현성이는 똑똑한 3학년이다. 뭔가 새롭고 반전이 있는 책이 아이 마음을 확 열게 하고 독서치료에 대한 기대를 높일 수 있을 것 같아 『왜 숙제를 못 했냐면요……』(다비드 칼리 글, 뱅자맹 쇼 그림, 2014)를 선택했다. 현성이에게 책을 읽어 주기 전에 물었다.

📖 『왜 숙제를 못 했냐면요……』

저/역자: 다비드 칼리/강수정
출판사/발행연도: 토토북/2014

"너 숙제를 잘 안하는 이유가 뭐야?"

"그냥, 힘들어서, 나중에 하려고."

"엥, 이유가 좀 시시하네. 숙제를 안 하는 이유가 이 정도는 돼야지."

이렇게 유쾌하게 말하며 책을 펼쳤다.

그래서 숙제를 안 해 온 이유가 뭐라고?

내가 숙제를 못한 이유는요…….

감기약을 먹었더니 몸이 막 이상하게 변하는 거 있죠.

고양이 장례식에도 참석해야 했어요.

길 잃은 펭귄을 집에 데려다 주려고 북극에……

장난꾸러기 요정들이 제 연필을 모조리 감추었답니다.

어마어마한 파충류가 우리 동네를 습격했어요.

우리 집 벌레잡이 식물이 말썽을 피워요.

현성이는 '길 잃은 펭귄을 집에 데려다 주려고 북극에' 라는 대목에서 "펭귄 집은 남극인데."를 먼저 말한다. "와, 맞아! 선생님도 깜빡했어." 그러곤 '파충류가 우리 동네를 습격했어요.'라는 말에서 소리 내어 웃기 시작했다. 책을 멈추고 이야기를 나누었다.

"현성이 너도 이유를 말해 봐. 왜 숙제를 안 했지?"

"제가 주문을 외웠더니 연필이 막 마음대로 움직이는 거예요. 그래서 숙제 공책에 온통 낙서를 해 버려서 못 가져갔어요."

"갑자기 소나기가 우리 집에만 와서 집이 온통 물바다가 되었어요."

"도깨비가 갑자기 나타나서 저를 작게 만들었어요. 오늘 아침에 겨우 몸이 다시 커졌어요."

"아, 또, 생각났다. 코끼리가 하늘에서 갑자기 떨어져서 우리 집 지붕을 다 부수었고, 제가 세렝게티 공원에 데려다주고 오느라 못 했어요."

"갑자기 제 몸이 작아져서 두더지 굴에 빠졌는데 두더지가 자기 생일 파티라고 가지 말라고 잡아서 오늘 아침에 겨우 돌아왔어요."

"타잔이 나타나서 저를 줄 타고 정글로 데려갔어요. 밤새 줄 타느라 숙제를 못 했어요."

현성이의 상상력이 신나게 펼쳐졌다. 처음엔 책과 비슷한 느낌의 상상으로 말을 하더니 점점 현성이의 관심사가 나타나기 시작했다. 현성이는 동물과 정글을 좋아했다. 외동이기도 한 현성이의 첫 번째 소원은 강아지 키우기이다. 벌써 삼 년째 엄마에게 조르고 부탁했지만 강아지 키우는 일을 감당하기 어려운 엄마는 계속 거절이다. 현성이의 두 번째 소원은 일주일에 한 번씩 동물원에 가는 것이다. 하지만 방학 때만 갈 수 있고 그것도 자주 가지도 못한다.

자연스럽게 현성이가 좋아하는 것에 대한 이야기로 넘어갔다.

"현성이는 동물이나 정글, 세렝게티 공원을 좋아하나 보다."
"네. 너무 좋아요. 그런데 엄마는 안 좋아해요. 그런 거 좋아해 봤자 소용없다고."

이 책에는 『지각대장 존』(존 버닝햄, 1995)처럼 '어마어마한 파충류는 우리 동네를 습격하지 않았습니다.'를 여러 번 받아쓰기 한 장면이 나온다. 이 장면을 보고 현성이에게 너도 딱 한 줄만 써 보라고 했다. 현성이는 갑자기 웃으며 글을 쓰기 시작한다.

"어마무지한 파충류랑 코끼리랑 불 뿜는 용이랑 호랑이가 나타나서 우리 집에서 함께 놀아요."

"아니, 선생님이 똑같이 따라 쓰라고 했잖아."라고 웃으며 말하니 이제 현성이는 벌떡 일어나 글 쓴 종이를 펄럭이며 이 말을 계속 외쳤다. 그렇게 첫 번째 상담이 끝났다. 신나게 웃는 소리가 그동안의 스트레스가 잠시라도 해소되는 작용을 했으리라 믿는다.

다음 상담에서는 10권 정도의 책을 펼쳐 놓고 현성이에게 고르라고 했다. 현성이는 『행복 요정의 특별한 수업』(코넬리아 풍케, 2011)을 골랐다.

📖📖 『행복 요정의 특별한 수업』
|||||||||||||||||||||||||||||||||||||||||||||||||||||||||||||||||

저/역자: 코넬리아 풍케/한미희
출판사/발행연도: 비룡소/2011

"제목이 끌린 이유가 뭐야?"

현성이는 손가락으로 제목의 단어를 짚었다. '행복' '특별한', 이 두 단어가 현성이 마음에 와닿은 것 같다.

"넌, 만약 기적이 일어나서 정말 네게 행복 요정이 온다면 어떤 걸 부탁하고 싶어?"
"전 살이 좀 빠지고, 또 숙제를 쉽게 잘했으면 좋겠고, 거짓말을 안 했으면 좋겠어요."
"좋아. 이 책은 선생님이 읽어 주고 싶어. 그냥 편안하게 앉아서 들어."

이 세상에는 말이에요. 행복 요정이 삼천 삼백 삼십 삼 명이나 있답니다.

현성이가 소리치며 말한다.

"와! 진짜면 좋겠다. 요정나라에서는 가장 뚱뚱한 뚱보 요정이 대장이 되거든요. 현실에선 안 그래요. 저보고 뚱뚱하다고 놀리는 애들도 많아요."

현성이의 반응을 마음에 담아 두며 계속 읽었다.

대장 요정은 가장 멋진 행복 요정인 피스타치아를 불러 늘 부루퉁한 6세 루카스에게로 보낸다. 피스타치아는 행복 따윈 필요 없다며 투덜거리는 루카스에게 행복 수업을 시작한다. 피스타치오는 루카스를 지붕 위에서 내려오지 못하게 하고, 맛있는 코코아가 잔에서 사라지게 만든다. 심지어 밖에 나가지 않는 루카스의 눈에 요정 가루를 뿌려 모든 것이 회색빛으로 보이게 만들어 버린다.

"이게 무슨 행복 수업이에요? 괴롭히는 거지." 현성이가 따지듯이 말한다. "그러게. 이게 왜 행복 수업일까?" 계속 읽었다.

고생스러운 행복 수업을 끝낸 루카스에게 피스타치아가 질문한다.
"자, 행복이란 어떤 느낌이지?"
"행복이란 달콤하고 신나고 따뜻하고 포근하고 빨갛고 파랗고 깃털처럼 가벼워요."
루카스는 자기 주변의 일상에서 당연히 여겼던 것들이 결국 자신의 행복이었음을 깨달았다.

현성이는 갑자기 말이 없다. 뭔가 생각을 하거나 아니면 책이 말하는 의미를 이미 알아차린 것일 수도 있다. 방해하지 않기 위해 약간의 침묵을 가졌다. 이럴 때 너무 섣부르게 정답을 말하게 하면 감흥이 없어지기도 한다.

"현성아, 우리도 행복 수업해 볼까?"
"어떻게요? 선생님은 요정이 아니잖아요."
"자, 상상력을 발휘해 보세요. 오늘은 선생님이 행복 요정이 돼서 현성이의 행복 수업을 시작할게요. 준비 됐어? 행복 요정의 명령이야. 오늘부터 일주일간 숙제를 하지 마. 엄마한테 숙제 안 해도 혼내지 않도록 말해 둘 테니까, 알았지?"

"진짜요? 그건 너무 좋죠. 근데 책에선 고생시키던데 선생님은 왜 좋은 거 시켜요?"

"과연 그게 좋기만 할까? 한번 경험해 봐야 해, 꼭이다."

정말 그렇게 약속하고 엄마에게도 당부했다. 꼭 일주일만 숙제 안 해 가는 걸 허용하기로. 그리고 혹시 3~4일이 지나고 현성이가 숙제를 하려고 하면 오히려 못 하게 하라고 부탁했다. 엄마도 꼭 지켜보겠노라 약속했다. 행복 요정의 비방책이 현성이에게 어떤 영향을 미칠까?

다음 주에 온 현성이는 뭔가 심술이 난 얼굴이다.

"엄마가 숙제를 못 하게 했어요. 전에는 막 안 한다고 뭐라고 하더니 이번에는 제가 하려고 하는데 못 하게 해요. 선생님한테 저만 혼났잖아요."

"미안해. 행복 요정의 파워가 학교까지는 못 가거든. 어쨌든 네가 원하는 걸 들어준 거잖아. 그런데 왜 이렇게 심술이 났을까?"

"제가 숙제하고 싶은 마음이 들게 하려고 일부러 그랬죠? 저 다 알아요."

"아니야. 선생님이 이런 제안을 하면 어떤 아이는 진짜로 숙제를 안 해. 그래서 아무한테나 할 수 없는 방법이야. 이건 네 마음속에 진짜로 숙제를 잘하고 싶은 마음이 있었기 때문에 네가 화가 난 것 같아. 잘 생각해 봐. 네가 숙제를 잘 안 했다고 하지만, 진짜 숙제를 안 해 간 적은 몇 번이야?"

"별로 없어요. 한 두세 번?"

"그렇구나. 네가 거짓말을 자주 한다고 했지만 3학년이 되어서 진짜 거짓말한 건 몇 번 정도야?"

"그것도 한두 번? 숙제 안 했는데 했다고 엄마한테 말한 거. 다른 건 없어요. 진짜예요."

"좋아, 그럼 그 두 가지만 가지고 얘기해 보자. 그럼 네가 올해 숙제를 잘해 간 건 몇 번이야?"

"모르겠어요."

달력을 놓고 현성이에게 숙제를 해 간 날에 동그라미를 치도록 했다. 현성이네는 날마다 숙제를 내주신다. 그러니 한 달에 약 스무 번, 다섯 달이면 백 번이나 숙제를 해 갔다. 얼마나 꼼꼼히 열심히 했는지 따지는 건 중요하지 않다. 그중에 서너 번을 숙제를 안 해 갔고 엄마에게 거짓말을 했다. 엄마는 숙제를 정성들여 하지 않는 태도를 나무라고 있지만, 정작 그 혼내는 말로 인해 현성이는 자신이 거짓말을 잘하고 숙제는 제대로 하지 않는 문제가 많은 아이라는 부정적인 자아개념이 만들어지고 있었던 것이다. 예외 상황들을 확인하는 과정을 통해 현성이는 자신이 백 번 이상 숙제를 잘 해 갔다는 사실에 놀랐다.

몇 회기에 걸쳐 척도질문과 대처질문들을 통해 현성이와 재미있는 이야기를 좀 더 나누었다.

> "현성아, 넌 숙제를 잘하고 싶은 마음이 1~10 중에서 어느 정도야?"
>
> "9요."
>
> "나머지 1은 뭐야?"
>
> "너무 잘하면 계속 잘해야 해서 걱정돼요. 그러니까 9 정도로만 잘하고 싶어요."
>
> "좋아, 네가 9 정도로 잘해 갈 자신은 어느 정도니? 0에서 10 중에서?"
>
> "8이요."
>
> "2가 부족한 이유는?"
>
> "가끔 어려울 때도 있고, 또 나중에 한다고 말했다가 엄마한테 혼나면 하기 싫어지니까요."
>
> "그럼 현성이는 나중에 한다고 미뤘을 때 진짜 나중에 할 마음은 어느 정도야?"
>
> "그건 10이에요. 전 숙제 안 할 마음 없어요. 꼭 해야 하는 거잖아요."

어쩌면 이 말이 완전히 진심은 아닐 수도 있다. 상담 중에 격려된 마음에 한 번 더 스스로 결심하는 것일 수 있다. 하지만 이런 대화가 현성이 스스로 자신이 어떤 사람이 되고 싶은지 깨닫게 도와주고 그 행동을 강화해 주는 것이 틀림없다.

다음 회기엔 거짓말에 대한 이야기를 나누었다. 행복 요정의 수업을 한 번 더 하기로 했다.

"우리 행복 요정 수업 한 번 더 하자. 이번엔 거짓말 5번 하기. 선생님이랑 네가 한 번씩 돌아가면서 진짜 거짓말을 하는 거야. 어때?"

"좋아요."

"선생님은 아이가 숙제 안 하면 칭찬해 줬어."

"에이, 거짓말. 어떻게 안 했는데 칭찬해요?"

"맞아. 거짓말이야. 성공! 이번엔 너 차례."

"전 거짓말 백 번 했어요."

"그건 거짓말 아니잖아."

"거짓말이에요. 지금까지 열 번도 안 했다고요. 엄마가 괜히 많이 혼내서 그렇지."

"좋아, 인정! 선생님은 문구점에서 장난감 훔치고 싶은 거 참다가 아파서 다음 날 학교에 못 갔어."

"그런 게 어딨어요? 참으면 참는 거지, 배가 왜 아파요. 훔쳐야 배가 아프지."

말놀이를 멈추었다. 현성이도 자신이 꽁꽁 숨기고 있던 비밀을 툭 내뱉었다는 것을 알았다.

"현성이는 배가 아팠구나. 선생님은 엄마 가방에서 동전 몰래 꺼내다 들켜서 혼난 적 있어. 그때 진짜 배도 아프고 머리도 아팠어. 현성이도 그랬어?"

"네."

현성이의 눈에 눈물이 글썽인다.

"에휴, 우리 빨리 힘을 좀 얻어야겠다. 선생님이 우리 마음하고 똑같은 책을 읽어 줄게."

『빨간 매미』

저/역자: 후쿠다 이와오/한영

출판사/발행연도: 책읽는 곰/2008

현성이에게 『빨간 매미』(후쿠다 이와오, 2008)를 읽어 주었다.

주인공 이치는 국어 공책을 사러 갔다가 빨간 지우개를 훔쳤다. 다리가 후들후들 떨렸다. 허둥대다 엉뚱한 공책을 샀고 집에 와서 지우개를 보니 무서워졌다. 자꾸 빨간 지우개가 떠올라 기분이 나빠졌다. 목욕할 때도 놀고 싶은 기분이 아니었다. 점점 괴로워진 주인공은 지우개를 돌려주고 싶지만 무섭고 창피해서 돌려줄 수가 없다. 빨간 지우개를 훔치고 나서 불안한 마음에 공연히 친구에게 심술을 부리는 나쁜 사람이 되어 가는 것 같다. 꿈에서는 지우개가 날개 뜯긴 빨간 매미로 나타나 괴롭다.

현성이와 비슷한 모습이었다. 약 8회기 정도를 진행하면서 상담자에 대한 믿음이 생겼고, 이젠 다룰 만하다고 생각되었다. 어린아이가 혼자서 그런 비밀을 간직하고 있다면 『빨간 매미』의 주인공과 똑같은 마음이었을 것이다. 현성이는 책을 읽어 주는 내내 아무 말이 없었다. 책을 다 읽고 나자 땀이 났는지 손바닥을 바지에 문지른다.

"현성이는 훔치면 배가 아팠어? 아무한테도 말 못하고 힘들었겠다. 나중에 들킨 거야?"

현성이가 고개를 끄덕이며 눈물을 흘린다.

"이치처럼 되게 무섭고 창피했겠다. 그래? 네가 직접 얘기해 볼래? 넌 어떤 마음이었어?"

"똑같았어요."

"솔직하게 말해 줘서 고마워. 이치가 느낀 감정들을 선생님이 모두 적어 봤어. 0에서 10까지 어느 정도로 느꼈는지 숫자로 표시해 줘."

현성이에게 주인공의 마음을 정리한 표를 건네주었다.

훔치고 나서		
들키기 전 나의 마음		0, 1, 2, 3, 4, 5, 6, 7, 8, 9, 10
1	다리가 후들후들 떨렸다.	
2	자꾸만 무서워졌다.	
3	창피하다.	
4	약속을 어긴다.	
5	별일 아닌 것에 화를 낸다.	
6	들키지 않기를 바랐다.	
7	나쁜 사람이 되는 것 같다.	
8	가슴이 답답하다.	
9	신나게 놀 기분이 아니다.	
10	물건을 망가뜨린다.	
11	모두 나를 싫어하게 될까 봐 걱정된다.	
12	훔친 물건을 생각하면 기분이 나쁘다.	
13	나쁜 꿈을 꾼다.	
14	누군가에게 고백하고 싶다.	
15	돌려주고 싶다.	
밝혀지고 나서		
들킨 후 나의 마음		0, 1, 2, 3, 4, 5, 6, 7, 8, 9, 10
1	다시는 안 그럴 거라 결심한다.	
2	앞으로 뭐든지 열심히 하고 싶다.	
3	혼을 냈지만 용서해 주신 엄마, 아빠께 감사하다.	

📖 『세상에서 제일 무거운 황금접시』

저/역자: 버나뎃 와츠/김서정

출판사/발행연도: 도서출판 봄볕/2016

『세상에서 제일 무거운 황금접시』(버나뎃 와츠, 2016)도 읽어 주었다.

친구네 인형의 집에서 너무 예쁜 황금접시를 몰래 가져온 주인공이 겪는 불안과 갈등, 그리고 문제를 해결하기 위해 용기를 내는 이야기이다. 때로 이렇게 내담 아동의 문제를 다루기 위해 직면하는 그림책을 활용할 땐 확실하게 마음의 앙금이 해소될 수 있도록 충분히 다루는 것이 필요하다고 생각되었다.

이제 현성이의 마음을 이야기할 때이다. 현성이는 힘든 마음을 숫자로 표현했다. 특히 들킬까 봐 무서웠고, 다들 아는 것 같아 창피했고, 나쁜 사람이 되는 것 같다는 항목에 모두 10으로 표현했다. 차라리 없어지고 싶었다고 했다. 들키면 모두 나를 싫어하게 될까 봐, 그리고 엄마, 아빠한테 무섭게 혼날까 봐 걱정됐다는 말도 했다. 그리고 밝혀지고 나서의 마음도 모두 10으로 표현했다.

가장 중요한 상담의 과정을 거치고 난 다음, 상담 후반부에는 원래 현성이가 가진 강점과 엄마와의 관계 회복을 위한 회기들을 진행했다. 현성이의 강점을 다시 확인하는 독서치료, 엄마와의 애착을 회복하는 독서치료와 아무런 감정적 찌꺼기 없이 엄마와 마주 보며 밝고 환하게 웃는 시간도 가졌다. 엄마는 "우리 현성이를 다시 찾은 것 같아요."라고 말했다.

현성이와의 독서치료가 잘 진행된 것은 해결중심 단기치료에서 강조한 내담자의 자원을 찾아 활용하고, 효과적인 질문기법들을 적절히 사용할 수 있었기 때문이다. 또한 좋은 그림책들이 치료가 더 원활히 진행되도록 도와주었다.

힘들어도 숙제를 안 해 간 적이 세 번밖에 없었다는 사실은 현성이가 어떻게 대처해 왔는지를 아주 잘 보여 주는 지점이었다. 엄마의 마음에 민감했던 현성이에게 관계성 질문도 자주 사용하였다.

"네가 이렇게 결심한 걸 알면 엄마가 뭐라고 하실까?"
"네가 잘못한 행동에 대해 사과편지를 쓴다면 선생님은 어떤 답을 주실까?"
"엄마께 네가 어떤 점이 달라졌냐고 묻는다면 엄마는 뭐라고 말씀하실까?"

물론 엄마의 과제가 남았다. 엄마와의 상담에서는 현성이 엄마에게 간접적인 칭찬의 방식으로 7세 이전의 양육 방식에서 엄마가 좋은 강점을 많이 발휘했음을 칭찬해 주었다.

"일곱 살까지 어떻게 그렇게 잘 키우셨어요?"

상담 초기에 이런 질문을 했을 때는 자신의 잘못으로 현성이가 문제가 생겼다는 말을 했다. 이번에는 분위기가 전혀 다르다. 엄마는 신나게 말했다. 아마 현성이의 어릴 적 화려했던 모습을 회상하는 일이 엄마에게도 무척 기분 좋은 일임에 분명하다. 바로 그 이야기들 속에서 다시 엄마가 현성이를 대하는 긍정적인 육아 방식을 찾도록 도와주었다. 엄마 자신이 원래 중요하게 생각했던 육아 철학을 잘 정리해서 엄마와 현성이 두 사람 모두의 강점을 잘 발휘하는 계획을 세울 수 있도록 도와주었다. 뒤에서 다룰 현실치료에서 활용하는 '계획 세우는 법'을 응용하여 현성이의 일과를 엄마와 현성이가 함께 협의해서 계획을 세웠다. 계획 세우는 방법을 미리 잠깐 언급하자면 이렇다. 한 번에 수행할 과제는 현성이가 미루지 않을 만큼의 양이어야 하고, 시간 계획은 현성이의 신체 리듬과 현성이가 원하는 시간을 조율하였다. 간단하고, 구체적인 계획, 오늘부터 즉각적으로 실천할 수 있는 계획으로 조절했다. 그리고 그 계획을 실천해 보고 다시 점검하는 과정을 거쳐 마무리했다.

현성이는 독서치료 과정을 통해 정서적 카타르시스를 경험하고, 자신이 무엇을 바라는 사람인지 재인식의 과정을 거쳤다. 해결중심 단기치료에서 가장 중요한 요점은 내담자를 보는 관점이라 했다. 내담자는 자신의 문제에 있어서 전문가이며, 이미 문제에 대한 해결책을 가지고 있다는 생각을 기본 전제로 하며, 내담자의 문제점보다는 강점과 장점을 활용하고, 문제의 원인 분석보다는 문제 해결에 초점을 두는 상담치료법이라 했다. 현성이와의 독서치료 과정에서 활용한 기법들이 이 기법들을 모두 설명해 주기에는 부족하지만 어느 정도의 활용만으로도 효과적인 독서치료로 진행할 수 있음을 강조하고 싶다. 특히 상담 주제에 맞는 그림책의 활용이 해결중심 단기치료 기법을 응용한 독서치료에 큰 힘을 실어 준다는 것도 확인할 수 있었다.

현성이는 12회기로 아주 개운하게 종료하였다. 현성이가 원래 가진 강점과 자원을 다시 발견하고 문제 해결에 초점을 두었다. 중요한 것은 엄마가 바랐던 상담의 목표가 원래 현성이가 가지고 있었던 심리적 자원이었고, 독서치료의 과정은 그 힘들이 발현되지 못하도록 막고 있었던 장애물들을 현성이가 스스로의 힘으로 벗어나도록 도와주는 과정이었다. 지금도 종료하던 날의 현성이의 밝은 미소를 떠올리면 기분이 참 좋다.

인지행동치료를 적용한
독서치료

1. 엘리스의 합리적 정서행동치료

1) 합리적 정서행동치료의 기본 관점과 주요 개념

(1) 기본 관점

합리적 정서행동치료(Rational Emotive Behavior Therapy: REBT)는 1950년대 미국의 심리학자 앨버트 엘리스(Albert Ellis)가 창안하였다. 그는 우울증과 같은 정서적인 문제가 비합리적인 사고방식에서 온 것이라 생각했다. REBT는 인간의 감정과 문제가 대부분 비합리적인 사고로부터 생겨나는 것이란 믿음에 기초하고 있다.

엘리스는 "우리를 당황하게 하는 것은 우리에게 일어난 사건이 결코 아니다. 그것은 이러한 사건을 보는 우리의 관점이다."라고 말하며, 우리의 생각 혹은 신념 체계를 바탕으로 일어난 사건을 어떻게 해석하느냐에 따라 삶이 달라진다고 주장한다. 사건 자체보다는 우리가 사건을 어떻게 생각하는가의 신념 체계가 우리의 감정이나 행동에 영향을 미친다는 가정하에 인지·정서·행동이 발달한다는 것이다.

특히 합리적 정서행동치료에서는 인간을 이루는 세 가지 핵심 영역인 인지·정서·행동이 서로 상호작용을 하는 과정에서 인지가 핵심이 되어 정서와 행동에 영향을 준다고 강조한다. 인간이 어떠한 자극을 어떻게 지각하느냐에 따라 반응이 달라진다는 것이다. 사람들은 좋지 않은 일이 일어나면 그 원인을 찾거나 객관적으로 판단하기보다 극단적으로 부정적인 결론을 미리 내리고, 반복해서 부정적으로 생각하게 되고, 그러다 보면 어느덧 자동적으로 부정적으로 판단하는 버릇이 생기고 결국 감정까지 우울해진다는 것이다. 비합리적으로 빠르게 반응하는 자동적 사고가 부정적인 방향의 습관적 사고방식을 만들어, 자신에 대한 부정적 견해를 확고하게 하는 것이다.

REBT에서는 내담자의 정서적 혼란을 야기하는 비합리적인 신념 체계를 논박하여 이를 최소화하거나 합리적인 신념 체계로 바꾸도록 하여 보다 현실적이고 효과적이며 융통성 있는 인생관을 가질 수 있도록 하는 데 중점을 두고 있다.

(2) 주요 개념

인간에 대한 REBT의 기본 가정은 인간은 합리적이고 논리적이 될 가능성과 비합리적이고 비논리적이 될 가능성을 동시에 갖고 태어난 존재라는 것이다. 인간은 외부적 요인에 의해서 방해받기보다 자기 자신에 의해 방해를 받으며, 왜곡되게 생각하여 스스로 왜곡된 신념을 만들고, 자신의 문제에 대해 계속해서 방해받도록 만드는 경향이 있다고 본다. 하지만 동시에 인간은 자신의 인지적·정서적·행동적 과정을 변화시키기 위한 역량 또한 지니고 있다고 주장한다(박경애, 1999).

엘리스는 왜곡된 사고인 비합리적 신념은 개인의 타고난 경향성에다 어려서부터 부모나 사회·문화적 영향이 첨가되어 성격 발달, 특히 이상 성격의 발달을 초래하는 것이라 말한다. 이러한 비합리적 사고를 배운 아이들은 자라면서 부모가 가르쳐 주거나 부모에게 받은 영향을 그대로 계속 자기 자신에게 지시 또는 다짐함으로써 이러한 내용들을 내면화된 하나의 신념으로 강화해 가는 것이다. 엘리스는 일반적으로 사람들이 갖기 쉬운 비합리적 신념을 열한 가지로 제시하고 있다. '반드시 ~해야 한다. 절대로 ~해서는 안 된다'라는 비합리적인 신념이 적개심, 죄의식, 열등감, 불안, 분노, 자포자기, 무력감, 절망감 등의 심리적 고통을 초래하게 되고 결국 자신이 원하는 가치와 목표를 달성하는 것을 방해한다고 설명한다. 엘리스가 정리한 인간의 당위주의와 비합리적 신념 열한 가지는 다음과 같다.

당위주의

우리를 파멸로 이끄는 근본적 문제는 우리가 갖고 있는 비합리적 신념이며, 그 뿌리를 이루는 것은 세 가지 당위성과 관련이 있다. 많은 사람은 흔히 이러한 당위적 조건을 기대하면서 그렇지 않은 경우에 화를 내거나 부적절한 행동을 하며, 인간에 대한 불신감을 갖게 된다. 불신감은 인간에 대한 회의를 낳아 결국 자기비관이나 파멸을 가져오게 된다.

1. 자신에 대한 당위성: 나에게 기대하는 당위성
2. 타인에 대한 당위성: 부모, 자식, 친구, 동료에게 당위적 행동을 기대하는 것
3. 조건에 대한 당위성: 우리에게 주어진 조건에 대한 당위성을 기대하는 것

엘리스의 비합리적 신념 11가지

1. 인정의 욕구: 나는 모든 사람에게 인정받고 사랑받아야 한다는 믿음이다.
2. 과대한 자기기대감: 자신이 가치롭기 위해서는 모든 영역에서 완벽하게 유능하

여 반드시 성공을 거두어야 한다는 믿음이다.

3. 비난경향성: 자신에게 해를 끼치거나 악행을 저지르는 사람은 일반적으로 나쁘고 야비하며 비열한 사람이고, 그들은 반드시 비난과 처벌을 받아야 한다는 믿음이다.

4. 파국화: 어떤 일이 뜻대로 되지 않을 때 인생은 끔찍하고 아무런 가치가 없다는 믿음이다. 걱정하는 한 사건을 지나치게 과장하여 두려워하는 현상을 말한다. '이번 시험에서 떨어지면 내 인생은 끝난 거야.'라고 생각하는 경우이다.

5. 정서적 무책임: 인간의 불행은 외적인 조건에 의한 것이며, 그로 말미암은 슬픔이나 불안정에 대해서는 아무도 어쩔 수 없다는 믿음이다.

6. 과잉 불안: 위험한 일들이 일어날지 모른다는 가능성을 항상 마음속에 품고 있으며, 나에게 커다란 해를 끼칠 것이라 항상 걱정한다.

7. 문제 회피: 삶의 어려움이나 자기가 져야 할 책임은 직면하는 것보다 회피하는 것이 더 쉽다는 믿음이다.

8. 의존성: 사람은 다른 사람에게 의지하여야 하며, 자신이 의지할 수 있는 더 강한 누군가가 필요하다는 믿음이다.

9. 무력감: 우리의 현재 행동과 운명은 과거의 경험이나 사건에 의하여 결정되며, 우리는 과거의 영향에서 벗어날 수 없다는 믿음이다.

10. 지나친 타인 염려: 사람은 다른 사람의 문제나 곤란함에 대해서도 나의 일처럼 크게 신경을 써야 한다는 믿음이다.

11. 완전 무결주의: 모든 문제엔 언제나 완전한 해결책이 있으며, 그것을 찾지 못하면 큰일이라는 믿음이다.

엘리스는 성공적인 상담은 비합리적 사고를 계속 논박하여 어느 정도 재교육에 성공하느냐에 좌우된다고 강조하고 있으며, 논박이 성공하면 그 효과로 내담자의 적절한 정서와 적응적 행동이 드러나게 된다고 강조한다(박경애, 1999).

(3) 합리적 정서행동치료의 특징

① 심리적 문제의 발생과 치료에서의 '인지' 강조

1956년 엘리스가 처음으로 미국심리학회에 REBT를 소개하였을 때 많은 비난을 받았다. 내담자의 자기파괴적인 인지를 수정하는 것이 치료 효과를 가져올 수 있음을 강조한 점을 믿기 어려웠으며, 인지 과정을 직접적인 관찰이나 측정을 할 수 있는 행동의 영역 속으로 분류하지도 않았기 때문이었다. 그럼에도 불구하고 엘리스의 공헌점은, 첫째, 심리적 장애나 정신건강을 결정하는 데 인지를 핵심적으로 중요한 요소로 보았으며, 둘째, 정서적 장애를 극복하기 위한 주요 방법으로 역기능적 인지의 교정에 강한 강조를 둔 이론과 방법을 창안하였다는 점이다. 셋째, 정서적 장애에 연루될지도 모르는 다양한 인지의 종류 가운데서 비합리적 사고가 핵심 중재 역할을 한다는 것을 깨달았다는 사실이다.

② ABC 모델이라는 정서장애 모델 강조

REBT에서는 어떤 사건(A: activating event, 선행사건)에서 경험하게 되는 정서와 행동(C: consequence, 결과)은 사건이나 사실 자체에 의해서가 아닌 그 사건에 대해 어떠한 생각(B: belief, 사고 또는 신념)을 가지고 있는가에 따라 다르게 나타난다는 전제에서 출발한다. 즉, 인간의 부적응 행동이나 이상 심리는 환경이나 무의식에서 유발되는 것이 아니라 자신이 지니고 있는 왜곡되고 부정확한 신념 체계인 비합리적 신념 때문에 발생한다고 보고 있다. 사건과 정서와 행동 그리고 인지 사이의 관계를 묘사한 ABC 모델을 바탕으로 엘리스는 상담을 할 때 특별히 비합리적 신념을 찾아내고 논박하는 데 초점을 둔 'ABCDE 원리'로 상담을 진행한다.

내담자의 정서적 혼란과 관계되는 비합리적인 신념 체계를 논박하여 이를 최소화하거나 합리적인 신념 체계로 바꾸도록 하여 보다 현실적이고 효과적이며 융통성 있는 인생관을 가질 수 있도록 하는 데 중점을 두고 있다.

A(실재하는 사건) → B(신념) → C(정서적·행동적 결과)
↓ ↓
D(잘못된 신념 수정) → E(결과)

[그림 5-1] ABCDE 원리

③ 변화의 지속을 촉진하기 위한 철학적 변화 강조

각 개인은 살아가면서 다양한 종류의 부정적 사건을 어쩔 수 없이 종종 직면하게
된다. 이때 각 개인들이 비합리적 신념을 벗어나 합리적 가치를 받아들이면, 정서적
비참함을 최소화하며 생존과 행복의 기쁨을 최대로 누릴 수 있다고 강조한다. 이러
한 철학적 수준의 변화를 시도함으로써, 엘리스는 내담자들이 현재의 정서적 문제
를 극복할 뿐 아니라 언제 다시 직면할지도 모르는 정서적 장애에서 상처를 쉽게 받
지 않도록 도와준다. 오랫동안 가장 도움이 되며 지속적인 치료적 변화는 철학적 수
준에서 일어난다는 것을 강조한다.

④ 상담자의 적극적이며 지시적인 위치 강조

엘리스는 대부분의 내담자는 상담자가 문제중심 접근과 공감적 접근과의 조합
속에서 REBT의 원리와 기법을 적극적으로 가르쳤을 때 혜택을 얻을 수 있다고 했
다. 적극적이고 지시적인 상담자의 위치는 내담자가 의존을 더 많이 하게 하는 것이
아니라, 오히려 덜 의존하도록 도와줄 수 있음을 발견하였다. 그래서 그는 상담자들
이 적극적으로 내담자의 장애를 약화시키기 위해서 지시하고 자아실현에 접근한다
면 일반적으로 더 나은 상담 결과를 얻을 수 있다고 강조하며, 적극적/지시적 접근
이 적절히 사용될 때 내담자와 라포 형성을 촉진하여 내담자에 의한 조기 종결의 가

능성을 완화시킬 수 있다고 강조하였다.

2) REBT 상담 원리와 주요 기법

(1) 상담 원리

REBT 상담에서는 신념은 변화할 수 있다고 믿으며, 인간은 자신의 인지 · 정서 · 행동적 과정을 변화시킬 수 있는 능력이 있다고 믿는다. 특히 불합리한 신념은 적극적이고 계속적인 노력에 의해 변화될 수 있다고 주장한다. 비합리적 신념에 대응하는 합리적 신념에 대해 알아보자.

상담과 심리치료를 통해 내담자가 발전시켜 가야 할 합리적 신념은 각 개인의 복지, 만족도 그리고 행복에 기여하는 신념으로 다음과 같은 특성을 가지고 있다(박경애, 1997).

① 논리적 일치성: 합리적 신념은 대개 논리적으로 일치한다.
② 경험적 현실과 일치: 사람들은 모든 사람으로부터 인정받고 사랑받고 싶다는 비합리적인 사고를 하지만 그렇지 않다고 해도 여전히 행복하게 살 수 있다는 것이 합리적인 사고이다.
③ 실용성: 합리적 사고는 인간의 삶을 생산적으로 이끌고 삶의 목적을 성취하는 데 도움을 준다.
④ 융통성: 합리적 사고는 개인의 선호, 바람, 소망, 희망 등을 반영하고 있으며 절대적이지 않다.
⑤ 적절한 정서와 적응적 행동 유발: 합리적 신념은 인간의 존재 가치를 중요하게 여기며, 인간의 삶을 생산적으로 이끌고, 자신에 대해 보다 정직할 수 있게 하며, 건전한 삶의 목적을 성취하는 데 도움을 준다.

합리적 신념은 자아를 존중하게 하고 대인관계에 있어서도 융통성이 있기 때문에 보다 자유롭게 접근할 수 있고 타인과 자신이 모두 건강한 관계를 유지할 수 있도록 해 준다. 따라서 다양한 독서 자료를 활용하는 독서치료에서 비합리적 신념을 가진 인물들에 대해 REBT 상담이론을 적용하여 합리적 신념을 길러 주거나, 인물에 대한 대화를 통해 내담 아동 자신의 비합리적 신념을 수정·변화시키고 합리적 신념으로의 발전을 도와줄 수 있다.

(2) REBT의 주요 기법

구체적인 REBT 상담의 주요 기법으로는 인지적 기법, 정서적 기법, 행동적 기법이 있다. 이는 인간의 인지와 정서 및 행동은 서로 영향을 미친다는 데 근거한다. 정서적 기법은 단순히 정화를 경험할 수 있도록 하는 것뿐만 아니라 내담자가 그들의 사고, 정서, 행동을 변화시키도록 돕는 것이다(Vernon, 2011). 인지적 기법은 내담자에게 고통을 주는 비합리적 신념들을 변화시키기 위한 노력으로, 생각을 바꾸어 정서와 행동을 변화하려는 기법이다. 행동적 기법은 행동의 변화에 의해서 인지적 변화가 촉진될 수 있다는 사실에서, 느낌보다는 '행동'에 강조를 두는 경향이 있다(Ellis, 2002 재인용). 비합리적 신념을 없애고 합리적 접근을 하도록 가르치는 기법들은 다음과 같다.

① 합리적 정서 상상하기

내담자의 심상 기능에 특히 초점을 두는 기법으로서, 내담자로 하여금 습관적으로 부적절한 감정을 느끼는 상황에서 활발하게 상상하도록 격려한 후, 이런 감정을 적절한 감정으로 변화시키는 작업을 통해 내담자의 행동을 바꾸게 하는 기법이다. 내담자들이 합리적으로 생각하고 느끼고 행동하는 자신을 상상하도록 하는 기법이다. 특히 독서치료에서는 등장인물과의 동일시 과정으로 더욱 효과적으로 활용할 수 있는 부분이기도 하다.

② A-B-C 이론 교육

상담자는 A-B-C 이론을 가르치고, A-B-C-D-E 분석을 통하여 내담자에게 그의 당위적이고 요구적인 신념 체계를 깨우쳐 주고, 보다 합리적인 사고방식을 제시한다. 구체적 방법으로 사고하기, 토론하기, 설득하기, 해석하기, 설명하기와 교육하기를 강조한다.

③ 비합리적 신념 논박하기

'해야 한다' '해야만 한다' 등 비합리적인 신념을 떨쳐 내기 위해 상담자가 내담자의 비합리적 신념을 적극적으로 논박해서 스스로 받아들이는 방법을 가르치는 방법이다. 상담자의 적절한 촉진적 자극과 예리하고 분석적인 질문에 의해서 깨닫게 되는 소크라테스식 대화법을 활용하기도 한다. 매일 생활에서 일어나는 문제들에 A-B-C-D-E 이론을 적용해 보는 인지적 과제를 주기도 한다.

④ 자기진술문 쓰기

비합리적 신념 같은 자기파괴적 진술을 "나를 싫어하는 사람이 있다고 해서, 내가 불행한 건 아니에요. 내가 할 수 있는 일부터 한 가지씩 하겠어요." 등의 대안 진술문으로 대체시키는 작업이다. 또한 합리적 신념 카드를 작성하여 내담자가 기회가 있을 때마다 읽어 보게 하는 방법도 매우 효과적이다. 독서치료에서는 책의 문장 중에서 자신의 마음에 드는 구절을 골라 쓰거나 혹은 문장을 바꿔 자신이 하고 싶은 말로 바꾸어 쓰는 방식으로 활용할 수 있다.

⑤ 수치심 공격 연습

내담자가 가진 불안은 수치심, 죄책감, 자기비난의 결과이다. 이러한 비합리적 신념을 더 많이 다루고 직면하면 정서적 혼돈을 느낄 가능성이 점점 더 줄어든다. 상담자는 내담자에게 그가 창피하거나 부끄럽게 여기는 방식으로 행동해 보도록 한다. 이런 과제를 통해 타인은 자신에 대해 생각보다 관심이 없으며, 다른 사람의 비난에 대해 지나치게 영향을 받을 필요가 없다는 사실을 깨닫게 된다.

⑥ 역할연기와 역할 바꾸기

내담자에게 문제 행동 장면과 관련된 불쾌감의 밑바탕이 되는 비합리적 생각을 알도록 하기 위해서 그 장면에서 행동을 시도해 보게 하는 역할연기가 있다. 상담자는 내담자가 되어 그의 비합리적 생각을 표출하고, 내담자는 상담자 편에서 합리적 생각을 드러냄으로써 논박하는 합리적 역할 바꾸기로 활용하는 것도 효과적이다.

⑦ 모델학습

독서 자료, 시청각 자료, 통계 자료 등을 동원하여 정서적 혼란을 겪고 있는 문제에 대해서 내담자와는 다르게 생각하고 느끼고 행동하는 사람들의 인지·정서·행동을 보임으로써 모방할 수 있게 하는 좋은 모델을 경험하는 기법이다.

독서치료에서는 재미있는 책에서 시작해서 점점 더 깊이 직면하는 책을 활용하는 것도 좋은 강화물이 된다. 혹은 좀 더 합리적 신념에 대해 토론하고 논박할 수 있는 자료를 활용하는 것이 곧 강화가 될 수 있으며, 좋은 효과를 가져오게 된다.

2. 벡의 인지치료

1) 인지치료의 기본 관점과 주요 개념

(1) 기본 관점

엘리스가 초석을 닦아 놓은 인지적 접근은 아론 템킨 벡(Aron Temkin Beck)에 의해 인지치료로 확립되었다. 그는 1946년 예일대학교 의대를 졸업한 정신과 의사로 1953년부터 정신분석가로 활동해 오다 엘리스의 합리적 정서행동치료의 영향을 받아 자신만의 인지치료 기법을 수립하기 시작했다. 벡의 인지치료는 심리학과 정신의학에서 커다란 변화가 급격하게 일어나던 시기에 개발되었으며, 인지가 정서적 고통과 행동적 장애에 중요한 역할을 한다고 강조한 점에서 혁신적인 것이었다.

벡이 '자동적 사고'를 알게 된 동기를 알아보자. 1959년의 어느 날, 그는 한 우울한 젊은 남자를 치료하고 있었다. 자유연상을 하는 동안, 그 환자는 화를 내며 벡을 비난하기 시작했다. 벡은 환자에게 어떤 감정을 느끼고 있느냐고 물었다. 환자는 '죄책감을 느낀다.'고 말했는데, 그 이유는 그가 벡에게 소리치며 화를 내는 동시에 '내가 이런 말을 해서는 안 되는데. 그를 비난하는 것은 잘못이야. 나는 나쁜 사람이야. 그는 나를 좋아하지 않을 거야.'와 같은 자기비판적인 생각을 지니고 있었기 때문이었다. 벡은 그 환자가 화를 내는 이면에 작동되는 두 번째 사고가 분노 표출과 죄책감 사이의 연결고리 역할을 했다는 것을 알아냈다. 벡은 이러한 내면적 독백 현상이 다른 환자들에게도 있는지 조사하였으며 이러한 생각을 '자동적 사고'라고 명명하였다(Weishaar, 2007 재인용).

벡은 부정적인 생각과 결론을 자동적으로 떠올리는 자동적 사고방식을 인지 삼제로 분류했는데, 자기 자신, 세상 그리고 미래에 대한 부정적인 사고가 그것이다.

부정적 사고는 일종의 습관이며 삶에 좋은 영향을 주지 않는 역기능적 신념과 가정에 의해 만들어진다고 했으며, 이러한 왜곡된 생각의 버릇을 찾아내서 교정하면 정서와 행동 모두 호전을 보인다고 주장했다.

벡의 인지치료(Cognitive Therapy)의 핵심 개념은 '사고는 감정과 행동에 영향을 미치며 행동양식은 사고 패턴과 감정에 영향을 미친다'는 것이다. 따라서 인지치료의 목표는 개인의 부정적인 정서와 행동을 찾아내어 수정해 나가는 것을 목적으로 한다. 인간은 핵심 신념에 대한 자동적 사고로 세상을 바라보게 되는데, 부적응적인 핵심 신념이 자동적 사고로 자신에 대한 상황을 해석하게 된다고 설명하였다(Corey, 2012). 정서적 장애를 경험하는 사람들은 어린 시절의 경험에 의해 특정한 내용에 대한 인지도식(cognitive schema)을 형성하고 있으며, 부정적인 사건에 부딪히게 되면 그 사건의 의미를 자신이 도식화한 특정한 방향으로 왜곡하여 해석하게 된다는 것을 발견한 것이다. 따라서 인지적 재구조화의 과정을 살펴보면 주로 내담자로 하여금 역기능적인 자동적 사고들과 인지도식들을 찾아내어 그것들을 바꾸도록 돕는 것에 중점을 둔다.

인지치료의 주요 개념이라 할 수 있는 자동적 사고와 인지도식에 관해 살펴보자.

(2) 주요 개념

① 자동적 사고

자동적 사고(automatic thoughts)란 어떤 사건이 일어났을 때 즉각적으로 떠오르며 스쳐가는 생각이나 이미지이다. 자동적으로 일어나는 것이므로 그것에 특별히 집중하지 않는 한 자각하지 못하는 사고이며, 우울이나 불안 같은 감정을 경험할 때 특정 상황과 관련지어 자신도 모르게 자동적으로 떠오르는 생각을 말한다. 이러한 자동적 사고로 특정한 감정이나 행동 반응이 자동적으로 일어나게 된다(Neenan &

Dryden, 2011 재인용). 자동적 사고는 사람들이 자신의 경험으로부터 발생한 신념과 가정을 반영하며, 심리적 장애의 원인이 되기도 한다. 흔히 왜곡되거나 극단적이거나 부정확하다는 특징이 있다. 이러한 자동적 사고가 생겨나는 과정은 역기능적 인지도식으로 인해 부정적인 내용의 자동적 사고가 활성화되는 것이라 할 수 있다. 이때 인지도식이란 주변 사람, 사건, 환경에 대해 생각하는 방식으로, 아동기에 개인적 경험과 타인들과의 상호작용에 의해 형성된 조직화된 인지적 구조로 정의할 수 있다. 인지도식은 적응적 인지도식과 역기능적 인지도식으로 구분된다.

② 역기능적 인지도식

벡은 인지도식을 정보처리 기능과 행동을 지배하는 규칙으로 보았으며, 핵심 신념이 반영하는 자신, 타인, 세계 그리고 미래를 바라보는 개인의 특유하고 습관적인 방식이자 인지치료 과정의 핵심으로 보았다. 인지도식은 지각, 심상, 기억, 판단 그리고 의사결정을 포함하는 사고의 다양한 측면을 왜곡하고 얼굴 표정이나 신체적 증상과 행동에 영향을 미치는데, 그것은 자각 없이도 가능하다.

인지치료에서는 특히 역기능적 인지도식에 주목한다. 개인이 과거의 경험에 따라 기존의 인지도식에 부합되는 정보들에만 선택적으로 관심을 기울이는 편향된 정보처리로서의 '역기능적 인지도식'을 중요한 치료 대상으로 삼는데, 그 이유는 인지도식은 쉽게 변하지 않으며 지속적으로 유지되는 저항성을 지니고 있기 때문이다(권석만, 2008).

인지치료는 역기능적 인지도식과 연결되어 있는 부정적 자동적 사고를 표적으로 하기 때문에 자동적 사고와 행동의 변화가 인지도식의 변화를 이끈다는 명제는 중요한 임상적 함의를 가진다. 즉, 자동적 사고와 행동의 변화는 인지도식의 변화를 이끌어 낼 수 있다는 의미가 된다.

③ 인지 왜곡

역기능적 인지도식은 인지 왜곡으로 이어지기 쉽다. 인지 왜곡(cognitive distortions)이란 주변의 사건이나 상황의 의미를 해석하는 정보처리 과정에서 나타나는 체계적인 오류로서 '부정적 자동적 사고'라고 불린다. 벡은 이러한 부정적 자동적 사고를 일곱 가지 유형으로 제안하였다(Dobson, 2014 재인용).

- 임의적 추론: 충분하고 적절한 증거가 없는데도 결론에 도달하는 것으로, 상황에 대한 비극적 결말이나 최악의 시나리오를 생각하고, 이러한 예측이 현실적이지 못할지라도 사실로 간주한다. '저 친구가 나에게 이렇게 말하는 것은 나를 싫어하는 게 분명해.'라는 방식의 생각이다. 특히, 감정적 추론은 '내가 기분 나쁜 걸 보니 뭔가 잘못되어 가는 게 분명해.'라고 생각하기도 한다.

- 선택적 추상화: 사건의 일부 사항만을 기초로 결론을 내리고, 전체 맥락 중의 중요한 부분은 간과하는 것이다. 특히 관심을 두는 부분이 실패와 부족한 점에 관한 것뿐이다. 예를 들어, 발표 수업에서 자신의 발표에 대해 많은 친구가 긍정적 반응을 보였는데도 한두 명의 부정적 반응에 낙담하는 경우를 들 수 있다.

- 과잉일반화: 사소한 일, 한 번의 부정적 사건을 마치 끝없이 반복하여 실패할 것으로 과잉일반화시켜 생각한다. 예로, 한 번 시험을 망친 학생이 '난 공부에 능력이 없어.'라고 생각하고, 처음 간 모임에서 불편한 경험을 한 사람이 '난 사람을 사귀는 데 소질이 없어.'라고 생각하는 경우를 들 수 있다.

- 극대화 혹은 극소화: 자신의 장점이나 잘한 일 등 긍정적인 측면에 대해서는 축소하고, 자신의 단점, 자신이 실패한 일이나 못한 일과 같은 부정적인 측면에

대해서는 과장하는 경향이다. 자신이 부적절하며 타인보다 열등하다고 생각하는 인지 왜곡은 우울증의 원인이 될 수 있다.

• 개인화: 연관이 없음에도 불구하고 부정적 사건의 원인이 자신이라고 판단하여 '모두 내 탓'이라 생각한다. '우리 반이 체육대회에서 진 건 모두 나 때문이야. 나만 없었으면 이런 일은 생기지 않았을 거야.'라고 생각하는 경우이다.

• 명명화: 자신의 정체감을 과거의 실수와 불완전성에 근거하여 정의하는 것을 의미한다. 일부의 경험만을 가지고 자신의 미래에 관하여 부정적으로 판단하고, 자신은 '부적절하고 가치가 없는 사람'이라고 생각하며 스스로 부정적 정체성을 창조한다.

• 극단적 이분법적 사고: 흑백의 논리로 사고하고 해석하거나, 경험을 극단적으로 범주화하는 것이다. 극단적 이분법적 사고(extreme accident)는 자신의 실패 혹은 나쁜 측면만을 생각하게 하여 부정적인 신념과 낮은 자존감을 불러일으킨다. '공부를 안 하는 애들은 좋은 애들이 아니야.' '제대로 못할 바엔 아예 포기하는 게 나아.'라는 방식의 사고를 한다.

벡은 인지 타당성을 평가하는 5단계 과정을 A-FROG로 설명하였다. A-FROG는 개인이 합리적으로 생각하고 있는가의 여부를 평가하는 것으로 다음과 같은 준거에 따라 사고를 평가한다(노안영, 2005).

인지 타당성 평가 5단계: A-FROG

- A: Alive(나의 사고는 나를 생기 있게 하는가?)
- F: Feel(나는 이러한 사고의 결과로 기분이 더 나아졌는가?)
- R: Reality(나의 사고는 현실적인가?)
- O: Others(나의 사고는 다른 사람과의 관계에 도움이 되는가?)
- G: Goals(나의 사고는 나의 목표를 성취하는 데 도움이 되는가?)

인지 타당성 평가 A-FROG 질문에서 '예'라고 답하지 않는다면, 그 사고는 역기능적이며 왜곡된 것일 수 있다. 이는 독서치료 시 인지 왜곡 현상을 보일 때 준거로 사용하기에 유용하다.

2) 인지치료 상담 원리와 주요 기법

(1) 상담 원리

인지치료의 상담 목표는 내담자의 자동적 사고를 변화시키고 부적응적 인지도식을 재구성하여 새로운 사고를 하도록 변화시키는 데 있다. 따라서 상담자는 내담자가 인식하지 못하는 자동적 사고와, 그것과 관련된 정서와 행동을 확인하며, 이러한 사고의 타당성을 평가하여 부적절한 사고를 수정하도록 도와주어야 한다.

부정적 자동적 사고로 인해 부정적 정서를 경험한 아동은 불안을 유발하는 상황을 회피하게 되고, 누군가에게 과도하게 의존하는 반응을 보인다. 혹은 불안을 유발하는 사건을 직면하게 되면 왜곡된 인지적 평가를 하게 되고, 이로 인해 행동과 정서, 신체적 반응을 일으키게 되는 것이다(권준수, 신민섭, 2015).

독서치료에서 만나는 내담 아동들은 자신감과 자존감이 낮고 불안한 경향이 강하며, 자신은 절대 잘하지도 못하고 좋은 점은 하나도 없으며 심지어 엄마, 아빠가 나같이 부족한 아이를 절대 사랑하지 않을 거라 생각하는 경향이 있다. 자신의 능력을 낮게 평가하고, 스스로 통제하지 못할 것이라 예측하고, 부정적인 자기진술을 많이 하는 특징을 보인다. 때로는 지진이나 전쟁 위험 등의 뉴스 보도에 심각한 불안 증세를 보이기도 한다. 이러한 인지적 특성으로 인해 별일 아닌 상황에서도 쉽게 불안을 느끼게 되고 신체 증상을 경험하기도 한다.

인지치료의 상담 원리는 다음과 같다.

① 문제를 발생시키는 부정적 자동적 사고를 포착하여 이를 인식하게 한다.
② 부정적 자동적 사고의 현실성, 합리성, 유용성을 스스로 평가하게 한다.
③ 역기능적 인지도식을 적응적 인지도식으로 대체시킨다.

독서치료에서 적용할 수 있는 인지치료의 기법들을 알아보자.

(2) 인지치료의 주요 기법

① 인지 재구조화를 위한 사고 기록지

부정적 자동적 사고를 찾기 위해 사고 기록지를 활용할 수 있다. 객관적이고 합리적인 사고를 하기 위해서는 자신의 사고 패턴을 이해해야 한다. 이를 위해서 사고 기록지를 이용하여 자신의 '자동적 사고'를 기록 · 관찰해 보자. 사고 기록지는 자동적 사고를 수정하기 위한 좋은 출발점이 되어 준다. 자동적 사고를 찾는 데 익숙해지면 사고변화 기록지를 사용한다. 사고변화 기록지는 자동적 사고를 찾은 다음 여러 기법을 적용하여 사고를 수정함으로써 그 결과 나타나는 긍정적인 변화를 관찰할 수 있도록 되어 있다. 다음은 사고 기록지를 작성하는 방법이다.

- 기분 나쁜 감정을 일으킨 사건을 자세하게 적는다.
- 그 상황에서 느낀 감정과 마음속으로 스쳐간 '자동적 사고'를 기록한다.
- 그 '자동적 사고'가 어떤 인지 왜곡의 종류에 해당하는지 찾아본다.
- 소크라테스식 질문을 통해 '자동적 사고'가 얼마나 타당한지 검증해 보고, '자동적 사고'를 대신할 수 있는 합리적인 생각을 적는다.

〈표 5-1〉 **부정적 자동적 사고 기록지의 예**

상황, 사건		
자동적 사고	감정에 앞서 일어난 자동적 사고는? 믿는 정도를 평가하기(%)	
감정	슬픔, 분노, 불안 등 구체적으로 기록 감정의 정도를 평가하기(%)	
인지 왜곡의 종류	인지 왜곡의 종류를 찾아 기록하기	
합리적 사고로 바꾸기	왜곡된 생각을 합리적으로 바꾼다면?	

② 소크라테스식 질문

자동적 사고를 수정하는 방법들 중에는 부정적 사고 패턴이나 행동을 깨닫기 위해 귀납적 질문들을 던지는 소크라테스식 질문이 있다. 소크라테스식 질문을 통해 내담자가 자신의 자동적 사고가 현실적으로 타당한가를 평가하고 좀 더 현실적인 생각을 하도록 만드는 방법이다. 소크라테스식 질문으로 내담자의 자동적 사고에 대하여 탐색을 되풀이하게 되면, 내담자는 일상생활에서도 자신의 자동적 사고에 대해 스스로 논답을 하며 평가할 수 있게 된다. 내담자가 자신의 자동적 사고에 대한 타당성을 스스로 평가해 볼 수 있도록 하기 위해 다음과 같은 질문이 자주 사용된다(천성문 외, 2015).

첫째, '그렇게 생각하는 근거는 무엇인가?' 이 질문은 부분적인 생각에 머물러 있는 내담자가 객관적 현실에 주의를 기울이도록 하는 질문으로서 인지치료에서 상담자가 가장 많이 사용하는 질문이다.

둘째, '그 상황을 달리 설명할 수는 없는가?' 내담자는 상황을 보는 시각이 폐쇄적이고 제한적이어서 보다 현실적인 관점을 취하는 데 어려움을 겪을 수 있다. "달리 설명할 수는 없습니까?" "다른 식으로 볼 수는 없나요?" 등의 질문을 통해 다른 설명을 이끌어 내어 자신의 생각을 좀 더 열린 마음으로 평가할 수 있는 심리적 거리를 만들 수 있다.

셋째, '실제 그 일이 일어난다면 과연 얼마나 끔찍한가?' 불안과 관련된 문제를 많이 보이는 내담자에게 자주 사용하는 질문이다. 불안한 내담자는 자신이 두려워하고 있는 상황이 과연 그렇게 끔찍한지, 그리고 그러한 상황이 일어날 확률이 얼마나 되는지를 면밀히 생각해 보지 않을 뿐만 아니라, 자신의 대처능력을 과소평가하여 그러한 상황에서 자신이 할 수 있는 일이 전혀 없다고 생각하는 경향이 있다. 따라서 "일어날 수 있는 최악의 일은 무엇입니까?" "실제 그 일이 일어난다면?"과 같은 질문을 통해 그 일이 일어나지 않을 확률이 매우 높으며, 현재 내담자의 대처능력으로도 충분히 헤쳐 나갈 수 있는 길이 있음을 깨닫게 하는 것이 필요하다.

그 외에도 활용할 수 있는 질문은 다음과 같다.

- 내 생각이 얼마나 객관적인가?
- 내 친구가 나와 같은 상황에서 이런 생각을 한다면 나는 어떻게 조언할까?
- 이 상황에서 긍정적인 측면은 무엇인가?
- 내가 걱정하고 있는 일이 정말로 일어날 확률은 얼마인가?

• 내 생각을 뒷받침할 근거는 무엇인가?

③ 자기교시 훈련

자기교시 훈련은 과제 수행 과정에서 스스로 건강하게 말하면서 실행하는 것을 말한다. 자기교시 훈련은 인간의 행동이 내적인 언어적 지시를 받는다는 근거로부터 출발하며, 자기조절 능력에서의 결함을 보다 직접적이고 구체적으로 다루기 위한 것이다. 즉, 아동의 문제 행동은 언어적 지도의 결핍에서 비롯된 것이며, 성인의 경우는 부정적이고 비합리적인 자기진술적 언어 때문이라는 관점으로 본다. 따라서 자기교시 훈련기법은 인지 왜곡으로 부정적인 표현 방식이 고정되어 있는 내담자가 자발적으로 긍정적이고 합리적으로 말하는 훈련을 하도록 하는 행동수정의 일환이며, 인지적 요인의 역할이 중요함을 강조한 치료기법이다.

특히 독서치료에서 인물의 심리 분석을 통해 부정적 자동적 사고를 찾아내어 논박하고, 합리적이고 긍정적인 관점의 언어를 만들어서 표현하고 글로 쓰는 훈련 과정을 통해 내담자 스스로 자신의 왜곡된 사고를 깨닫고 수정하도록 도와줄 수 있다.

④ 노출기법

노출기법은 공포증, 공황장애, 외상후 스트레스 장애 그리고 강박장애를 포함한 총체적인 불안장애에 대한 인지치료의 핵심 기법으로 알려져 있다. 노출기법은 생각을 떨쳐 버리려고 노력하거나 주의를 다른 곳으로 돌림으로써 정신적으로 회피하는 것이 아니라, 불안을 가중시키는 그 상황 속에 가만히 머물러 있으며 불안감을 수용하는 방법이다. 불안을 유발하는 특정한 단서에 의도적으로 접촉함으로써 예상했던 결과보다 안전하며 비교적 긍정적인 결과를 깨닫고 보다 현실적이고 합리적인 생각을 하도록 도울 수 있기 때문이다.

이 기법은 특히 수행불안을 느끼는 내담자들에게 효과적이다. 예를 들어, 운전공포증이 있는 내담자의 경우 운전하면서 느끼는 불안 수준, 생리 증상, 사고, 심상들을 보고하게 한다. 그리고 운전하면서 그들이 겪는 수많은 생리 증상과 부정적 예측이 거짓된 경보장치에 불과하다는 자료를 수집한다. 운전하면서 떠오르는 생각과 느낌을 기록하는 이 같은 작업을 반복하면, 내담자는 그 부정적 예측이 거짓이라는 정보를 쌓아올리게 된다. 즉, 불안이 실제 위험과 별 상관이 없으며 그와 같은 미래 예측이 정확하지 않다는 사실을 평가할 수 있게 한다. 이처럼 노출기법은 자동적 사고를 현실 세계에 노출시킴으로써 미리 걱정하고 불안해하는 상당 수준의 내용들이 터무니없다는 사실을 깨닫게 하는 방법이다(이동렬, 박성희, 2006)

노출의 방법에는 체계적 둔감법과 상상노출의 두 가지 방법이 있다. 체계적 둔감법은 내담자가 실제 생활에서 불안을 느낄 때 그 불안감이 진정될 때까지 불안의 강도를 약한 정도에서 점점 강한 정도로 단계별로 나아가는 과정이다. 이전 단계에서 편안해지기 전까지는 다음 단계로 나아가지 않아야 한다는 것이 무척 중요하다. 각 단계를 잘 밟아 간다면 자신감과 안정감이 생기고, 다음 단계로 넘어가도 잘해 낼 수 있는 힘이 생기게 된다. 또한 상황에 반복적으로 노출되는 과정은 주의 초점이 불안을 느끼는 감정에서 차차 둔화되어 다른 것으로 이동할 수 있게 된다.

상상노출은 불안을 일으키는 실제 상황에 직접 부딪치는 일이 아직 어려운 사람들에게 좋은 방법이다. 공포를 느끼는 특정한 상황을 한 문단 정도의 길이로 작성하고 마음속으로 되풀이해 읽으면서 그 장면을 생생하게 떠올려 보는 것이다. 그때 불안감과 함께 신체적인 증상이 생기더라도 수용하고 계속 진행해야 하며, 이 과정을 지속하면서 불안감이 점점 감소되는 것을 느껴 보는 것이다. 두려워하는 그 상황에 노출되어도 심각한 불안감이 더 이상 생기지 않을 때까지 이 과정을 되풀이한다. 즉, 불안장애에 대한 인지치료는 불안을 유발하는 특정한 상황에 내담자가 익숙해질 때까지 반복적으로 노출되어, 지속적인 사고의 조절 훈련과 새로운 사고 구조의 재구성을 통해 회피 행동을 줄이고 변화된 행동을 취함으로써 불안을 조절하는 것을 목적으로 한다.

상상노출 기법을 적용할 수 있는 치료기법으로는 역할극이 좋은 방법이며, 이는 독서치료에서 무척 효과적으로 활용할 수 있다. 역할극은 실제 상황이 아닌 이야기 속 상상 상황을 통해 실제 생활에서도 적용해 볼 수 있는 마음의 힘과 자신감을 향상시킬 수 있기 때문이다. 신재은(2009)은 발표불안 감소를 위한 인지행동적 집단상담을 실시하여 비합리적 사고를 분석하기 위한 활동으로서 '나의 장점 및 좋아하는 일 찾기'를 실시하여 효과가 있다고 보고했다. 또한 미술치료의 기법을 활용하여 자기를 탐색하기 위한 활동으로시 자신이 좋아하는 깃을 콜라주로 창의적 활동을 하도록 시도하여 자신을 이해하는 과정에 도움을 줄 수도 있다.

독서치료는 간접적 경험을 통해 자신의 특정한 감정을 생생하게 재경험하고 언어를 통해 교정하는 과정에서 치료의 의미가 부여된다. 개인의 과거와 미래의 경험을 상상하며 긍정적 자기지시 언어로 표현하는 언어를 다루는 것이 독서치료의 과정이다. 상담 현장의 내담 아동은 비합리적 신념 때문에 고생하기도 하고, 인지 왜곡과 부정적 자동적 사고 때문에 엉뚱한 일을 벌이기도 한다. 상담자는 내담자가 겪는 정서적 고통이나 부적절한 행동에 영향을 미치고 내담자가 인식하지 못하는 생각인 부정적 자동적 사고나 비합리적 신념 체계를 찾아서 변화시키는 데 초점을 둔 독서치료를 진행할 필요가 있다.

3. 그림책 표지로 비합리적 신념과 인지 왜곡 살펴보는 법

1) 자동적 사고와 신념 알아보기

내담 아동이 작은 일에도 쉽게 상처받거나, 경험한 것보다 과도하게 화를 내거나,

걱정과 불안이 많다고 느껴진다면 다음과 같은 질문을 활용해 보자.

- 친구가 '야!'라고 부른다. 왜일까?
- 늘 90점을 받다가 80점을 받았다. 엄마의 반응은 어떨까?
- 선생님이 굳은 표정으로 나를 부르신다. 이유는?
- 내가 다가갔더니 친구들 셋이 모여 작은 소리로 이야기를 나눈다. 이유는?
- 엄마가 갑자기 형(동생)만 방으로 부르신다. 이유는?

각 상황에서 아이는 과연 어떤 생각을 떠올리고 있을까? 이 질문들은 내담 아동의 자동적 사고와 신념들을 점검해 볼 수 있는 효과적인 질문들이다. 걱정되고 불안한 내용들을 떠올리는 아이들, '반드시 ~해야 한다'는 비합리적 신념을 가진 아이들은 대부분 매우 부정적인 이유들을 생각하거나, 안 좋은 일이 생길 것을 두려워하는 예측을 꺼내 놓는다. 아주 간단하게 생각하는 방식을 점검할 수 있어 상담 시 효과적으로 활용할 수 있는 방법이다. 특히 집단상담에서는 참여자들의 다양한 생각을 들으며 부정적 자동적 사고와 비합리적 신념을 변화시키는 데 무척 효과적인 방법이다. 내담 아동이 혹시 한 가지 생각밖에 하지 못한다면 여러 가지 가능한 생각을 떠올리도록 도와주는 것이 바람직하다.

독서치료사는 내담 아동의 비합리적 신념과 부정적 자동적 사고 패턴을 알아차리고 치료적 대화를 이어 가는 능력이 있어야 한다. 독서치료에서 내담 아동의 자동적 사고와 신념을 알아보는 효과적인 방법 중의 하나는 그림책 표지를 활용하는 방법이다. 그림책 표지는 내담 아동의 비합리적 신념과 자동적 사고를 알아보는 데 무척 유용하다. 유능한 상담자라면 앞에서 소개한 다양한 질문을 계속 만들어 낼 수 있겠지만, 사실 내담 아동에게 적절한 질문을 던지는 것은 그리 쉬운 일이 아니다. 그럴 때 그림책 표지를 활용해 보자.

2) 그림책 표지로 한 시간 상담, 가능할까?

(1) 그림책 표지로 대화하기

📖 『으뜸 헤엄이』

저/역자: 레오 리오니/이명희

출판사/발행연도: 마루벌/2008

『으뜸 헤엄이』(레오 리오니, 2008) 표지를 보고 '까만 물고기에게 빨간 물고기들이 뭐라고 말할까?'라고 질문해 보자. 어떤 아이는 "저리가, 너랑 안 놀아."를 먼저 말한다. 이 아이가 누구에게 동일시했는지 궁금하다면 좀 더 질문해 보면 된다.

"빨간 물고기들이 왜 그렇게 말했어?"

"까만색이라서."

"까만 건 싫어?"

"몰라요, 애들이 싫어해요."

"넌 어느 쪽이야? 빨간 물고기? 까만 물고기?"

이렇게 물으니 아이는 망설이다가 손가락으로 까만 물고기를 짚는다. "넌 어느 편 하고 싶어?" 이 질문에는 빨간 물고기를 짚는다. 이 정도의 대화로도 아이의 상황이 짐작될 뿐 아니라, 아이가 어떤 생각 방식을 가지고 있는지도 알 수 있다.

『내 모자 어디 갔을까?』(존 클라센 글·그림, 2012) 표지를 보고 초등학교 5학년 아이는 곰이 범인이라고 먼저 말한다. "그럼 내 모자 어디 갔을까?"라고 묻는 인물은 누구인지 물으니, 토끼나 다른 약한 동물이거라 확신을 가지고 말한다. 커다란 곰은 모자를 숨긴 범인이지 피해자일 리가 없다고 단정하는 것이다. 이렇게 표지만 보고도 아이가 떠올리는 생각들을 통해 치료계획을 점검하고 수정해 가는 데 매우 유용하게 활용할 수 있다.

이제 그림책 표지를 활용해서 치료적 질문과 대화 혹은 재미있는 치료 활동을 진행하는 능력을 키워 보자. 참고로, '그림책 표지로 한 시간 상담(수업)하기' 방법은 필자가 약 10여 년 전 독서치료사들을 위한 수업에서 '치료적 질문과 대화' 능력을 향상시키기 위해 고안한 아이디어이다. 유아와 아동을 위한 독서치료 현장에서는 형식적이고 고정화된 질문은 오히려 치료자와 내담자의 상호작용을 가로막는 경우가 더 많다. 그러니 유능한 상담자라면 내담 아동의 상황에 맞게 효과적인 치료적 대화를 나눌 수 있는 능력을 갖추어야 한다. 그러기 위해 좀 더 간단하면서도 치료적 효과를 얻을 수 있는 방법으로 '그림책 표지로 한 시간 대화하기'라는 방법을 고안하였다. 그림책 표지 한 장면에서 다양한 질문을 던질 수 있다면, 내담 아동과의 치료적 의사소통 능력이 훌쩍 향상될 수 있음을 경험으로 늘 확인하고 있다. 독서교육에서 활용하는 독서 전 활동과 유사한 점이 있지만, 확연히 다르다는 것도 알아두자. 독서 전 활동이 책을 읽기 전 책의 앞뒤 표지, 제목과 그림을 보고 내용을 짐작하는 활동이라면, '그림책 표지를 활용한 치료적 대화'는 치료자의 기본 태도인 PACE와 '알지 못함'의 태도로 치료적 대화를 진행하는 방식이다. 내담 아동의 자동적 사고와 인지도식, 비합리적 신념들을 알아보고, 전반적인 심리 상황을 점검하고 치료계획을 세우기 위한 것이라는 점을 기억하기 바란다. 또한 이 방법은 기본적으로는 책에 대한 흥미를 북돋워 줄 뿐 아니라 주어진 조건에서 상황을 이해하고 생각하는 방식, 비합리적 신념과 인지도식들을 변화해 갈 수 있도록 도와주는 매우 유용한 방법이며, 독서치료를 진행하는 독서치료사라면 꼭 키워야 할 능력이기도 하다.

(2) 그림책 표지 활용방법

독서치료사라면 누구나 잘 아는 『틀려도 괜찮아』(마키타 신지 글, 하세가와 토모코 그림, 2006) 표지를 살펴보자. 먼저 이 책의 표지에서 몇 가지 질문과 대화 그리고 활동을 제안할 수 있는지 스스로 점검해 보자. 만약 생각해 낼 수 있는 질문이나 활동이 부족하다면 다음 사례들을 보며 연습해 보기 바란다. 그리고 다음에 제시하는 치료적 질문과 대화 중에서 지금 내가 만나고 있는 내담 아동에게는 어떤 질문과 대화가 유용하게 사용될 수 있을지도 짐작해 보자. 다음 내용은 독서치료사 교육과정에서 참여자들이 함께 제안한 내용도 포함되어 있음을 밝힌다.

📖 『틀려도 괜찮아』

저/역자: 마키타 신지/유문조
출판사/발행연도: 토토북/2006

그림책 표지에는 크게 글과 그림이 있다. 글은 제목과 작가, 출판사 이름이 있고 그림은 인물과 배경이 있다. 작가나 출판사에 대한 질문도 아이의 시야를 넓혀 주는 효과가 있어 사고가 경직된 아이들에게는 매우 유용하게 활동할 수 있다.

　　그림책 표지를 활용한 질문과 대화는 글과 그림에 대한 질문, 표지를 응용한 놀이와 활동, 그리고 다양한 관점으로 책을 보고, 내담 아동과 연관된 질문을 하는 방식으로 나누어 살펴보았다. 특히 이 표지의 활용방법에는 관찰력, 주의집중력 등 인지 학습적 능력을 파악하고 활용하는 방법도 제안하고 있다.

〈표 5-2〉『틀려도 괜찮아』 그림책 표지로 한 시간 대화하기

제목	1	제목을 가리고 그림으로만 제목을 추측해 보기
	2	제목과 같은 말 들어본 적 있니?
	3	어떨 때 이 말을 들으면 좋을까?
	4	이 말을 들었을 때 기분이 어떨까?
	5	틀렸을 때 기분이 어떨까?
	6	'틀려도 괜찮아'라는 말을 해 주고 싶은 친구가 있니?
	7	틀려도 괜찮은 게 뭘까?
	8	무엇을 틀렸을까? 제목으로 예측해 보기
	9	지금, 무엇에 대해 '괜찮아'라고 듣고 싶니?
	10	'○○해도 괜찮아.'라고 듣고 싶은 말은?
	11	'내가 듣고 싶은 말' 표어 만들기
작가	1	작가가 어느 나라 사람일까? 왜 그렇게 생각하니?
	2	다른 일본 작가가 쓴 책을 읽어 본 적이 있니?
	3	일본이라면, 일본에 대해 생각나는 것은? 여행 간 적은?
	4	작가 이름을 보고 남자, 여자, 나이 등 짐작해 보기
	5	글, 그림 작가와 옮긴이, 토토북에 대해 알아보기
인물 배경	1	처음 본 표지 그림의 느낌은?
	2	표지 얼굴 흉내 내어 보기(표정, 행동 등)
	3	나랑 표정이 비슷한 친구를 찾아보고, 왜 그렇게 생각하는지 생각해 보기
	4	지금 안아 주고 있는 사람이 누굴까?

	5	넌 어느 자리에 있을 것 같니?
	6	3초 동안 표지 그림을 보고 인물이 모두 몇 명인지 어림해 보기
	7	표지 인물에서 남자, 여자 분류해 보기
	8	뒷표지 상상하기, 그려 보기
	9	제일 장난스러울 것 같은 친구는?
	10	얼굴 표정으로 기분 추측하기(웃는, 화난, 기분 좋은 등)
	11	왜 친구들이 웃고 있을까?
	12	숨은 그림 찾기 퀴즈(안경 쓴 아이, 바지 입은 아이 등)
	13	이 그림에서 누가 주인공일까?
	14	그림 관찰하기(반팔? 치마? 바지? 등)
	15	표지 그림만 보고 이야기 상상하기, 만들어 보기
	16	표지 그림의 뒷모습 상상하기
	17	선생님 성격 이야기 나누기 – 우리 반 선생님 이야기 나누기
	18	4컷 만화로 이야기 그려 보기
	19	각 인물에 반 친구와 자기 이름 붙여 보고 이야기 나누기
	20	마음에 드는 표정 따라 그리기
	21	교사와 아이들 표정 마음대로 바꾸어 그리기
	22	그림과 똑같은 자세 취해 보기
	23	그림의 아랫부분에는 모두 어떤 자세로 있을지 상상해 보기
	24	저곳은 어디일까?
	25	배경의 점들은 뭐처럼 보이니? 그렇게 생각하는 이유는?
	26	내가 그림 작가라면 어떤 배경으로 설정하고 싶니?
놀이 활동	1	10초 관찰 후 몇 명인지 알아맞히기(여자 아이, 남자 아이 몇 명? 안경 쓴 아이 몇 명? 등)
	2	나는 몇 명을 안을 수 있을까? – 짝짓기놀이
	3	선생님 헤어스타일 바꿔 주기, 꾸며 주기(색종이 등 활용)
	4	등장인물이 모두 함께 할 수 있는 놀이는? – 찾아보고 따라 하기
	5	표지를 2장 복사해서 얼굴 오려서 기억력 게임하기
	6	복사해서 잘라 퍼즐 만들기
	8	그림의 인물 특징을 말해 주고 '누가 빨리 찾을까?' 게임하기

	9	복사해서 각 인물을 오려서 섞은 후, 다시 표지대로 맞추기
	10	몇 개의 얼굴 위치를 바꿔 놓은 후, 바뀐 부분 알아맞히기
다양한 관점	1	출판사나 편집자라면 이 책을 출판하기로 결정한 이유는?
	2	글 작가는 왜 이런 글을 썼을까? 다르게 쓴다면?
	3	그림 작가는 왜 이런 그림을 그렸을까? 다르게 그린다면?
	4	부모님은 이 책을 아이에게 사 주고 싶을까? 읽어 준다면 이유는?
	5	이 책을 좋아하는 아이들은 몇 %? 몇 살 아이들일까?
나 적용	1	내가 틀렸을 때 칭찬받았던 경험 이야기히기
	2	내가 '괜찮아'라고 말할 때가 언제인지 생각해 보기
	3	내가 틀렸을 때 우리 가족, 선생님, 친구들의 반응은?
	4	틀렸을 때 친구들 표정 생각하고 그려 보기
	5	자신과 닮은 아이 찾기 – 어떤 부분이 닮았는지 이야기 나누기
	6	어떤 선생님이 좋니? 선생님께 어떤 말을 듣고 싶니?
	7	내 얼굴 그려서 끼워 넣기 – 그 자리가 좋은 이유는?
	8	그림 중 내가 제일 친해지고 싶은 아이는? 이유는?
	9	너는 틀렸을 때 어떤 마음이 드니?
	10	너는 어떨 때 이런 말을 듣고 싶니?
	11	나는 어떤 친구가 되고 싶은지 이야기 나누기(힘센, 착한, 개구쟁이 등)
	12	저 사람처럼 매달리고 싶은 사람이 있니?
	13	누가 너를 그렇게 안아 주면 좋겠니?
	14	그 사람이 안아 주면 기분이 어떨까?
	15	틀렸을 때의 내 느낌과 생각 이야기 나누기
	16	틀려도 괜찮다고 들어 본 경험 나누기. 나의 느낌은?
	17	틀려도 괜찮다고 말해 본 경험 나누기
	18	가장 이상적인 선생님에 대해 발표하기
	19	내가 틀린 답을 했을 때 내가 원하는 반응은?
	20	입장 바꿔 생각하기 – 다른 친구가 틀렸을 땐?
	21	발표할 때 기분이 어떠니?
	22	틀렸을 때의 나의 마음을 색깔로 표현하기

23	각 인물에 말풍선 그려서 채우기
24	지금 누구한테 이 말을 해 주고 싶니?
25	이 말을 누가 해 주면 좋겠니?
26	틀려서 좋은 점은 뭘까?
27	절대 안 틀리고 싶은 때는 언제니?
28	틀리고 싶지 않을 때 나는 어떻게 하는지 말해 보기

주의할 점이 있다. 내담 아동이 어떤 이야기를 해도 치료자의 생각과 관점을 강조하거나, 정답을 주거나 유도하려고 하지 않아야 한다. 좀 더 구체적으로 질문하여 내담 아동이 그렇게 생각하는 이유와 상황을 알아보아야 치료에 효과적으로 적용할 수 있다. 책의 저자, 편집자, 부모님, 친구 입장 등 다양한 관점의 질문들은 자신과 상대방의 마음을 이해하는 역지사지의 능력을 발달시켜 문제 행동을 줄이고, 성숙한 사고로 발전하도록 도와주게 된다. 그렇다고 해서 진짜 한 시간 동안 대화를 나누라는 말이 아니다. 독서치료사로서 그 정도의 역량을 갖추어야 함을 강조한 것이라는 점을 이해하고 효과적으로 활용하기 바란다.

4. 인지행동치료[1]를 적용한 독서치료

악성댓글을 다는 5학년 연주

초등학교 5학년 연주는 블로그를 운영한다. 좋아하는 연예인 기사를 올리거나 음악과 사진을 올리기도 한다. 자신이 올린 글과 사진에 댓글이 달리면 너무 즐겁고

---

[1] 인지행동치료는 특정한 이론적 혹은 치료적 모델을 지칭하는 것이 아니라 인지행동치료의 전통적 모델들과 마음챙김 모델까지 모두를 포함하는 보다 넓은 의미의 이론 및 개입을 의미한다. 여기서는 엘리스의 합리적 정서행동치료와 벡의 인지치료를 적용한 독서치료를 진행하면서 인지행동치료라는 용어로 통일해서 사용함을 밝힌다.

신이 났다. 그래서 학교 친구들에게 자신의 블로그를 자랑하기도 했다. 그런데 어느 순간부터 댓글에 알지 못하는 아이들이 기분 나쁜 댓글을 달기 시작했고, 작성자를 추적해 보니 자기 반 친구라는 사실을 알게 되었다. 자신도 그 친구의 블로그에 악성 댓글을 달기 시작했다. 초등학생이 사용하는 언어라 생각하기 힘든 심한 욕도 쓰기 시작했다. 한번 시작하자 연주는 통제력을 잃기 시작했고, 인터넷의 익명성에 대한 무지로 인해 욕도 쓰고 없는 말도 만들어 친구를 공격했다. 당연히 더 많은 공격을 받았지만, 기분 나쁜 댓글에는 더 내키는 대로 욕도 쓰고, 악성 댓글을 달았다.

두세 달이 지나자 이제 현실 세계에서 문제가 발생하기 시작했다. 자신의 정체가 드러나기 시작했고, 온라인 세상에서 벌어진 일들이 현실 세상에서 부작용으로 나타났다. 악성 댓글의 주인공이 연주라는 걸 알게 된 친구들은 집단 댓글로 연주를 공격했고, 학교에서도 몇 명씩 무리 지어 연주에게 따지거나 협박하듯 공격했다. 이는 결국 연주가 따돌림 당하는 결과를 가져왔다. 이제 연주는 학교 가기를 싫어하기 시작했다. 연주의 행동이 이상하다는 사실을 알게 된 부모는 처음엔 연주가 피해자인 줄 알고 분노했지만, 그동안의 모든 사실을 알게 된 후 망연자실했다. 사랑하는 딸이 그런 짓을 했다는 것이 믿기지 않았다. 어떻게 아이가 그럴 수가 있을까? 그 증거들을 보고서도 입에 담지 못할 욕을 아이가 했다는 사실을 믿기가 어려웠다. 아주 나쁜 아이들만 하는 행동이라고 생각했던 사이버 폭력을 자신의 딸이 하고 있었다는 사실을 알게 된 부모님은 겁이 났다. 아이가 잘못될까 봐, 정말 돌이킬 수 없을까 봐, 다시 아이가 예전의 착하고 사랑스럽던 모습으로 돌아갈 수 있을지 걱정하고 있다.

5학년 연주를 인지치료의 관점에서 생각해 보자. 연주가 가진 비합리적 신념은 무엇일까? 블로그에 글과 사진을 올리며 댓글이 달리면 유난히 신이 났던 이유는 무엇일까? 학교 친구들에게 자신의 블로그를 자랑한 이유는 무엇일까? 누군가 기분 나쁜 댓글을 달았을 때 추적해서 악성 댓글을 달기 시작한 이유는 또 무엇일까? 통제력을 잃기 시작하자, 자신의 정체를 숨기고 다른 블로그에 댓글을 달고 그런 행위에 점점 심취해 갔던 이유는 무엇일까?

어쩌면 연주는 세상 모든 사람이 자신을 좋아하고 사랑해 주어야 한다는 인정 욕구가 너무 컸거나, 자신에게 해를 끼치거나 악행을 저지른 사람은 비난과 처벌을 해도 괜찮다고 생각하는 비난 경향성이 강할 수 있다. 익명으로 활동한 건 문제를 회피하거나, 과잉불안으로 자신을 숨겨야 한다고 생각했을 수도 있다.

작게 시작한 일이 상상도 못한 일로 커져 가면서 아이가 경험했을 무서움과 두려움 그리고 친구들에 대한 원망감과 동시에 자신이 뭔가 큰 잘못을 했을 수 있다는 존재에 대한 불안들로 위축되어 있었고, 어쩌면 이 모든 게 사실이 아니라고 생각하고 싶었기에 아무렇지도 않은 척하는 과잉반응을 보이고 있었다.

연주와의 독서치료를 시작했다. 첫 회기 만남에서 연주는 아무 표정도 없이 그저 무표정으로 자신을 방어하고 있었다. 앉으라는 대로 앉고, 물어보는 말에는 단답형으로 대답했다. 그저 그런 태도로 시간을 보내기만 하겠다는 결심을 한 듯이 보였다. 이럴 경우 상담적인 대화가 쉽게 통할 리 없다. 인사말도, 라포를 형성해 보려는 공감의 노력도 별로 효과를 발휘하지 못할 수 있다. 그저 아이가 약간의 호기심이 생기는 정도의 회기를 진행하기로 했다. 먼저 지금 현재 상태의 마음의 편안한 정도를 물었다.

"지금 편안하니?"

"글쎄요."

"제일 편안한 정도를 10이라고 할 때 1에서 10까지로 표현한다면 어느 정도니?"

"그저 그래요."

"숫자로는?"

"2나 3?"

"그렇구나. 먼지 모르지만 네가 지금 많이 불편하구나."

"억지로 왔으니까요."

"아, 솔직하게 말해 줘서 고마워. 기왕에 왔으니 조금은 편안해지면 좋겠다. 이 시간 동안 네가 느껴지는 대로 솔직하게 말해 주면 좋겠어. 물론 아무 말 하기 싫으면 안 해도 되고. 잠깐 이 책 선생님이 읽어 줄 테니 듣기만 해. 듣고 딱 한 단어로만 소감을 말해 주면 돼. 그다음에 다른 이야기를 하거나 놀거나 할 거야."

연주가 어떤 식으로든 자신의 감정을 드러낼 만한 책으로 『위를 봐요!』(정진호, 2014)를 골랐다.

📖 『위를 봐요!』

저/역자: 정진호
출판사/발행연도: 은나팔/2014

주인공 수지는 가족 여행 중 사고가 나서 다리를 잃었다. 더 이상 밖에 나가서 놀 수가 없다. 휠체어를 타고 베란다에서 바깥을 내다보며 시간을 보낸다. 수지의 눈에는 걸어가는 사람들의 머리만 보인다. 수지는 마음속으로 외친다. '내가 여기에 있어요. 아무라도 좋으니 위를 봐요!' 아무도 올려다보지 않는다. 그러다 딱 한 사람, 한 꼬마 아이가 고개를 들어 수지를 쳐다본다. 그 아이는 수지를 더 잘 보기 위해 길에 눕는다. 길을 오가던 사람들도 무슨 일인지 궁금해하다 고개를 들어 수지를 발견하고 함께 길에 누워 수지를 바라본다. 점점 늘어나는 사람들, 마침내 수지의 입가에 웃음이 번진다.

이 책은 꼬마 아이의 작은 관심이 외로운 수지의 마음을 위로하고 웃게 하는 따뜻한 배려를 보여 주고, 그 행동이 모두에게 전달되어 퍼져 나가는 이야기이다. 책을 읽는 대부분의 사람은 '소통, 관심, 배려, 따뜻함'을 떠올리게 된다. 그런데 천천히 책을 읽어 주는 내내 연주는 시큰둥한 표정이었다. 다 읽고 난 후 연주에게 '한 단어로 말하기'라는 미션을 주었다.

"한 단어로 표현해 볼래?"

" '관종'이에요?"

" '관종'?"

"관심종자요."

"엉?"

"휠체어 타고 내려가면 되지, 왜 이러고 있어요? 그리고 왜 바닥에 드러누워요? 올라오라고 하거나 내려가면 되지?"

연주는 수지에 대해 냉소적으로 비판했다. 예상치 않았던 단어와 반응이 오히려 연주와 이야기할 거리를 만들어 주었다. 연주 자신이 인정 욕구가 무척 많았고, 관심을 주는 댓글에 목숨 걸 정도로 연연해했던 아이이다. 그런데 그림책의 주인공에겐 감정적 공감은 하지 않고, 답답한 행동에 불만을 표하고 있었다.

"넌 왜 이 아이를 관심종자라고 생각해? 한참 동안 아파서 몸도 마음도 약해져서 자연스럽게 느껴지는 외로움과 소망이라고 생각해 보면 어때?"

"전, 이런 애가 제일 짜증나요. 자기는 아무것도 안 하면서 그저 남들이 먼저 관심 주기를 바라는 애들. 그리고 그런 애들한테 관심 주는 애들도 정말 이상해요. 왜 그런지 모르겠어요."

연주의 말속에 뭔가 연주의 마음을 불편하게 하는 요소가 비친다.

"넌 관심 받으려 노력하는 게 중요하다고 생각하는구나. 그저 아무것도 안 하는 아이는 싫고, 그런 아이에게 관심 주는 아이들도 싫은 느낌인 것 같아. 맞아?"

"당연하죠. 전 아무것도 안하는데 인기 좋은 애들이 제일 얄미워요. 그렇게 노력해도 난 자꾸 따돌림만 당하는데……."

"네가 많이 노력했구나. 친구들이 네 마음을 몰라 줘서 정말 많이 서운했나 보다. 지금까지 노력하느라 정말 많이 힘들었겠다."

잠시 울컥하던 연주는 금방 자기 페이스를 되찾고 다시 냉랭한 느낌으로 말하기 시작한다.

"별로 힘들진 않았어요. 애들은 원래 그래요."

"연주는 누군가의 관심을 받으려면 너처럼 적극적으로 뭔가를 해야 한다고 생각하는구나."

"그렇잖아요. 가만히 있으면 아무도 아는 척도 안 해 주니까."

"연주는 굉장히 용감한 것 같아. 자기 스스로 필요하다고 생각하는 건 행동으로 옮길 줄 아니까. 선생님도 연주에게 배우는 느낌이야."

이제 조금 다른 주제로 이야기를 나누었다. 관심 받기를 원하는 연주는 정작 자신이 어떤 강점을 지녔는지 알지 못하고, 자아개념이 왜곡되어 있을 수 있다는 생각이 들었다.

"블로그는 언제부터 시작했어?"

"초등학교 4학년 때요."

"대단하다. 넌 사진이나 글도 많이 올린다면서, 어떤 사진을 주로 올려?"

"TV에 나온 아이돌 사진 캡처해서 올리면 아이들이 좋아해요."

"블로그에 사진 올리고 글도 쓰는 방법은 어떻게 배웠어?"

"그냥 제가 하다 보니 알게 됐어요."

"대단하다. 선생님은 처음 블로그할 때 되게 어려웠는데. 연주는 그런 걸 굉장히 쉽게 배우는구나."

"쉬워요. 별로 어렵지 않아요. 그런데 애들도 저한테 그런 말 했어요. 되게 잘한다고."

"친구들이 그런 말을 해 줘서 기분이 좋았겠다."

"네."

"오늘 이런 이야기 나누니까 어때? 처음 상담 시작할 때랑 비교해서 지금 마음이 편안한 정도를 숫자로 말해볼래?"

"5나 6?"

"와, 많이 올랐네. 다행이다. 앞으로 계속 네가 좀 더 편안해지는 시간을 만들도록 선생님이 일주일 동안 연구할게."

다음 회기에 연주는 조금 더 밝은 모습으로 들어왔다. 엄마는 아이가 안 오려 할까 봐 걱정했는데, 시간이 되어서 가자고 하니 "왜 가야 해?"라고 짜증내며 말했지만, 옷을 입고 준비하는 모습을 보며 그냥 조용히 데리고 왔다고 말했다. 아마 한동안 연주는 이렇게 말과 행동이 다르게 나타날 거라 짐작이 되어 '말보다 아이가 보이는 비언어적인 신호'를 잘 읽어 내야 함을 엄마에게도 미리 안내해 주었다.

📖 『42가지 마음의 색깔』

저/역자: 크리스티나 누녜스 페레이라, 라파엘 R. 발카르셀/남진희
출판사/발행연도: 레드스톤/2015

『42가지 마음의 색깔』(크리스티나 누녜스 페레이라, 라파엘 R. 발카르셀 글, 가브리엘라 티에리 그림, 2015)을 펼쳤다. 그냥 뒤적이며 제일 마음에 드는 페이지를 고르라고 했다. 연주는 책을 뒤적이다 한 곳에 머무른다.

불안: 불안은 믿는 마음이 부족해서 생기는 거야. 스스로에 대한 믿음이나 다른 사람에 대한 믿음이 부족할 때 말이야.

불쑥 상담자에게 질문을 한다.

"선생님은 불안할 때 없어요?"

"당연히 있지."

"언제예요?"

"우선 네가 나에게 질문해 줘서 고마워. 관심받는 것 같아 기분이 좋아."

"그런 거 아닌데."

"내가 그렇게 느꼈어. 선생님이 불안할 때가 언젠지 이야기해 줄게. 요즘 어떤 중학생 오빠를 상담하는데, 선생님이 지금까지 공부하고 경험한 것만으로 상담이 잘 안 될까 봐 불안해."

"왜요?"

"뭔가 아주 오랫동안 마음이 힘들었는데 이젠 그걸 꽁꽁 싸매고 있어서 절대 드러내지 않으려는 것 같아서. 뭔가 솔직하게 자신이 느끼는 걸 이야기해 주어야 상담을 잘 진행할 수 있는데 자기는 전부 다 괜찮다고, 상관없다고 말해서. 선생님이 제대로 상담을 잘해 낼 수 있을지 조금 불안해지기 시작했어."

"계속 잘 안되면 어떻게 해요?"

"와, 정말 좋은 질문이다. 선생님이 너에게 상담받는 기분이야. 솔직하게 말해 줄게. 상담선생님들이 모든 아이를 다 잘 상담할 수는 없어. 잘 안되면 슈퍼비전을 받아. 슈퍼비전은 선생님이 어려운 점을 이야기하고 그에 대해 충고와 조언을 듣는 거지, 선배님이나 교수님께. 그래도 잘 안 되면 자신보다 더 잘하는 상담자 혹은 잘 맞겠다 싶은 상담자에게로 연결해 줘. 상담이 잘 안 되는데 계속 붙들고 있는 건 도덕적으로 옳지 않은 일이니까."

"선생님도 도움을 받아요?"

"가끔, 혹시 선생님이 너에 대해 다른 선생님과 의논할 일이 생긴다면 그렇게 해도 돼?"

연주는 잠시 생각하더니 대답했다.

"괜찮아요. 그런데 가명으로 해 주세요. 괜히 다른 사람이 저에 대해 알게 되는 건 싫으니까."

"와, 연주 대단하다. 원래 그렇게 가명으로 해. 비밀보장이 원칙이니까. 어떻게 알았어?"

"그냥. 뭐……."

이렇게 이야기한 다음 연주는 마음이 편해졌는지 책을 더 뒤적인다. 앞뒤로 뒤적이며 1분 정도 혼자 책을 보았다.

"그런데 여기 있는 감정들은 보통 사람들이 자주 느끼는 거예요?"

"음, 넌 어떻게 생각돼?"

"그런 것 같아서요."

"대부분 자기 마음하고 비슷한 게 많지?"

"네."

"선생님도 그래. 어떤 일이 있으면 그 일에 관한 감정을 전부 다 찾아서 적어 놓고 왜 그 기분을 느끼는 지 하나하나 이유를 찾아봐. 그럼 마음도 편안해지는 것 같아서. 네가 조금이라도 느끼는 감정 하나만 더 찾아보고 그 이유를 생각해 보자."

연주는 소심함에서 멈추었다. 그리고 다음과 같이 말한다.

"전부 다 제가 소심해서 생긴 일인 것 같아요."

"그래, 선생님도 비슷해서 무슨 말인지 짐작이 돼. 선생님은 소심해지면 솔직해지지 못하고 숨어서 뭔가를 하고 싶은 마음이 드는 것 같아. 그러다 꼭 문제가 생기더라고. 그런데 이 이야기는 다음에 한 번 더 나누자."

일부러 사건을 이야기하려는 말을 살짝 돌려 다른 화제로 바꾸었다. 아이가 조금씩 자신의 이야기를 꺼내기 시작했다. 그렇다고 섣부르게 사건에 대한 이야기를 진행하면 오히려 상담이 꼬이게 될 수 있다. 섣부르게 문제 해결을 위한 대화로 이어질 수 있기 때문이다. 먼저, 그런 행동을 할 수밖에 없었던 연주의 인지 방식을 천천히 점검하면서 스스로 깨닫는 과정이 더 중요하다.

다음 회기에는 연주의 '상황에 대한 이해력 키우기'를 위한 대화를 진행했다. 화가 나거나 억울하거나 원망감이 드는 이유 중 많은 경우가 상황이나 상대에 대한 잘못된 이해에서 비롯된 경우가 많다. 아이가 부정적인 감정을 겪게 되는 이유가 상황에 대한 인지 왜곡에서 비롯되는 경우가 많다는 뜻이다. 그러니 아이가 인식하는 상황이 항상 타당한 것인지 점검해 볼 필요가 있다. 심리적으로 불편한 아이들은 대부분 공감능력이 떨어져 인지적 왜곡을 일으키는 경우가 많다. 그냥 쳐다보기만 해도 째려본다고 오해하는 것이 대표적이다. 떨어진 연필을 주워 주려고 해도 훔쳐 가려고 했다고 오해한다. 따라서 다양한 상황에서 그 상황이 발생할 수 있는 여러 가지 이유를 생각해 보는 것만으로도 화가 덜 날 뿐 아니라 인지 왜곡 현상을 해결해 갈 수 있다. 각 상황에서 모두 다섯 가지 이상의 이유를 찾아보는 것이 좋다. 연주에게 다음의 상황을 주고 이유를 생각해 보게 했다. 다양한 이유를 생각해 볼수록 아이는 화가 덜 나는 것을 경험하게 된다.

상황: 내 앞에 있는 두 친구가 갑자기 귓속말을 하는 이유는?
연주: 험담? 따돌림?

상황: 선생님이 내가 인사를 해도 모르는 척하는 이유는?
연주: 날 싫어해서. 잘못한 게 있어서.

예상했던 대로 연주에게서 부정적 자동적 사고가 나타났다.

📖 『뒤집어 봐, 생각을!』

저/역자: 일란 브렌만/이민정
출판사/발행연도: 현북스/2013

『뒤집어 봐, 생각을!』(일란 브렌만 글, 레나토 모리코니 그림, 2013)을 꺼냈다.

폴란드의 작은 마을에 한 할아버지가 살고 있다. 할아버지는 배우고 싶어 하는 사람이면 누구든지 가르쳐 주었고, 마을 사람들의 이야기를 잘 들어주었다. 신기하게도 사람들은 할아버지의 이야기를 듣다 보면 저절로 해결방법을 알게 되었다. 어떻게 모든 사람에게 딱 맞는 이야기를 해 줄 수 있는지 궁금해하는 아이들에게 한 가지 이야기를 들려준다. 이야기 속의 이야기이다.

활과 화살에 흠뻑 빠진 소년이 있었다. 4년이 넘게 열심히 수련하는 동안 청년이 되었고, 이제 어떤 목표물도 맞출 수 있게 되자 활쏘기 대회에 나간다. 청년은 대회가 열리는 마을에 가서 그만 깜짝 놀라고 만다. 놀랍게도 긴 울타리를 따라 수백 개의 과녁이 있었는데 모두 정확히 한가운데에 구멍들이 뚫려 있는 것을 목격한다.

"누가 저렇게 수백 개의 과녁의 한가운데를 정확하게 맞춘 거죠?"

그러자 한 소년이 나타나 자신이 그런 거라고 말한다. 과연 그 비결은 무엇일까?

사람들이 할아버지에게 듣고 싶은 답은 '어떻게 모든 사람에게 딱 맞는 답을 줄 수 있는가?'였다. 이야기에 비유해서 이해하자면, '어떻게 모든 과녁의 중앙에 활을 쏠 수 있느냐?'인 것이다. 생각을 뒤집어 보면 아주 쉬운 일이다. 소년은 활을 먼저 쏘았고, 그 주변에 과녁을 그린 것이었다. 어쩌면 자신이 서 있는 바로 지금 이 지점이 정중앙이고 그 주변을 아름답게 가꾸어 가면 세상의 중심이 되기도 한다는 의미이다. 우리의 인생이 그렇게 정중앙을 꼭 맞추어야 하는 것이 아니라는 것도 전달한다. 생각을 뒤집어 보면 답은 이미 질문 속에 있고, 의외로 모든 문제가 수월하게 풀린다는 내용을 담고 있다.

연주는 어처구니없다는 반응이다.

"이게 뭐예요? 그건 속임수잖아요."

"이게 왜 속임수야? 소년은 활쏘기 대회에 나간 게 아니잖아. 쏘고 싶은 대로 활을 쏘았고, 활이 박힌 그 주변을 멋지게 꾸몄어. 하나하나의 화살이 모두 정중앙이 되게 한 거야. 뭔가 문제라고 생각해?"

연주가 대답이 없다.

"네가 바라는 건 세상의 중심인 것 같아. 친구들의 관심을 받고 싶었던 것 같아. 잘 안되니까 엉뚱한 행동을 하게 된 거 아닌가? 넌 네가 이미 중심이라는 걸 모르니까. 너와 네 주변을 아름답게 꾸밀 생각을 못하고, 계속 남들이 만들어 놓은 과녁만 맞추려 하는 거라는 생각이 들어. 선생님 생각과 다르면 이야기 해 주길 바래."

연주는 계속 말이 없다. 뭔가 마음에 들지는 않지만, 책과 상담자의 말에 더 이상의 논박을 하지 못한다. 자신의 고정관념을 뒤집는 이야기에 논리적 혼란에 빠진 것 같다. 연주가 말한다.

"뭐가 먼지 모르겠어요."

다음 주에도 연주의 생각을 뒤흔들어 놓기 위해『세상을 뒤집어 봐!』(조 외슬랑 글, 뤼실 플라생 그림, 2015)를 골랐다.

📖『세상을 뒤집어 봐!』

저/역자: 조 외슬랑/권지현
출판사/발행연도: 씨드북/2015

세상을 거꾸로 뒤집어 봐요.
새들은 학교에서 공부를 하고, 아이들은 하늘을 날아다녀요.
송아지는 바다에서 음파음파 헤엄치고, 아기 고래는 밭에서 음매음매 풀을 뜯어요.
세상을 뒤집어 봐요. 위를 아래로, 아래를 위로.
왕이 거지처럼 땅바닥에 앉아 구걸하면, 사람들이 왕관에 돈을 던져요.

집 없는 사람들은 멋진 성에서 잠을 자고, 공주는 아침 일찍 지하철을 타고 일하러 가요.

위와 아래가 뒤바뀌고, 인간과 동물, 도구와 방법, 하늘과 땅이 뒤집어져 기발한 상상의 세계가 펼쳐진다. 연주는 거꾸로 된 세상 일이 재미있나 보다. 특히 집 없는 사람들이 멋진 성에서 잠을 자고, 공주가 아침 일찍 지하철을 다고 일하러 가는 장면에서 "진짜 이랬으면 좋겠어요."라고 말한다.

"연주야. 넌 공주니까 이제 일하러 가야지. 선생님은 그동안 집 없는 사람이었으니까 멋진 성에 살러 가야겠다."
"아니에요. 저도 그래요. 이제 멋진 성에서 제가 살 거예요."

농담처럼 서로 집 없는 사람이었음을 주장하였다.

"연주야, 넌 충분히 공주였는데, 네가 세상의 중심이었는데 전혀 아니라고 생각했구나."
"제가요? 제가 그런가요?"

연주는 별로 부인하지 않는다.

다음 회기에는 연주가 다시 자신의 바람이 무엇인지 점검해 보는 것이 좋을 것 같아 『나는 기다립니다』(다비드 칼리 글, 세르주 블로크 그림, 2008)을 천천히 읽어 주었다.

📖 「나는 기다립니다」

저/역자: 다비드 칼리/안수연
출판사/발행연도: 문학동네어린이/2008

책을 읽고 연주는 말한다.

"왜 기다리기만 해요? 기다리고 난 다음에 좋았다는 것도 말해야 하는데 왜 그린 말은 안 해요? 전 이런 글은 슬픈 느낌이 들어요."

"그래? 그럼 우리가 뒷이야기를 만들어 주자. 글 중에서 다섯 개만 골라봐. 네가 이야기를 만들고 싶은 문장으로."

연주는 5개의 문장을 골랐다. 그리고 옮겨 쓴 뒤에 뒷문장을 채웠다.

나는 기다립니다. 어서 키가 크기를. (키가 더 크고 살이 빠지면 모델이 하고 싶어요.)
케이크가 다 구워지기를. (케이크 만드는 거 배워서 집에서 홈 파티 하려고.)
한통의 편지를. (그냥 편지 받으면 기분 좋을 것 같아요.)
미안해라는 한마디를. (사과받고 싶은 친구가 있어요.)
아이들이 자라기를. (빨리 이 시간이 지나갔으면 좋겠어요.)
잠들기 전에 나에게 와서 뽀뽀해 주기를. (웃음)

마지막 문장에선 아마도 아이돌 그룹 EXO를 생각했던 것 같다. 쑥스럽게 웃으며 지웠다. 대화를 나눈 후 연주가 기다리고 있는 게 뭔지 말해 보자고 했다. 나는 기다립니다. 다음 문장을 또 채웠다. 연주는 웃으며 막힘없이 세 문장을 말한다.

나는 기다립니다. 인기투표 1위를.

나는 기다립니다. 100점을.

나는 기다립니다. EXO가 나에게 찾아오기를.

다시 밝은 모습의 5학년 여자아이로 돌아온 것 같았다.

이어서 『감기 걸린 물고기』(박정섭, 2016)도 읽었다.

📖 『감기 걸린 물고기』

저/역자: 박정섭

출판사/발행연도: 사계절/2016

미리 물고기 그림이 있는 책의 한 페이지를 확대 복사해서 주었다. 각각의 물고기 옆에 포스트잇으로 자신이 들었던 소문, 자신에 관한 소문 중 듣기 싫었던 말과 소문을 적어 보기로 했다. 연주는 제일 먼저 '관종'을 적었다. 『위를 봐요!』라는 책을 읽으며 주인공에게 했던 비난의 말이 사실은 연주가 들었던 비난이었던 것이다. 관종 하나만 적고 더 적지 않았다. 어쩌면 자신이 들었던 가장 기분 나빴던 그 단어가 연주 마음의 핵심을 짚어 주는 것이었던 것 같다.

연주는 인기가 있는 아이가 되고 싶었고, 공부도 잘하고 싶었다. 연주가 인기가 없고 공부를 못한 게 아님에도 불구하고, 자신이 원하는 걸 더 많이 가진 친구에게 질투와 경쟁심을 느끼며 혼란에 빠진 것이었다. 무엇보다 연주에게는 지금 현재의 자기 자신에 대해 긍정적인 자아개념 형성이 중요하다 생각되었다. 그래서 다음 책으로 『나만의 세상을 그려 봐』(로라 칼린 글·그림, 2016)를 선택했다.

📖 『나만의 세상을 그려 봐』

저/역자: 로라 칼린/최정선
출판사/발행연도: 밝은미래/2016

먼저 동그라미만 여러 개 그려 놓은 종이를 내밀었다. 그리고 각각의 동그라미에 다른 그림을 그려 보라고 했다. 아무거나 그려 보라는 말에도 연주는 그림을 잘 못 그린다며 망설인다. 자유롭게 상상하고 펼치는 일이 연주에겐 어렵게 느껴지는 것 같다. 책을 펼쳤다. 책의 면지에 노란 동그라미 수십 개가 서로 다른 모습으로 변신한 그림이다. 라켓, 달팽이, 시계, 나무, 곰돌이 얼굴, 북, 트럭 바퀴, 새 얼굴, 탁자, 사자 얼굴까지 다양하다. 연주는 그림을 유심히 본다.

이렇게 줄을 서 있단다. 줄 서서 기다리는 건 정말 지루해.
뭔가 재미있는 일이 필요하지. 그래서 나는 상상을 해. 나만의 세상을 상상하는 거야.

이런 글과 함께 그림이 그려져 있다. 줄은 서 있지만, 모두들 입 벌린 악어 입 위에 서 있다고 상상하거나, 나무줄기에 올라가 있다고 상상한다. 우리 집의 모양을 그려 놓고, 좀 더 멋진 집으로 만들어 보기도 한다.
연주가 좀 더 다양하고 즐거운 생각을 할 수 있도록 자극하기 위한 책으로 골랐지만, 연주는 유치하다고 반응했다. 그래도 어릴 때는 이런 그림책이 좋았다고 했다.

"잠깐, 연주야. 왜 지금은 이런 상상을 하면 안 된다고 생각해?"
"전부 가짜잖아요."

"이 그림을 그린 작가는 세계적인 상을 받았어. 왜 상을 주었을까?"

"정말요? 이런 그림으로요?"

"작가가 이런 말을 했어. 잊지 마, 출발점은 언제나 진짜 세상이라는 걸."

그렇다. 진짜 세상에서 출발해서 생각을 키워 가야 한다. 어쩌면 연주의 행동은 진짜 세상을 벗어나 또 다른 세상을 갈망했기에 생겨난 문제이기도 했다. 이제 연주의 문제를 직접 이야기할 때가 된 것 같다.

"너의 블로그와 SNS는 진짜 세상일까?"

"잘 모르겠어요. 그냥 그렇게 해도 된다고 생각했어요. 진짜 세상에서는 질투가 나서 참을 수가 없는데. 어떻게 할 방법이 없으니까."

"네가 정말 원하는 건 뭐야? 그 친구를 이기는 거야? 아니면 네가 인정받고 잘하는 거야?"

"같은 거 아니에요?"

"전혀 달라. 그 친구를 잘하게 하거나 못하게 하는 건 불가능해. 우리는 상대방을 바꿀 수 없어. 그건 그 아이 몫이야. 넌, 네가 원하는 걸 얻기 위해 너만 움직일 수 있어. 선생님 말 어떻게 생각해?"

"그런 것 같지만, 내가 뭘 하려고 하는 건 어려우니까, 나보다 걔가 더 잘하니까."

"그래. 그런 마음이 들 거야. 그러니 걔를 흠집 내면 네가 올라갈 수 있을 거라 생각했겠지. 그런데 결국 네가 원하는 걸 얻었어? 들키지 않았다면 어떨 것 같아? 만족스러웠을까?"

고개를 젓는다. 연주도 이미 너무 잘 깨닫고 있었다.

📖 「호호야, 그게 정말이야?」

저/역자: 바이런 케이티/고정욱

출판사/발행연도: 불광출판사/2011

『호호야, 그게 정말이야?』(바이런 케이티 글, 한스 빌헬름 그림, 2011)에는 '우리를 다시 웃게 만드는 네 가지 질문'이라는 부제가 있다. 세계적인 영적 지도자 바이런 케이티가 첫 번째로 쓴 동화책이다. 이 책을 보더니 연주가 귀엽게 투정 부리듯 말한다.

"이게 뭐예요. 유치하게."

"왜?"

"제목이랑 그림이 너무 유치하잖아요."

"선생님이 좀 유치한 걸 좋아해. 음, 딱 3분만 시간을 줘. 넌 가만히 듣기만 하고 난 읽어 주고. 역시 아무 말 하지 않아도 되고."

"좋아요. 빨리 읽으세요."

"아무도 널 챙겨 주거나 좋아하지 않는다는 말이지? 그게 정말이야? 확실해?"

"네."

호호가 대답했어요.

"우리 엄마, 아빠까지도 내 생각을 하나도 안 해요. 유치원에서는 아무도 날 좋아하지 않아요."

이렇게 불만을 이야기하는 호호에게 던지는 네 가지 질문은 다음과 같다.

① 그게 진짜일까?

② 정말 그게 진짜라고 믿니?

③ 그 생각을 믿고 너는 어떻게 행동했고, 무슨 일이 벌어졌지?

④ 그 생각을 없앤다면 너는 어떤 사람이 될까?

책의 질문들은 연주에게도 매우 유용한 질문이다. 이 네 가지 질문을 응용해서 연주와 대화를 나누었다.

"친구들이 너를 좋아하지 않는게 진짜일까?"

"그 친구를 깎아내리면 내가 더 인기가 좋아진다고 진짜 믿는 거니?"

"그래서 지금 어떤 일이 벌어진 거야?"

"만약 그 생각이 없어진다면 너는 무슨 일에 더 집중하고 어떤 행동을 하게 될까?"

회기를 마무리하면서 연주에게 이번 경험을 통해 자신이 알게 된 것에 관해 다섯 문장만 쓰기로 했다. 나의 경험에 대한 느낌과 생각, 내가 바라는 것, 앞으로 하고 싶은 것, 질투감이 생길 때 생각을 벗어나는 방법, 나에게 도움 준 사람들, 앞으로 어떻게 할 것인가 등 몇 개의 항목 중에서 쓰고 싶은 것을 쓰라고 했다. 다음은 연주의 글이다.

나는 못하지 않는다. 자신감을 갖자.

엄마, 아빠께 감사하다. 그리고 그 친구에게도. 걔가 다른 아이들에게 말하지 않아 학교를 계속 다닐 수 있게 되었다.

잘못은 크지만 내가 나쁜 아이가 아니라고 말해 주셔서 고맙습니다.

친구가 잘할 때 질투가 생기면 내가 할 일에 대해서만 생각하기, 그림 그리기, 엄마랑 자전거 타기,

수학 보드게임 하기.

내가 못하면 버림 받는 느낌이었는데 그런 일은 없다는 걸 알게 되었다.

나는 나에게만 관심 갖자. 남이 뭐라 하든 말든.

연주와의 독서치료를 진행하면서 다른 몇 가지를 더 활용해 보기로 했다. 불안 위계 목록은 가장 나쁜 상황에서 아주 적은 불안을 일으키는 상황까지 순서대로 작성하는 것이다. 초등학생의 경우 스스로 그 목록을 생각해 내기 어려우면 몇 가지 불안요소의 목록을 제시해 주는 것도 좋다. 그중 순서를 적게 하거나 각각의 항목에서 불안을 5점 척도로 표현하게 한다. 연주는 친구들의 평판을 가장 걱정했다. 하지만 이번 일을 겪으며 그 또한 자기 마음속에서 느껴지는 것일 뿐 다른 친구들은 별 관계가 없다는 걸 조금씩 알아 가기도 했다.

자신에 대한 긍정적 자아개념을 키우기 위해 긍정심리학에서 강조하는 자신의 장점과 강점을 찾는 작업도 진행했다. 이러한 일련의 과정들이 부정적 자동적 사고와 비합리적 신념에서 조금씩 벗어나 개운해지도록 도움을 줄 수 있었다.

연주는 6학년이 되고 나서 좀 더 활발한 생활을 시작했다. 연주 부모님께 연주가 좋아하는 수학과 컴퓨터 쪽의 관심을 키우면 좋겠다는 제언을 드렸다. 이후 코딩 수업을 시작했는데 연주가 무척 좋아한다고 했다. 커 가는 연주가 심한 성장통을 겪었지만, 독서치료 경험이 연주를 좀 더 성숙할 수 있게 도와주었음이 분명하다.

인지행동치료는 내담자로 하여금 '그들 자신의 사고에 대해 사고'하도록 가르친다. 인지적 개입이 성공적으로 시행된다면 행동에 유익한 영향을 미칠 것이고, 행동의 긍정적 변화들은 바람직한 인지적 변화와 관계가 있다(박경애, 1999)고 했다. 연주의 변화가 바로 그런 과정이었음을 확인할 수 있었다.

chapter
6

인지학습치료를 위한
독서치료

1. 인지학습치료의 개념과 중요성

1) 인지학습치료의 중요성

유아와 아동·청소년들의 심리적 문제의 원인은 학습을 강조하는 사회와 가정 분위기와 무관하지 않다. 아이가 태어나서 정성스럽게 안정 애착을 위해 노력하던 부모들이 4세를 전후해서 공부를 가르치기 시작한다. 사교육을 일찍 시작하는 분위기가 압박을 주고, 혹시 주변에 학습능력이 빠르게 발달하는 또래 아이가 있는 경우라면 경쟁심과 뒤처질까 불안한 마음에 원치 않으면서도 시작하는 경우도 매우 많다. 이제 5세 정도만 되어도 한글, 수학, 게다가 영어 공부까지 시작하는 상황이 되었다. 부모는 정성들여 가르치지만 아이가 잘 따라오지 못하거나 공부를 싫어하는 태도를 보이기 시작하면 아이를 다그치며 학습을 시키기 시작한다.

하지만 부모가 사용하는 학습 전략이 아이의 정서 발달과 맞지 않을 뿐 아니라, 활용하는 교재와 학습방법도 비효율적인 경우가 많아 결국 아이의 정서 문제를 발생시키고, 사교육에만 치우쳐 자기주도적 학습능력도 발달하지 못하게 되는 것이다. 이미 학습 과제를 수행하고 있는 유·아동을 살펴보면 많은 시간을 학습에 쏟고 있지만 공부하기를 싫어하고, 시키는 대로 하지 않아 혼나게 되면서 정서적 문제가 발생하기도 한다. 학습 동기가 점점 줄어들고, 원치 않는 공부, 재미없는 공부를 해야 하기에 시각적·청각적 주의집중력이 부족해지고, 문제 해결력도 제대로 발달하지 못하는 경우가 많다. 좀 더 심한 경우 읽기와 쓰기, 수학 능력에 문제를 보이기도 한다.

그렇게 발생한 심리적·정서적 문제는 오히려 학습능력을 떨어뜨리고 학습 동기가 낮아지게 하는 부작용을 만들게 된다. 결국 인지 학습적인 문제는 정서 문제의 원인이자 결과이기도 한 것이다. 그렇다고 해서 유아와 아동의 발달에서 인지 학습적인 문제를 빼놓고 생각하는 건 성장의 불균형을 초래하여 심리적·정서적 문제를 발생시키는 원인이 되기도 한다.

따라서 유아와 아동의 건강한 인지·정서적 발달을 위해 지금까지 많이 시도되지 않았지만, 인지학습치료를 위한 독서치료를 제안하고자 한다. 독서치료에서 활용하는 그림책은 다양한 장르의 모든 책이 다 포함되어 있다. 창작, 옛이야기, 지식정보책, 인물, 역사, 판타지 등 다양한 그림책을 활용한 인지학습치료가 실제 유용하게 활용되는 경우가 많다. 필자의 경우 약 20년 전 독서치료를 시작할 무렵부터 인지 학습적 발달을 위한 독서치료에 관심을 가지고 진행해 왔다. 이 장에서는 현재 아동·청소년 상담 현장에서 활용하고 있는 인지학습치료의 원리를 기반으로 현장에서 효과적인 독서치료에 대해 다루고자 한다.

2) 인지학습치료란?

먼저 인지학습치료의 정의를 살펴보자. 인지행동치료는 심리 · 정서적 문제를 다루며 문제적 행동을 수정해 가는 과정이다. 인지가 왜곡되거나 비합리적 신념으로 부정적 사고를 하는 경우 일상의 생활에서 문제가 발생하고 또래간의 관계도 어렵다. 이런 문제를 가진 아이들은 대부분 학습적인 문제도 함께 가지고 있는 경우가 많다. 인지학습치료는 인지적 문제와 함께 학습능력에도 문제가 있는 아동을 대상으로 주의집중력과 자기조절력을 강화하고 문제 해결력을 키워 갈 뿐 아니라, 학습 동기를 키우고, 학습전략을 다루는 영역까지 확장한다. 결국 인지능력과 학습능력을 포괄적으로 의미하는 학습심리상담 영역으로 이해할 수 있다. 인지행동치료와 인지학습치료의 차이는 〈표 6-1〉을 참조하기 바란다.

인지학습치료에 대한 연구는 아직 국내에서 찾아보기 어렵다. 하지만 현재 우리나라 아동 · 청소년 상담 현장에서는 인지학습치료에 대한 요구가 매우 높아지고 있다. 상담자를 구하는 안내 사이트에는 인지학습치료자를 구하는 공지가 점점 많아지고 있고, 한 대학에는 심리인지치료학과가 개설되어 인지학습치료에 대한 이해와 인식이 높아지고 있어 반갑다. 정서치료나 특수교육적 학습치료의 대상자가

〈표 6-1〉 인지행동치료와 인지학습치료의 차이

치료 영역	내용 및 특징
인지행동치료	• 인지 왜곡과 비합리적 신념이 정서 행동의 문제를 초래한다. • 자동화된 사고 과정과 인지 왜곡을 수정하기 위한 논박과제와 함께 실생활에서 행동해 보는 과제 연습을 중요시한다.
인지학습치료	• 인지, 사고, 학습 능력과 관련된 영역의 개입을 통해 개인 내적인 적응과 사회적 적응을 돕는다. • 실질적인 인지적 과제와 학습 과제 수행을 강조한다.

참고: 고태순, 차영은, 장세희(2012).

아닌 경우의 아동에게는 학습에 필요한 인지 기능(주의, 기억, 지각, 실행기능, 추상적 개념 형성, 문제 해결력 등)을 높여 주는 인지학습치료가 필요하다고 강조한다.

인지학습치료는 인지 학습적 문제로 인하여 정서적 문제를 겪는 내담 아동뿐 아니라, 경계선 지능 범주에 속하거나 발달장애를 겪는 유·아동에게도 매우 필요한 부분이다. 아동·청소년 상담기관에서는 초기에는 정서중심 상담을 진행하여 부모와의 안정 애착을 회복하고 정서적 어려움을 해결하고 난 다음, 인지학습치료의 과정을 진행하는 경우가 대부분이다. 유치원과 학교에서의 학습 과정을 잘 따라가지 못하면 부모와 아이가 받는 스트레스로 인해 심각한 애착 손상을 가져오거나 심리·정서적 문제가 발생하는 경우가 많기 때문이다. 인지학습치료의 문을 두드리는 부모의 주 호소는 다음과 같다.

- 숙제하기를 싫어하고 어려워한다.
- 짜증과 다툼이 빈번하다.
- 공부하다 혼을 많이 내서 공부를 너무 싫어한다.
- 주의집중력이 약하다.
- 기억을 잘 못하고 자꾸 잊어버린다.
- 뭔가를 일러 줘도 제대로 수행하지 못한다.
- 받아들이는 데 시간이 많이 걸린다.
- 학습전략이 없다.
- 또래 아이들과 제대로 어울리지 못한다. 등

현재 우리나라 아동상담 현장에서 인지학습치료를 소개하고 있는 내용을 통해 인지학습치료의 내용과 의미를 살펴보려 한다.

인지학습치료는 학습장애나 학습부진 등 학습상의 취약점이 있는 아동을 비롯하여, 정상 범주의 지능을 가진 일반 아동 중에 주의집중력이 부족하고, 충동적 행동, 학습에 대한 긴장과 불안이 높고, 실패한 학습 경험으로 인해 경직되어 자기표현이 어려운 아동, 학습 전략의 부재 등의 증상을 가진 아동들을 대상으로 한다.

발달 중인 아동은 인지능력과 정서 상태, 학습 환경 등이 전체적으로 잘 조율되고 안정될 때 원하는 학습 목표에 도달할 수 있다. 아동의 인지능력은 선천적으로 지능 수준이 낮거나 발달장애 등이 원인이 되기도 하지만, 정상적인 지능인데도 정서와 학습에 어려움을 보이는 아동들도 많다. 정서적 및 환경적 요인에 의해 학습에 대한 동기와 흥미를 잃어 감으로써 자신의 능력을 제대로 발휘하지 못하게 되는 것이다.

인지학습 능력의 결함이 있는 경우 지능이나 생활연령, 교육받은 경험에 비해 읽기, 쓰기, 셈하기에서 낮은 성취를 보일 뿐만 아니라, 주의집중, 지각, 기억, 사고, 언어, 읽기와 이해, 쓰기와 표현, 계산하기 등을 기초로 하는 학교 학습에서도 어려움을 보이게 된다. 또한 또래와의 상호작용과 같은 사회인지능력에도 문제가 생겨 사회성에서도 어려움을 보이게 된다. 이런 경우 원인에 대한 세밀한 분석과 함께 학습에 필요한 구체적인 인지적 기술, 전반적인 문제 해결 방법의 향상 및 동기와 정서적 태도 등에 대한 통합적인 접근이 필요하다.

인지학습치료는 이런 경우의 아동을 대상으로 기초적인 학습능력을 키우고, 아동의 잠재력을 충분히 발휘할 수 있도록 도와주는 치료 프로그램이다. 아동의 인지 발달 방해요소를 분석하고 개별적 특성을 평가하여 이를 기초로 학습에 영향을 주는 기억력, 주의집중력, 창의적 문제 해결과 읽기·쓰기·셈하기 등의 기초학습 기능, 그리고 자기조절, 자신감 부족, 시험불안, 사회적 관계 증진 등과 같은 심리적 문제까지도 함께 다루어 아동이 잠재능력을 최대한 발휘하도록 돕는 치료교육 방법이다. 쉽게 말해, 인지학습치료란 지식을 획득하고 효과적으로 사용하는 인지능력과 학습 기술 향상을 돕고 사회적응 능력을 향상시켜 더 나은 자기성취를 할 수 있도록 도움을 주는 치료이다.

특히 유아기의 기초학습 과정에 어려움이 있는 경우 지속적으로 추후 학습에 영향을 미칠 수 있으며, 의사소통이나 또래 관계의 문제 등으로 인한 정서적 문제를 야기할 수 있기 때문에 치료적 접근이 반드시 필요하다.

3) 인지학습치료의 대상과 개입 영역

인지학습치료의 대상은, 첫째, 정상적 지능이지만 정서적인 원인과 환경적 문제로 인해 정상적 인지 발달을 하지 못해 학습능력에 문제가 발생하는 경우이다. 지능에는 아무 문제가 없지만 또래 관계 속에서 어울리지 못하고, 새로운 학습 과제에 두려움이 앞서 "나는 아무것도 못해." "난 공부가 너무 싫어."라며 회피하고 포기하는 아동, 평균지능 이상임에도 불구하고 지적 능력의 불균형으로 인하여 지적 잠재력과 실제 성취 수준에서 격차가 심하고 학업에서 어려움을 보이며 현실에 대한 문제를 해결하는 데 어려움을 보이는 아동에게도 필요하다.

이런 경우 유아를 위한 인지학습치료는 기본인지개념 습득 및 인지발달 놀이를 통하여 발달을 촉진시키도록 한다. 유아의 주의력, 사고력, 문제 해결 능력을 키워줌으로써 향후 감정적 성숙과 학업에 필요한 학습인지의 기초를 다지도록 도와준다. 초등학생 아동에게는 학습능력을 향상시키고, 학교생활에서의 부적응 문제를 해결하는 데 도움을 주며 자신감을 주고 학업에 흥미를 갖게 해 주는 프로그램이다. 아동 각각의 인지 특성에 맞는 인지학습치료를 통해 학습능력이 향상되면 자신감과 자존감이 올라가고, 이는 또다시 학습 동기의 향상을 불러일으킨다. 따라서 아이의 정서나 학습에 이상 징후가 발견되면 빨리 적극적으로 치료에 나서는 것이 중요하다.

둘째는 학습장애, 발달장애 등의 문제로 인하여 인지 발달에 문제가 생겨 학습적응과 학습 기능에 어려움을 보이는 경우이다. 종합심리검사를 통해 경계선 지능 이하의 진단을 받았거나, 발달장애가 있는 경우, 혹은 주의력결핍 과잉행동장애 (ADHD)로 주의집중이 짧고 과잉행동으로 산만함이 있어 유치원·초등학교 입학에 필요한 기본적인 인지적 발달의 지연을 보이는 아동들을 대상으로 한다. 이런 경우의 유·아동들은 기본적인 생활 습관에 어려움이 있어 또래 아이들과 함께 학습하지 못하고 혼자 이리저리 주변을 돌아다니며 여러 아이의 눈총을 받으며 지내는 경우가 많다. 이렇게 발달적 문제가 있거나 학습장애가 있어 인지학습치료가 필요한 경우도 무척 많은 현실이다. 하지만 그 부분은 좀 더 심층적인 연구가 필요한 영역이라 생각되어 다음 연구 과제로 남겨 두기로 한다.

여기서는 일반적인 인지학습치료가 필요한 대상 아동 중 아래 세 가지 영역에 해당하는 아동을 위한 독서치료를 소개하고자 한다. 인지학습치료를 위한 독서치료에서 효과적으로 도움이 가능한 대상 아동은 다음과 같다.

〈표 6-2〉 **인지학습치료를 위한 독서치료가 효과적인 대상**

정서 동기적 측면	• 어렸을 때부터 학습에 부정적인 경험을 많이 한 아동 • 반복된 학습 실패로 무기력하고 거부감을 가지고 있는 아동 • 학습에 대한 자신감이 부족한 아동 • 학습에 대한 동기가 없어 공부하기를 매우 싫어하는 아동 • "한글 싫어, 수학 싫어, 책 읽기 싫어."라고 외치는 아동
인지적 측면	• 기초적인 인지능력이 부족한 아동 • 학습수행시간이 오래 걸리는 아동 • 학교 공부를 따라가지 못하고 특정 영역의 학습을 어려워하는 아동 • 시지각 및 청각적 자극에 대한 변별, 지각이 잘 안 되는 아동 • 읽기, 쓰기, 산수(사칙연산) 등의 기초 학습 성취가 어려운 아동 • 또래보다 인지, 학습 능력이 뒤떨어진 취학 전 아동 • 배운 것을 쉽게 잊어버리는 아동 • 새로운 과제 습득에서 시간이 오래 걸리는 아동 • 주의력 결핍으로 시각적·청각적 집중력 향상이 필요한 아동 • 자기통제가 어려운 산만한 아동

사회인지적 측면	• 사회성 발달에 어려움을 보이는 아동 • 상황이나 맥락 파악이 잘 안 되고, 행동을 적절하게 하지 못해 또래 관계에 문제 　가 있는 아동 • 사회적 지각능력이 낮고 감정적 성숙도가 낮아 자존감이 낮은 아동 • 사회 기술이 부족하여 사회기술 및 적응력 향상 훈련이 필요한 아동 • 산만하고 통제력이 부족하여 또래들과의 적응이 어려운 아동

2. 인지학습치료를 적용한 독서치료

공부 욕심 많은 엄마와 공격적인 7세 윤지

① 윤지가 짜증을 잘 내는 이유

윤지는 7세 여자아이이다. 욕심이 많고 무엇이든 열심히 한다. 하지만 조금만 마음에 들지 않으면 짜증을 낸다. 엄마가 동생을 조금만 보살피고 있으면 바로 달려와 엄마에게 짜증을 내거나 갖고 놀던 장난감을 팽개친다. 동생에 대한 태도도 마찬가지이다. 양보하거나 배려하는 태도는 찾기 힘들고, 약 올리거나 빼앗는 행동이 주를 이루고 아무리 달래고 설명해도 행동이 나아지지 않는다. 이런 윤지의 행동에 대해 엄마는 도대체 어떻게 해야 할지 답답하다며 하소연을 한다. 윤지는 왜 이런 행동을 계속하는 걸까?

윤지의 성장 과정을 알아보았다. 7세 윤지의 엄마는 아이의 공부 욕심이 많다. 윤지가 또래보다 똑똑하고 공부 잘하는 아이가 되길 간절히 바란다. 그래서 2세 무렵부터 독서 프로그램을 활용해 엄청난 양의 책을 읽어 주기 시작했다. 아침, 점심, 저녁 세 번에 걸쳐 하루 3~4시간씩 읽어 주었다. 그런데 7세 여름이 된 지금도 윤지는 한글을 잘 모른다. '가나다라' 정도만 겨우 알고 자기 이름을 알아보는 수준일 뿐이다.

엄마는 시간이 갈수록 초조해진다. 그렇게 열심히 책을 읽혔으니 5세 정도면 한글은 뚝딱 깨치고, 스스로 책을 읽기 시작하면 영어도 시작할 예정이었다. 하지만 주변의 똘똘한 아이들이 책을 스스로 읽고, 덧셈을 하기 시작하고, 영어 문장을 구사할 수준이 되어도 여전히 윤지는 한글 익히는 속도가 느리다. 책으로 부족하다 생각한 엄마는 5세 때부터는 비싼 한글 교재를 들여놓고 선생님이 일주일에 한 번씩 방문하여 가르치기 시작했다. 하지만 아직 아이는 때가 되지 않았는지 별 효과가 없었다. 엄마는 어르고 달래고 화도 내 봤지만 도무지 모른다는 아이를 알게 할 재주는 없었다. 엄마의 조급함과 불안은 점점 높아지고 있었고, 윤지는 그런 엄마의 짜증과 다그침에 한글에 대한 부정적 인식이 만들어지고 있었다. 글자를 물어보면 주눅 든 표정으로 회피하려고 딴청을 피운다. 알 만한 글자를 거듭 물어보면 기어들어가는 목소리로 겨우 말한다. 더 문제인 것은 점점 수학도 싫어하고 영어 애니메이션 영상을 보여 주면 "나 영어 싫어!"라고 소리치며 도망가 버린다는 점이다. 엄마는 이제 화가 치밀어 감정을 주체하기 어렵다. 온갖 사교육을 통해서라고 도움을 받고 싶어 하지만, 도망만 가려는 윤지 때문에 그러지도 못한다.

이야기를 듣다 보니 윤지는 단순히 정서적인 문제가 아니었다. 인지학습적인 부분에서 스트레스를 심하게 받는 것 같아 유치원 생활에 대해 질문했다. 윤지가 이렇게 학습에 대한 자신감이 떨어진 건 엄마 때문만은 아니었다. 유치원에서는 친구들에게 이런 질문을 받는다. "너 한글 몰라?" 놀리는 말이 아니어도, 윤지는 놀림을 받았다고 생각한다. 유치원에는 쓰기 활동도 참 많다. 방울토마토 관찰일지도 써야 하고, 그림일기나 독서감상문 쓰기도 있다. 아직 한글을 모르는 아이는 스스로 할 수 없는 부모의 숙제이다. 그나마 아이가 따라 쓰기가 된다면 조금 낫다. 하지만 아직 한글을 깨치지 못한 아이와 부모에게는 큰 부담일 뿐 아니라 여기서부터 심리적 문제가 발생한다. 7세의 어린 나이에 윤지가 받는 학습에 대한 스트레스는 고3 학생들만큼이나 높았다. 그러니 작은 일에도 쉽게 짜증이 나고 심리적 여유를 찾기가 어려워진 것이었다.

윤지가 다니는 유치원에서는 매일 정해 주는 명언 한 문장을 5번 쓰는 숙제를 내준다. 글자를 몰라도 보고 따라 쓰면 10~20분 정도면 끝낼 수 있는 숙제이다. 하지만 윤지가 그 숙제에 대해 느끼는 부담은 말로 다 표현할 수가 없다. 윤지는 유치원 알림장을 가져오지 않고 잊어버렸다고 하거나, 숙제가 없다고 거짓말을 하기 시작한다. 엄마는 벌써 이렇게 거짓말을 하고 잔꾀를 쓰는 행동이 너무 어처구니가 없고 앞으로 계속 그럴까 봐 걱정이 된다. 우리 아이가 숙제나 공부에 대해 이런 태도를 보일 거라 상상도 하지 못했기에 엄마의 놀라움과 걱정과 불안은 순식간에 커졌다. 지금 윤지에게 필요한 것은 무엇일까?

유아기에 부모가 아이의 학업성취에 대한 기대가 높으면 학원이나 사교육에 의존하게 된다. 그럴수록 아이는 스트레스 수준이 높아진다. 윤지처럼 인지학습적 문제를 가진 내담 아동을 만날 때 상담자가 중요하게 생각해야 할 부분은 학업에 대한 스트레스를 줄여 주고, 배우는 것의 재미를 느끼도록 도와주는 것이다. 아무리 쉽게 보이는 인지 과제라도 '쉽다 어렵다'는 상담자가 함부로 판단하면 안 된다. 아무리 쉬워도 아이가 어렵게 느끼면 어렵다는 마음을 공감해 주어야 한다. 아이가 힘들다고 하면 정말 힘들 수 있다. "마음먹으면 5분이면 할 수 있잖아."라는 말은 백 번 해도 소용없다. 읽고 쓰는 숙제만 생각하면 차라리 거짓말을 하는 게 더 나을 정도로 힘겨운 아이이다. 힘든 아이의 마음을 따뜻하게 보살펴 주어야 한다. 이제 윤지를 위한 인지학습치료를 위한 독서치료를 시작해 보려 한다.

② 유아 인지학습치료를 위한 독서치료의 실제

한글이나 수학을 잘 못해서 배우기를 거부하는 아이들은 여러 가지 심리적 어려움을 호소한다.

"어려워서 싫어요. 전 잘 못해요. 안 하고 싶어요. 놀림 받아서 속상해요. 못해서 창피해요. 잘 못할 것 같아 하기가 싫어요. 또 틀릴까 봐 겁이 나요. 엄마가 글자 자꾸 물어보는데 물어보면 알던 것도 기억이 안 나요."

독서치료에서 한글을 가르치는 문제를 다루게 되는 경우는 생각보다 자주 있다. 6, 7세 아이의 심리적 문제를 상담하다 보면, 어느 정도 안정감을 찾고 집에서의 행동과 유치원 생활 적응도 잘할 무렵 이제 다음으로 나타나는 주요 심리적 과제가 한글 떼기인 경우가 많다는 의미이다.

이럴 때 "한글은 집에서 엄마가 가르쳐 주세요."라고 무심하게 말하는 상담자가 되지 않기를 바란다. 최소한 엄마에게 한글을 집에서 쉽고 재미있게 가르칠 수 있는 방법을 알려 줄 수 있는 정도의 인지학습치료적 지식이 필요하다. 물론 왜 아이가 잘 배우지 못하는지에 대한 심리적 원인을 파악해 보고, 문제를 해결해 가도록 도와줄 수 있는 통합치료의 관점에서 살펴보는 것이 더 효과적이다.

윤지의 사례에서는 초기 상담자와의 라포 형성과 심리적 스트레스 해소 과정은 생략하고 본격적으로 인지학습치료 방식의 독서치료에 대해 살펴보려 한다.

〈표 6-3〉 인지학습치료를 위한 독서치료 계획안

회기	치료 목표 및 활동 내용	그림책
1~5	• 정서적 안정감을 바탕으로 인지적 흥미 유발 • 학습동기 향상 • 감정과 생각의 언어적 표현 돕기 • 찾기 그림책, 퀴즈 그림책을 활용한 놀이 형식의 다양한 인지 · 학습 프로그램	『똑똑한 그림책』 『누굴까 왜일까?』 『똑똑해지는 숨은그림찾기』 『동물원에서 너도 찾았니?』
6~12	• 주어진 조건 및 정보를 체계적으로 탐색하기 • 시각적 주의력 연습하기 • 청각적 주의 집중력 높이기	『과자나라에서 숨은그림찾기』 『찾아봐 찾아봐』 『숨은그림찾기로 보는 우리역사』

	• 미로, 숨은그림찾기 • 일대일 대응 • 이야기 듣고 문제 맞히기	『얀의 엄청난 하루』 『분실이 고블린의 모험』
	• 수에 대한 흥미와 재인식 • 수의 의미에 대한 개념화 • 경우의 수 • 표와 그래프 만들기 • 분류 개념 • 수학적 사고력 높이기 • 주어진 단서를 통해 문제 해결	『One 일』 『Zero 영』 『그래프 놀이』 『쉿! 우리끼리 그래프 놀이』 『우주선 타기는 정말 진짜 너무 힘들어』
	• 한글에 대한 긍정적 개념화 • 한글 스트레스 날리기 • 한글 성취감 경험하기 • 언어의 즐거움 경험하기	『글자 먹는 악어』 『나도 사자가 무서워』 『나는 춤을 출 거예요』
13~16	• 사고력 향상 • 문제 해결을 위한 다양한 전략 경험하기 • 문제 해결 전략 활용하기 • 범주화 및 조직화하기	『무엇이 무엇이 필요할까』 『똑똑하게 사는 법』 『빨간도장 파란도장?』

■ **1~5회기: 상담 초기**

『똑똑한 그림책』(오니시 사토루, 2010)을 펼치며 윤지에게 말을 걸었다.

📖 『똑똑한 그림책』

저/역자: 오니시 사토루/장은선

출판사/발행연도: 뜨인돌어린이/2010

"동물들이 숨바꼭질하는 책이야. 누가 숨었는지 한번 볼까?"

책을 펼치면 열여덟 마리의 동물이 바로 서서 독자를 쳐다보고 있다. 그리고 한 페이지마다 질문이 시작된다. '누가 숨었지?' 그림에는 몸은 사라지고 뿔만 보인다.

"사슴이요." 대답하는 윤지의 목소리가 경쾌하다.

"와, 맞았어, 다음!"

'누가 화났지?'라고 묻는 장면에서는 동물의 표정을 잘 살펴봐야 한다. 화난 친구는 눈을 찡그리고 있다. '누가 뒤돌아 있지?'라고 묻기도 하고, 누가 울고 있는지 질문하기도 한다. 그렇게 동물들을 살펴보고 웃는 친구와 우는 친구들, 그리고 누가 어디에 있는지 조금씩 익숙해질 무렵 마지막 장이 펼쳐지고 질문을 던진다. '와! 누구 눈이지?' 까만 바탕에 동물들 눈만 보인다. 이제 멋지게 기억력을 발휘할 때이다. 처음에 다 성공하지는 못하지만 재미가 있어 몇 번 반복하다 보면 누가 어디에 있는지 잘 기억하게 된다.

윤지는 각 페이지를 펼칠 때마다 호기심 어린 눈으로 열심히 질문에 해당하는 주인공을 찾아 이름을 외친다. 이렇게 숨은 그림을 찾는 그림책은 학습에 대한 부정적 인식이 강하게 심어진 아이들에게도 무척 효과적인 책이다. 자신이 인지적 노력을 하여 정답을 찾고 있음에도 불구하고 어렵다는 느낌이 아니라 재미있고 알아맞혀서 신난다는 생각이 들어 배우고 깨치는 것에 대한 부정적 인식을 바꾸어 주는 데 효과적이다.

물론 책의 힘도 매우 크다. 『똑똑한 그림책』은 분명히 이야기는 없다. 하지만 한 권을 다 보고 나면 마치 동물 열여덟 마리와 함께 재미있는 놀이를 한 기분이다. 이야기가 없음에도 불구하고 한 페이지씩 문제를 풀다 보면 마치 동물들 각각의 개성이 드러나는 이야기가 느껴진다. 우는 아이에게 말을 걸고 싶기도 하고, 뒤돌아 서 있는 아이에게는 왜 혼자 뒤돌아 서 있는지 물어보고 싶은 마음도 든다. 호기심과 관찰력, 주의집중력, 기억력 등의 인지학습적 기능들을 활용하면서도 감성을 불러일으키는 효과도 있어 활용하기에 매우 좋은 책이다.

윤지가 호기심을 보이는 리듬을 살려서 퀴즈 그림책을 꺼내 들었다.

"와, 윤지가 관찰력도 좋고, 집중도 굉장히 잘하네. 그럼 이 책도 알아맞힐 수 있을까?"

『누굴까? 왜일까?』(올리비에 탈레크, 2015)를 꺼내어 퀴즈를 내기 시작했다.

📖 『누굴까? 왜일까?』

저/역자: 올리비에 탈레크/김벼리
출판사/발행연도: 한울림어린이/2015

"아흠, 졸려. 어젯밤에 잠을 쪼금밖에 못 잔건 누굴까? 왜 그렇게 생각해?"

그림에 나온 아이들의 표정을 보고 누구인지 알아맞힌다. 그다음엔 왜 그렇게 생각하는지 질문하고 아이와 대화를 이어 가면 된다. 혹시 아이가 잘못된 답을 정답으로 말해도 좋다. 왜 그 친구라고 생각했는지 이유를 듣는 것이 중요하다. 혹시 이유가 적절하지 않으면 한두 번 더 물어서 아이가 좀 더 명확하게 말로 표현하는 과정이 중요하다. 이때 중요한 것은 아이가 어떤 대답을 해도 지지하고 격려해 주는 것이다. 특히 윤지처럼 못하고 틀리는 것에 대한 두려움이 있는 아이에게는 이 점이 가장 중요하다. 유쾌하고 즐거운 분위기와 무조건적인 수용과 지지가 아이의 호기심과 인지적 흥미를 북돋아 주기 때문이다.

"아이, 부끄러워. 수영복을 깜빡한 건 누굴까? 왜 그렇게 생각해?"

어떤 아이는 수영복을 입고 무덤덤하고, 또 다른 아이는 당당하고 자연스러운 태도를 보인다. "윤지는 수영복 입으면 어떤 친구 같아?"와 같은 질문으로 아이에 대해 좀 더 알아보는 과정으로 응용할 수도 있다.

"아, 파란 곰돌이가 수영복 안 입었어요. 창피해서 가리고 있어요."
"그러게. 진짜 창피하겠다. 빨리 가서 입고 오라고 해야겠네."

이렇게 맞장구쳐 주면 충분하다.

퀴즈 식의 대화를 진행할 때는 상담자가 질문하고 아이가 대답하는 형식으로 시작하겠지만, 좀 더 자유롭게 역할을 바꾸는 것이 더 효과적이다. 또는 책과 다른 질문을 함께 상상하고 만들어 서로 퀴즈를 내는 것도 좋다. 말이 안 되는 질문일수록 아이는 더 즐거워한다.

상담자가 먼저 "응가 하고 아직 혼자 닦을 줄 모르는 친구는?"라는 질문으로 아이가 부담 없이 자유롭게 상상할 수 있도록 시작했다. 그랬더니 윤지가 신이 나서 질문을 만든다.

"잠만 자면 눈 감고 하늘을 훨훨 날아다니는 친구는?"
"밥 먹을 때 자꾸 흘려서 맨날 혼나는 친구는?"
"친구를 좋아하고 잘 위로해 줄 줄 아는 친구는?"
"웃기는 말로 친구를 웃겨 주는 친구는?"
"친구 장난감 그냥 막 가져가는 친구는?"

윤지 자신의 경험이 그대로 드러나는 질문들이었다. 윤지의 질문으로 유치원 생활에 대한 대화로 이어졌다. 상담자가 한 가지 질문을 더 했다. "친구가 못한다고 자꾸 놀리는 친구는?" 윤지는 그림 중의 호랑이를 고르며 마치 자신을 놀리는 친구에 대한 이야기처럼 말을 한다.

"얘 맨날 소리만 치고 놀리기만 해서 맨날 선생님한테 혼나요. 고양이처럼 귀여워졌으면 좋겠어요."

"그러게, 호랑이 나빴어. 그런데 윤지 대단하다. 어떻게 호랑이를 혼내 줄 생각을 하지 않고, 귀여운 고양이로 변신하기를 바라? 진짜 좋은 생각이다. 혹시 정말 귀여운 고양이로 만드는 비법 알아?"

"뭔데요?"

"칭찬을 먼저 하면 신기하게도 심술쟁이가 귀여운 아이로 변하는 마법이 생겨. 나중에 꼭 한번 해 봐."

"정말요?"

"그럼. 윤지한테만 알려 주는 건데, 일곱 살 심술꾸러기한테는 완전 효과 있어. 꼭 한번 해 봐. 알았지?"

"네, 꼭 해 볼게요."

이렇게 웃으며 또 한 회기를 마무리했다. 재미있는 인지놀이 그림책은 이렇게 퀴즈놀이를 하다가도 아이와 대화가 이어질 수 있다. 다양한 숨은그림찾기 책을 활용하는 것도 매우 효과적이다. 다만 상담 초기에는 아이의 주의집중 시간이 짧을 수 있으니 약간 피로감을 느낄 정도가 되면 분위기를 바꾸어 다른 놀이나 이야기책을 들려주는 것이 더 바람직하다.

■ 4~6회기: 주의집중력과 기억력을 키워 주는 독서치료

윤지는 어느 정도 인지적인 노력이 필요한 책도 즐겨 보고 찾는 것을 좋아하게 되었다. 이젠 조금 더 주의력을 기울이고 몰입하여 성취감을 느낄 수 있는 책으로 준비했다. 주의집중력과 기억력을 높이는 데 효과적인 그림책은 관찰과 숨은그림찾

기, 미로 등의 놀이 활동을 제안하는 그림책이다. 전혜진(2017)은 초등학교 1, 2학년을 대상으로 숨은그림찾기 그림책이 기억력, 주의집중력, 창의력에 미치는 효과를 검증하였다. 기억력의 효과는 스토리가 있는 복잡한 숨은그림찾기가 효과가 있었고, 주의집중력의 효과는 1학년은 스토리가 있는 단순한 숨은그림찾기에서, 2학년은 스토리가 있는 복잡한 숨은그림찾기에서 효과가 높았다. 즉, 아이 수준에 맞게 흥미롭게 찾을 수 있는 수준에서 시작해서 점차 복잡한 단계로 진전하는 과정이 주의집중력과 기억력에 도움이 된다는 의미이다. 너무 쉬운 과제는 쉽게 흥미를 잃어버리고, 스토리가 없는 딱딱한 과제나 아이 수준에 너무 어려운 수행은 흥미를 잃을 수 있으니 적절한 수준의 책을 활용하는 것이 중요하다. 실제 인지학습치료를 위한 독서치료에서 숨은그림찾기와 유사한 내용을 가진 다양한 그림책의 활용이 기억력과 주의집중력에 도움이 된다는 걸 확인할 수 있다.

주의집중에는 필요한 자극만 선택하고 필요 없는 자극은 무시하는 도형−소지 변별 능력이 필요하다. 숨은그림찾기는 도형−소지 변별력을 길러 준다. 실제 독서치료에서 활용할 땐 전체 상담시간에 5~10분 정도로 가볍게 워밍업하듯 매 회기 진행하는 것이 효과적이다.

참고로, 숨은그림찾기는 창의력 향상에도 도움이 된다고 했다. 인지학습치료에서 창의력을 직접적으로 다루지는 않지만, 효과적인 그림책의 활용이 덤으로 창의력을 키우는 데 도움이 된다는 것도 알아 두어 부모와의 상담에 설명할 수 있기를 바란다.

기억력과 주의집중력 향상에 도움 되는 그림책과 활용방법을 알아보자. 경험적으로 검증한 재미있고 좀 더 유용하게 사용할 수 있는 그림책을 소개하자면 『똑똑해지는 숨은그림찾기』 『동물원에서 너도 찾았니?』 『과자나라에서 숨은그림찾기!』 『찾아봐 찾아봐』 『숨은그림찾기로 보는 우리역사』 등이 있다. 이와 같이 숨은그림찾기를 목적으로 발간된 책들을 가볍게 활용해도 좋다.

그림책의 그림을 유심히 보고 앞장과 뒷장 그림의 차이를 발견하고, 텍스트에서는 말하지 않는 그림 속의 무언가를 발견하는 작업들이 모두 주의집중력을 키워 주는 과정이다. 아이가 유심히 보는 장면에 머물러 무엇을 보는지, 어떤 생각을 하는지 이야기를 나누는 것이 중요하다. 그림책의 의성어와 의태어뿐 아니라 재미있는 대사를 따라 하고 역할극을 하거나, 리듬을 살려 노래 부르고, 행동으로 춤추듯 표현하는 것이 그림책에 대한 흥미를 높일 뿐 아니라 청각 집중력을 키워 주는 데도 매우 유용하다. 어떤 그림책이든 그런 힘을 가지고 있음을 강조하고 싶다. 다만, 좀 더 인지학습치료적 목적을 가지고 접근할 때 유용한 책과 어떻게 상호작용할 수 있는지 살펴보자.

📖 『얀의 엄청난 하루』

저/역자: 안나 피스케/나명선
출판사/발행연도: 책읽는곰/2014

『얀의 엄청난 하루』(안나 피스케, 2014)는 주인공 얀과 함께 세계로 모험을 떠나는 이야기이다. 모험을 떠나기 위해 가방을 챙기는 그림부터 시작되며, 글은 최소화시키고 그림을 보며 이야기를 쉽게 파악할 수 있다. 아이들은 나이에 상관없이 흥미를 가진다. 숲 속에서 사자를 만나 놀라는 장면, 바닷속에서 상어를 만나거나 벼랑 위 외나무다리를 건너는 장면 등 한 장면 한 장면에서 아이들은 자신이 모험을 하듯 간접 경험의 세계로 쉽게 빠지도록 도와준다. 몰입하기 쉽기 때문에 각 장면에서 떠오르는 느낌과 생각을 자발적 언어로 표현하게 된다. 상담자는 그런 아이의 반응에 공감하고 지지하고 때로는 질문하며 지속적으로 흥미를 북돋아 주는 것이 중요하다. 그림에 집중하고 언어로 느낌과 생각을 표현하는 과정이 아이의 주의집중력을 높여 주고, 언어적 표현능력을 향상시키는 데도 큰 도움이 된다.

얀과 함께하는 모험 법칙도 제시하고 있다. 이런 지침을 활용해 아이와 함께 자신만의 모험을 위한 법칙, 학교생활을 잘하는 법칙 등으로 확장해서 이야기를 나누고 글쓰기로 표현하는 활동도 매우 효과적이다.

하나, 떠나기 전에 먹을 것을 챙긴다.

둘, 주변을 꼼꼼히 살피며 다닌다.

셋, 쓸 만한 것이 보이면 일단 가방에 넣는다.

넷, 보이는 대로 믿지 말고 마음껏 상상한다.

* 반드시 기억할 것: 모험은 어디에나 있다!

마지막 장면에서 잠든 얀의 모습이 보인다. 얀이 있는 곳은 울타리가 쳐져 있고, 고양이가 잠들어 있고, 모래 계단을 오르내릴 수 있고, 허수아비도 있고, 연못도 있다. 모두가 얀의 상상력이 펼쳐진 이야기이다. 얀이 만난 사자는 고양이이고, 마당 연못이 바다의 상상의 원천이 되었다. 아이들에게 상상력의 모델을 보여 주는 기능도 하고 있어 인지학습치료에서 활용할 수 있는 좋은 그림책이다.

📖 「분실이 고블린의 모험」

저/역자: 젤카 고디 슈미트/김연수

출판사/발행연도: 토마토하우스/2006

『분실이 고블린의 모험』(젤카 고디 슈미트, 2006)의 주인공 고블린은 여행을 좋아한다. 별명이 분실이이다. 왜 그런 별명이 붙었는지 짐작이 간다. 여행을 하면서 잃어버리는 물건이 하도 많아서 분실이이다. 분실이 고블린은 친한 친구 카멜레온과 항상 같이 여행을 다닌다. 카멜레온은 장난꾸러기라 가는 곳마다 색깔을 바꾸어 숨어버린다. 책을 펼치면 고블린과 카멜레온을 따라다니며 잃어버린 물건을 찾아주고, 변신해서 숨어버린 카멜레온도 찾아야 한다. 가는 장소마다 복잡한 미로를 잘 탈출해야 하고 그림도 맞추어야 한다. 아이들이 쉽게 몰입해서 놀이에 빠져든다. 모험 이야기라는 간단한 스토리에 물건을 잘 잃어버린다는 아이들의 특성을 주인공에게 투영해 쉽게 동일시하며 놀이에 빠져들게 한다. 어떤 아이는 이 책으로 한 번 놀고 나서 집에서도 구입해 비행기 여행에서 2시간 이상을 책놀이에 빠져 힘들지 않게 여행했다고 말해 주는 부모도 있었다. 1권은 바다, 성, 모자 궁전, 꾸미기 나라 등의 배경이고, 2권은 과학자들이 만들어 준 타임머신을 타고 떠나는 여행이다. 2권에서는 러미지 암탉과 동행하는데, 이 암탉도 숨바꼭질에 재주가 있다. 인지학습적 요소에 흥미를 더해 주어 아이들에게 인지와 정서적 만족감 모두 충족시켜 줄 수 있는 책이다.

■ 7~10회기: 한글에 대한 긍정적 이미지 키우기

윤지는 글자에 대한 스트레스가 많다. 한글은 꼭 배워야 하고 유창하게 읽고 쓸 수 있어야 한다. 하지만 그 과정이 어렵고 힘들면 아이는 정서적으로 불안해지고 공격적인 태도나 무력감이 나타날 수 있다. 이렇게 악순환되기 시작하면 공부 자체에 대한 거부감이 생겨 인지학습 발달에 문제가 발생할 수 있다. 그러니 이미 윤지가 알고 있는 것에 대해 뿌듯함과 성취감을 느낄 수 있어야 하고, 지금 아는 것만으로도 매우 훌륭하고 잘했으며, 앞으로 시간이 가면서 저절로 잘하게 되리라는 확신을 주어야 한다.

윤지와 점토놀이를 하였다. 한글 찍기 놀이 도구를 활용해 점토에 자음과 모음을 찍고 윤지 이름을 만들며 놀았다. 단, 하나의 글자를 완성해서 읽기만 해도 칭찬말과 감탄사로 아이가 매우 잘했음을 자각할 수 있도록 도와주었다. 윤지는 점토로 한글 만드는 놀이를 매우 좋아했다. 물론 글자뿐 아니라 하트도 만들고, 떡도 만들고, 뭉쳐서 눈사람도 만들었다. 그럴 때마다 상담자는 그 앞에 한글로 찍어 이름을 붙여 주었다. 그랬더니 자신이 만든 하트는 스스로 글자를 만들겠다며 종이에 써서 글자를 보여 달라고 한다. 어느새 글자에 대한 부정적 느낌이 아니라, 자발적으로 글자를 표현해 보고 싶다는 욕구를 나타낸 것이다.

한글, 수학 등의 구체적 학습 과제를 다룰 때 가장 중요한 것은 얼마만큼 아는가의 문제가 아니라 글자나 숫자에 대한 재미와 호기심을 느끼는 과정이다. 또한 아이들이 원래 갖고 태어난 새롭게 배우는 것에 대한 호기심과 탐구력이 이미 윤지에게도 있다는 사실을 확인시켜 주는 일이 중요하다. 놀면서 윤지가 한 가지를 배우며 재미있다고 표현할 때마다, "윤지는 배우는 걸 정말 좋아하는구나. 잘하는구나." 같은 말로 지지해 주어야 한다. 아이가 쉽게 한글 숙제를 할 수 있는 방법을 찾아가는 것도 인지학습치료의 영역에 포함된다는 것을 강조하고 싶다.

📖 『글자 먹는 악어』

저/역자: 닉 브롬리/노은정
출판사/발행연도: 사파리/2013

윤지의 글자에 대한 부담을 줄여 주기 위해 『글자 먹는 악어』(닉 브롬리 글, 니콜라 오반 그림, 2013)를 골랐다. 윤지는 표지에 흥미를 보인다. 제목을 읽어 주니 "그럼 지금 악어가 제목을 먹고 있는 거예요?"라고 질문한다. "응, 그런 것 같아. 윤지가 어렵고 싫어하는 글자들은 악어 불러다가 전부 먹어 달라고 부탁할까?" 이렇게 말하니 윤지가 소리 내며 웃는다.

책을 읽어 주었다.

"백조가 된 '미운아기오리' 이야기를 들려주려고 했는데 책에 이상한 게 있어. 앗! 악어가 움직이기 시작했어. 어? 글자들을 먹고 있잖아! 그런데 가만히 보니 'ㅇ'이랑 'ㄷ'만 골라서 먹고 있어. 'ㅣ제 그만해! ﾞ심 많ﾞ ﾑ ﾓ !'

'ㅇ'이 빠진 글자들을 보며 윤지는 "이것 좀 봐요."라며 웃는다.

"오, 너 여기에서 'ㅇ'이 빠진 걸 어떻게 알았어?"
"그냥 딱 보면 알아요. 이상하잖아요."

윤지가 이렇게 말하며 뿌듯해한다.

글자 먹는 악어에게 어려운 글자를 모두 줘 버리자는 말이 윤지에겐 글자의 부담을 줄여 주는 말이 되었으며, 자신의 약점을 대신 먹어 주는 악어라는 존재가 윤지에게 글자에 대한 스트레스를 줄여 주는 데 한몫했음이 틀림없다. 그 후로도 윤지는 종종 모르는 글자들을 만날 때마다 악어를 불렀으니 이 책은 윤지의 한글 발달에 든든한 마음의 친구가 되어 주었다.

인지학습치료를 진행하며 윤지는 조금씩 아는 글자들이 많아졌고, 집에서도 엄마가 책을 읽어 줄 때도 아는 글자가 나올 때마다 아는 척을 하며 자랑스러워한다고 했다. 이런 모습이 바로 변화의 과정이다. 글자를 얼마만큼 많이 알게 되었나가 치료의 목표가 아니라, 아이의 학습 동기를 되살리고 즐겁고 재미있게 배워 가는 태도를 갖게 하는 것이 중요하다.

윤지에게 다음에는 『나도 사자가 무서워』(한규호 글, 심계표 그림, 2012)를 꺼내 보여 주었다. 이 책은 받침 없는 그림책이다. 책의 내용 모두가 받침이 없는 글자로만 이루어져 있어 한글을 조금씩 익혀 가고 있는 아이의 자신감을 키워 주기에 좋은 책이다. 윤지에게 제목을 보여 주며 읽어 보라고 하니. 조금 더듬거리지만 제대로 읽었다. 아이는 두세 번 더 읽으며 자신이 잘 읽었음을 뿌듯해한다.

"봐! 사자야!"

"사자라고? 어디?"

"저기! 나무 뒤에!"

"나무 뒤로 사자의 머리와 꼬리가 희미하게 보여요."

윤지는 한 페이지의 글에서 5~6개의 글자를 빼고 모두 스스로 읽었다. 천천히 소리 내어 읽으며 틀릴까 봐 조심스러워하지만, 예전의 자신감 없고 거부하고 회피하려던 모습은 거의 사라졌다.

📖 「춤을 출 거예요」

저/역자: 강경수

출판사/발행연도: 그림책공작소/2015

『춤을 출 거예요』(강경수 글·그림, 2015)는 윤지에게 자기 마음을 말로 표현하는 즐거움과 반복되는 언어의 아름다움을 느끼게 해 주고 싶어 고른 책이다. 주인공 여자아이가 '나는 춤을 출 거예요.'라며 꿈꾸듯 춤추는 장면으로 시작한다. 흑백의 그림에 춤에 빠져 행복하게 춤을 추는 모습이 보기가 좋다.

춤을 출 거예요.

거실을 지나 춤을 출 거예요.

빗속에서도 춤을 출거예요.

폭풍 속에서도 춤을 출 거예요……

이렇게 춤을 좋아하는 아이의 이야기는 주인공이 꽉 찬 객석을 바라보는 무대 위에서 힘차게 날아오르는 장면이 펼쳐지며 끝이 난다. 그리고 주인공은 이렇게 말한다.

"춤이 좋으니까요."

노래 부르듯 운율을 맞추어 윤지와 두 번 소리 내어 읽었다. 그리고 이 문장에 맞추어 '나는 ~할 거예요.'라는 문장을 만들었다.

윤지는 장난치듯 말한다.

"나는 놀 거예요. 낮에도 밤에도 놀 거예요."

"뭐하고?"

"엄마랑 놀 거예요. 아빠랑 동생이랑도 놀 거예요. 엄마랑은 요리할 거예요. 동생이랑은 의사놀이 할 거예요. 아빠는 그네놀이 해 주세요. 나는 놀 거예요. 그림도 그리고, 인형놀이도 할 거예요. 책도 읽을 거예요."

윤지가 신나게 '나는 ~할 거예요.' 문장을 만든다. 윤지가 말한 내용을 글로 받아 적고 다시 윤지에게 따라 써 보게 했다. 종이를 접어 책처럼 만들고, 윤지가 말한 내용 중 여섯 문장만 한 페이지에 한 문장씩 따라 써 보자고 권했다. 윤지는 싫다고 하지 않고 기꺼이 한 글자씩 보며 글을 쓴다. 자신이 쓴 문장들을 보며 윤지는 뿌듯해한다. 또 한 번 더 한글과 언어의 즐거움에 가까이 다가갔다.

■ 11~15회기: 배우는 즐거움 깨닫기

7세, 이제 초등학생이 될 준비를 하는 시간이다. 이 시기에는 아이가 정서적 안정감과 함께 배우는 것에 대한 호기심과 즐거움을 깨닫는 것이 매우 중요하다. 이제 윤지의 한글 깨치기는 시간의 몫이다. 이대로 시간만 흘러도 윤지는 저절로 유창하게 읽을 수 있게 된다. 이때 주의할 점은 독서치료에서 한글이라는 인지 과제를 다룰 때 국어공부 시키듯 교사의 역할을 하지 않아야 한다는 점이다. 독서치료사는 교사가 아니다. 학습 동기를 살리고 배움의 즐거움을 깨닫게 도와주고, 아이가 스스로의 힘으로 자기주도적인 학습자로 성장해 가도록 돕는 사람이지, 성적이나 학습 결과를 책임지는 사람이 아니라는 뜻이다. 이제 한글에 대한 심리적 태도에서 확연한 변화를 갖게 된 윤지에게는 배움의 즐거움을 깨달을 수 있는 도움이 필요하다. '새롭게 안다는 것의 즐거움'으로 주어진 인지 과제를 거뜬히 수행할 수 있는 힘을 기르기 위한 회기들을 진행하였다.

우선 숫자와 수학에 대한 이미지를 변화시키기 위한 작업들을 진행하였다.

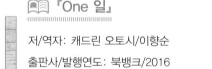

『One 일』

저/역자: 캐드린 오토시/이향순
출판사/발행연도: 북뱅크/2016

『One 일』(캐드린 오토시 글·그림, 2016)을 읽었다. 숫자에 대한 그림책이라고 해서 노골적으로 숫자를 가르치는 것보다 숫자에 얽힌 이야기가 있는 책이 아이의 마음에 더 쉽게 다가간다.

파랑은 조용한 아이이다. 하늘을 바라보거나 파도타기를 하고, 물웅덩이에서 찰

박찰박 장난치며 날마다 즐겁게 지낸다. 가끔 노랑처럼 명랑하기를 바라고, 초록처럼 똑똑하거나, 자주처럼 늠름하거나, 주황처럼 활달하기를 바랐지만 그래도 자기 색깔을 좋아한다. 그런데 빨강은 화를 잘 내고 늘 파랑을 괴롭힌다.

"빨간색은 멋지지만, 파란색은 멋지지 않아."

그 말을 들으면 파랑은 자신의 파란색이 싫어졌다. 노랑도 초록도 자주도 "파란색이 얼마나 멋진데."라고 말해 주지만, 아무도 빨강에게 파랑을 괴롭히지 말라는 말을 하지 못한다. 파랑은 점점 괴로워진다. 그때 숫자 1이 나타나 "못된 아이가 누군가를 괴롭히면 난 당당히 일어나 첫 번째로 '이런 짓 하지 마!'라고 말할 거야."라고 말한다. 그러자 다른 색들도 모두 두 번째, 세 번째, 네 번째, 다섯 번째가 되어 힘을 모은다. 파랑도 용기를 내어 6으로 변신한다. 이제 용기를 내어 빨강에게 "그만 둬!"라고 소리친다. 빨강은 다시 작아져 도망간다. 1의 용기가 친구 모두를 변하게 하고 행복하게 해 준다. 도망간 빨강은 어떻게 되었을지 아이와 뒷이야기를 상상하며 읽어도 좋겠다. 물론 해피엔딩이다.

아이들이 겪는 일상의 경험을 숫자로 의인화해 주고, 이야기를 들려준다. 숫자를 싫어하거나 거부감을 갖는 아이에게 어떤 숫자가 되고 싶은지 질문하고 대화를 나누고, 그림책의 그림처럼 숫자 그림을 그려 보는 것만으로도 수에 대한 이미지가 바뀔 수 있다. 이 책을 좋아하는 아이라면 같은 작가의 『Zero 영』(캐드린 오토시 글·그림, 2017)도 함께 읽어 보자.

『Zero 영』은 다른 숫자들처럼 셀 수 있는 숫자가 되기를 간절히 바라는 숫자 0에 관한 이야기이다. 다른 숫자들은 모두 멋있기만 한데 0은 셀 수도 없고 모습도 마음에 들지 않는다. 몸을 밀고 당기고 늘리고 납작하게 해 보아도 소용이 없다. 그래도 숫자 친구들과 어울리려 노력해 보지만 오히려 다른 친구들을 방해하기만 한다. 슬퍼하는 0에게 7이 다정하게 말해 준다.

"너의 좋은 점을 찾아봐."

그 말에 자신감을 얻은 0은 친구들과 힘을 합해 자신이 더 큰 숫자를 만들 수 있는 힘이 있음을 깨닫는다. 10, 20, 50이 될 수 있고, 100, 1000, 10000도 될 수 있다는 사실을 깨달은 것이다. 이제 0은 몸 한가운데 빛이 가득 찬 느낌이 든다.

윤지는 처음엔 0이 불쌍했는데 나중에 알고 보니 0이 제일 힘이 센 것 같다며 좋아한다. 자기도 0이 되고 싶다고 한다. 숫자 0처럼 윤지의 좋은 점을 찾아보기도 했다. 윤지와 색연필로 숫자를 쓰고 읽으며 즐겁게 놀았다. 자연스레 서로 더해서 10이 되는 숫자들도 짝을 지어 주기도 했고, 예쁘게 숫자를 꾸며 보기도 했다.

📖 「쉿! 우리끼리 그래프 놀이」
　　「그래프 놀이」

저/역자: 서보현; 로렌 리디
출판사/발행연도: 미래엔아이세움/2011;
　　　　　　　　　미래아이/2006

『쉿! 우리끼리 그래프 놀이』(서보현 글, 김송이 그림, 2011)와 『그래프 놀이』(로렌 리디, 2006)도 무척 도움이 되는 그림책이다. 그래프는 사고력을 키우는 데 매우 효과적인 도구이다. 그래프를 그려 봄으로써 쉽게 크기를 비교하고, 변화를 관찰할 수 있고, 전체와 부분의 관계를 파악할 수 있는 능력이 향상된다. 수학적 방법인 동시에 사고력과 문제 해결력에 매우 효과적인 개념이다. 질문하기, 조사하기, 분류하기, 숫자 세기 그리고 그래프 그리기까지, 시합이라는 설정으로 건강한 경쟁심을 자극하여 책을 읽으며 함께 그래프를 그려 보면 된다. 친구들 중 '진흙을 좋아하는 친구는?' '누구의 발이 가장 길까?' 등의 질문을 가지고 친구들을 인터뷰하고, 분류하고, 숫자를 세고, 표와 그래프로 기록해 본다.

윤지는 이 과정을 매우 재미있어 했다. 윤지에게 한 가지 과제를 주었다. '안녕?' 이라고 인사하면 친구들이 뭐라고 대답하는지 기억해 오기로 했다. 엄마의 도움을 받아 일주일 동안 하루 두 명에게 인사를 하고 그 친구들의 대답을 기억해 오면 엄마가 기록해 주는 방식이었다. 윤지가 인사를 먼저 할 수 있는 친구들의 이름을 물어보고 상담자가 적어 주었다. 윤지는 같은 반 친구 이름을 열 명이나 말했다. 모두 다 하지 않아도 된다는 말을 해 주고 부담 없이 즐겁게 해 보기로 했다.

다음 주에 가져 온 윤지의 그래프는 무척 재미있었다.

〈표 6-4〉 윤지가 먼저 '안녕?'이라고 인사했을 때 친구의 대답

	친구이름	응답내용							
1		안녕.	1	안녕.	○	○	○	○	○
2		윤지야, 안녕.	2	윤지야.	○				
3		안녕.	3	윤지야, 안녕.	○				
4		대답 없음	4	미소	○	○			
5		안녕.	5	대답 없음	○				
6		우리 같이 놀자.	6	우리 같이 놀자.	○				
7		윤지야.							
8		안녕.							
9		안녕.							
10		미소							

윤지에게 이 중 어떤 대답이 제일 좋았는지 물으니 "우리 같이 놀자."라고 답했다. 그래프 놀이를 통해 윤지는 사회인지능력까지 도움을 받았다. 그래프의 주제에 따

라 얼마든지 응용 가능함을 알 수 있을 것이다.

📖 『우주선 타기는 정말 진짜 너무 힘들어』

저/역자: 이재윤

출판사/발행연도: 미래엔아이세움/2011

『우주선 타기는 정말 진짜 너무 힘들어』(이재윤 글, 노자매 그림, 2011)는 분류의 개념을 알려 주는 그림책이다.

외계인 친구들이 지구로 여행을 떠난다. 외계인 친구는 8명, 우주선은 두 대. 어떻게 나누어서 우주선을 타야 할까? 이제 외계인 친구들은 어떻게 나누어 타야 할지 좌충우돌 고민하기 시작한다. 친한 친구끼리? 그럼 친한 친구가 없는 친구는 어떻게 해? 착한 친구, 안 착한 친구로? 그걸 어떻게 구분해? 키 순서?

고민을 거듭하던 외계인 친구들은 더듬이 숫자로 서로 만족스럽게 분류에 성공한다. 책을 읽는 아이들은 실제로 친구들과 두 팀으로 나눌 때 책 이야기보다 더 복잡한 마음이다. 어떻게 보면 아주 단순한 문제이지만 모두가 불만 없이 나누어 타는 건 결코 쉽지 않은 문제이다. 책 뒤편의 활동 자료를 활용해서 놀아도 좋다.

아이들이 친구들을 분류하는 기준에서도 아이의 심리 상태를 알 수 있어 상담에 도움이 된다. 진짜 상담실에 오는 친구들 중에는 어느 정도의 인간 차별적 사고를 가진 아이들도 많다. 공부 잘하는 아이, 예쁜 아이, 날씬한 아이를 기준으로 친구의 기준을 말하는 아이도 있으니 말이다. 인지학습적 도움을 줄 뿐 아니라 좀 더 깊이 있는 사고를 위해서도 무척 효과적인 책이다.

다음으로, 사고력과 문제 해결력을 키워 주는 그림책을 소개한다.

📖 『무엇이 무엇이 필요할까』

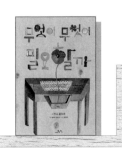

저/역자: 잔니 로다리/김현주
출판사/발행연도: 고래뱃속/2013

『무엇이 무엇이 필요할까』(잔니 로다리 글, 실비아 보난니 그림, 2013)는 이탈리아 어린이들이 가장 즐겨 부르는 동요리고 한다. 스무고개 형식으로 서서히 생각의 깊이를 더해 가도록 이끌어 준다.

식탁을 만들려면 목재가 필요하고, 목재를 만들려면 나무가 필요하고, 나무를 만들려면 씨앗이 필요하고, 씨앗을 만들려면…….

이렇게 이어지는 노랫말이 아이에게 노래 부르듯 깊이 있게 생각하도록 도움을 준다. 이 책은 따라 부르기에도 무척 효과적이다. 친구를 만들려면, 떡볶이를 만들려면, 웃음을 만들려면, 숫자 100을 만들려면 등등으로 바꾸어 아이와 말놀이를 진행하면 된다.

다양한 상황을 제시하고 하나씩 천천히 생각하며 만들고 그 노랫말을 글로 적어 다시 노래 부르기만 해도 아이들은 즐겁다. 그 즐거움 속에서 생각하는 힘이 키워지고 있는 것이다.

📖 「똑똑하게 사는 법」

저/역자: 고미 타로/강방화

출판사/발행연도: 한림출판사/2009

『똑똑하게 사는 법』(고미 타로, 2009)은 다양한 상황에서 생각하는 방법을 만화 형식의 그림으로 말해 준다.

물건을 제대로 사는 법에서는 문구점에 갔는데, 지우개는 있으니까 필요 없어. 연필은 선물 받은 게 있으니까 필요 없어. 위험한 칼은 필요 없어. 스티커도 갖고 싶지만 금방 싫증나니까, 어디에 쓰는 물건인지 모르니까, 귀찮아서 만들지 않을 것 같으니까, 쓰기에 불편할 것 같으니까, 나도 만들 수 있는 거니까, 근사하지만 비싸 보이니까…… 필요 없어. 그리고 마침내 자신에게 꼭 필요한 물건 하나를 사는 과정을 보여 준다.

신발을 제대로 신는 법, TV를 제대로 시청하는 법, 쓰레기를 제대로 분류하는 법, 괴물을 제대로 다루는 법 등 아이에게 한 가지 일을 할 때 어떤 생각의 과정을 거치는지 재미있게 보여 준다. 한 번에 다 볼 필요가 없다. 아이가 궁금해하는 게 있을 때, 혹은 적절한 주제에 대해 이야기를 나눌 때 한 번씩 찾아보기만 해도 아이에게 깊이 있게 생각하는 법을 배울 수 있게 도와주는 책이다.

📖 『빨간도장 파란도장?』

저/역자: 윤혜경 외

출판사/발행연도: 현북스/2016

『빨간도장 파란도장?』(윤혜경 외 글, 김영진 그림, 2016)은 아이들이 좋아하는 도장을 통해 논리적으로 문제를 해결해 가는 과정을 보여 준다. 별 모양 도장을 사러 도장 가게에 갔더니 문제를 풀어야만 도장을 살 수 있다고 한다. 아저씨가 종이에 겉모양이 똑같은 하얀색과 검은색 도장을 찍었더니 네모와 동그라미가 찍힌다. 네모 모양은 어느 도장인지 알아맞히라고 했지만 도저히 알아맞힐 수가 없다. 이번엔 하얀색 도장과 연두색 도장으로 네모와 하트 모양을 찍었다. 과연 네모 모양 도장은 어느 색깔인지 알아맞힐 수 있을까?

네모 모양이 두 번 다 찍혔으니 네모 도장은 분명 하얀색 도장이다. 어른이라면 쉽게 알 수 있는 이 과정이 아직 유아기의 아이들에게는 어려울 수 있다. 이렇게 문제를 풀어 가는 과정에서 논리적으로 경우의 수를 따져가며 문제를 해결해 가게 된다. 차근차근 따지면 아무리 복잡한 문제라도 풀어 갈 수 있다는 걸 배우게 된다. 아이들과 함께 이 책을 읽어 보면 기대 이상으로 흥미를 보인다는 사실을 알 수 있다. 자신이 차근차근 생각하며 문제를 풀 때 아이들은 인지적 재미로 배우는 즐거움을 깨닫게 되고, 문제를 해결했을 때 뿌듯한 성취감을 얻게 되는 것이다.

윤지와는 지우개로 도장을 만들어 직접 찍어 가며 놀았다. 한참 놀더니 이제 다른 모양의 도장을 만들어 자신이 직접 문제를 만들겠다고 한다. 문제를 만드는 활동은 더더욱 효과적이다. 어설프고 논리적 구성력은 떨어지더라도 괜찮다. 한두 번 반복하다보면 점점 문제를 만드는 실력도 무척 향상되고 있음을 알게 되니 말이다.

윤지의 사례를 통해 독서치료에서 인지학습치료를 위한 독서치료를 어떻게 진행하면 좋은지 살펴보았다. 이 사례는 인지학습치료를 위한 독서치료의 한 방법일 뿐이다. 아직 많이 연구되지 않았지만, 유아와 아동을 위한 상담 현장에서 요구되고 있고 실제로 활용되고 있는 방법들이다. 만약 이런 방식으로 12~24회기를 진행해도 인지학습적 능력에 진전이 없다면 혹시 난독증이나 난산증, 아니면 경계선 지능이거나 다른 발달장애 증상이 있는 것은 아닌지 검사와 진단이 필요하다.

상담 현장에서 유·아동 부모들의 가장 큰 호소 문제 중의 하나가 학습과 관련된 문제이다. 한 글자 겨우 쓰고 한숨만 쉬는 아이, 친구가 글자 모른다고 놀린다며 유치원에 가지 않으려는 아이, 아무리 가르치려 해도 도망가는 아이는 단순히 학습능력만의 문제가 아니다. 정서와 행동 문제뿐 아니라 인지와 학습능력이 균형 있게 발달하도록 도와주기 위해서도 인지학습치료가 요구될 때가 많다. 부디 필자의 작은 경험이 인지학습치료를 위한 독서치료의 발전에 작은 보탬이 되길 바란다.

3. 인지적 재미의 개념과 중요성

1) 독서치료의 재미요소에 관하여

재미가 있으면 기분이 좋고 집중력이 올라가며 기억이 잘 된다.

재미를 느끼면 실패와 어려움이 있어도 그 일에 몰두하고 지속할 수 있다.

재미가 한 차원 더 성숙해지면 몰입으로 들어간다.

－『뇌로 통하다』(김성일, 김채연, 성영신 엮음, 2013) 중에서

유아와 아동은 부모와 교사, 상담자가 자신에게 제공하는 모든 심리적 교육적 콘

텐츠에 대해 평가하는 말로 단 하나의 단어를 사용한다. 바로 '재미'이다. 학습도, 놀이도, 여행도, 심지어 상담까지도 '재미있다, 재미없다'는 말로 평가한다. 상담실에 오는 많은 부모는 몇 회기 상담을 진행한 후에 "아이가 재미있어 해요."라는 말로 상담에 대한 안심과 기대를 표현한다. 상담은 재미있어야 한다고 강조했던 필자의 직관과 맞아떨어지는 지점이다. 그러니 유아와 아동을 위한 독서치료에서 재미의 요소에 대해 좀 더 고민해 보아야 하는 것은 매우 중요하다 생각된다.

어떤 재미(interest)의 요소가 심리적 안정감을 주고, 집중력을 높여 주고, 기억이 잘 되게 하며, 실패와 어려움이 있어도 그 일에 몰두하고 지속할 수 있게 하는 것일까? 재미에 대한 연구를 살펴보자.

최초로 재미를 체계적으로 연구한 미국의 심리학자 대니얼 벌린(Daniel Berlyne, 1960: 이정모 외, 1998 재인용)은 자극이 적당히 새롭거나, 적당히 복잡하거나, 적당히 놀랍거나, 적당히 모호하면 그 자극에 대한 흥미로움과 관심도가 한층 높아진다고 한다. 이런 자극 특성이 갈등과 불확실성을 유도함으로써 개인의 심리적 상태와 각성이라는 생리적 변화를 수반하게 되어 흥미가 유발된다는 것이다.

고려대학교 교육심리학과의 김성일 교수는 인간 정보처리 이론 및 인지심리학의 발달로 인간의 인지 과정에 대한 관심이 부활된 이후로 엄청난 연구 결과가 축적되었으나 인지의 이성적 · 구조적 측면만을 강조해 온 탓에 흥미를 비롯한 여러 정서 요인들이 인지 과정에 미치는 역할은 여전히 무시되었다고 말한다.

1980년대 후반에 들어와서 정서와 인지의 관계에 관한 연구가 주목을 받으면서 주의, 학습, 글 이해 및 기억에서의 흥미 역할이 다시 강조되기 시작하였다. 특히 토론토대학교 교육심리학 교수 수잔 하이디(Suzanne Hidi)가 흥미를 개념적으로 서로 다른 개인적 흥미와 상황적 흥미로 구분하면서 흥미에 대한 연구가 좀 더 활발하게 진행되고 있다고 한다.

과연 흥미를 유발하는 요인은 무엇이고, 흥미로운 정보에 의해 유도되는 심리적인 과정은 어떠한 것일까? 또한 흥미가 학습에 미치는 영향 및 그 이유는 무엇인지를 모두 알아보기는 어렵지만, 책을 매개로 하는 독서치료에서는 치료자 요인 외에도 독서 자료의 어떤 요소가 흥미를 유발하는지에 관해 지속적인 연구가 필요할 것이다.

2) 재미의 원천에 따른 두 가지 재미

먼저 재미를 일으키는 주 원천에 따른 구분으로는 개인적 재미와 상황적 재미의 두 가지로 구분한다. 개인적 재미는 개인이 특정 상황이나 주제에 대해 주의를 기울이고 긍정적인 감정을 갖게 하는 것으로 오랜 기간에 걸쳐 발달되며 지속되는 것이다. 이에 반해 상황적 재미는 자극의 특성이나 환경에 의해 즉각적으로 유발되며 개인들 간에 공유될 수 있는 것을 말한다. 쉽게 말하자면, 개인적으로 흥미를 느끼고 지속적으로 관심을 갖고 좋아하는 것을 개인적 재미라 할 수 있고, 상황적 재미는 책이나 영화 혹은 여러 환경에 의해 유발되고 다른 사람과 함께 나누는 것으로 이해하면 되겠다.

그렇다고 해서 개인적 재미와 상황적 재미는 서로 양분된 것이 아니다. 상황적 재미요소인 책이나 영화를 보고 알게 된 새로운 사실이나 깨달음이 개인적 재미의 발달을 자극시킬 수 있으며, 개인적 재미는 재미를 일으키는 상황에 대해 다르게 반응하게 할 수 있다는 것이다. 결국 서로의 발달 과정에 영향을 준다. 그러니 '상황적 재미'를 개인의 지식과 가치에 연결하여 '개인적 재미'로 전환해 학습 동기와 배움의 즐거움을 지속적으로 탐구하고 몰입해 갈 수 있도록 응용할 방법을 찾는 것이 중요한 과제가 된다.

독서치료 현장에서 상담자는 두 가지 재미 모두에 관심을 가져야 한다. 기본적으로 개인적 재미에 대한 이해가 된다면 이제 그걸 바탕으로 어떤 상황적 재미를 제공하고 함께 나눌 것인가 하는 과제가 주어진다. 상담자와 내담자의 관계와 독서 자료에 따라 상담의 내용이 좌우되기도 하기에 독서치료사는 우선 상황적 재미의 측면을 먼저 활용할 수 있어야 할 것 같다.

특히 상황적 재미 중에서도 글을 읽으며 유발되는 재미를 텍스트 기반 재미라고 한다. 책을 읽는 대표적 이유는 즐기기 위한 것임을 부인하는 사람은 없을 것이다. 텍스트 기반 재미에 대한 연구들은 이야기의 이해와 회상에 대한 재미의 역할을 강조하고 있으며 좋은 이야기는 재미있는 복잡성을 지니고 있어야 함을 강조하고 있다. 예를 들면, 서스펜스의 정도가 독자들의 이야기의 질에 대한 평가에 영향을 주며, 정보가가 높고 재미있는 플롯을 지니고 있을수록 좋은 이야기라 생각된다는 것이다. 또한 미국 콜로라도대학교 심리학과 명예교수인 월터 킨취(Walter Kintsch, 1980: 이정모 외, 1998 재인용) 교수는 텍스트 기반 재미를 정서적 재미(emotional interest)와 인지적 재미(cognitive interest)로 나누어 설명하였다.

3) 인지적 재미의 중요성

월터 킨취는 정서적 재미는 각성을 유발하는 사건, 즉 폭력, 성과 같은 자동적인 각성 효과나 직접적인 정서 반응을 일으키는 사건을 통해 야기되는 흥미라고 말한다. 반면 인지적 재미는 새로운 정보와 기존 지식의 관계에서 유발된다고 한다. 인지적 재미의 결정요인은 세 가지로서 독자가 그 주제에 대해 가지고 있는 배경지식, 예측하지 못했던 정보, 새로운 정보를 텍스트 내의 다른 부분과 의미 있게 관련지을 수 있도록 하는 사후 추정 가능성이다.

쉽게 말하면 인지적 재미란 글 내용 속의 부조화를 해소하려는 지적인 활동의 결과이며, 기대치 못한 사건이나 정보를 획득하고 관련짓는 과정에서 재미를 느낀다는 것이다. 텍스트를 읽는 과정에서 독자의 인지적 활동이 증가할수록 인지적 재미도 증가하리라 생각할 수 있다.

독서치료에서 내담 아동들이 치료에 보다 적극적으로 참여하고, 자신을 표현하고, 심리적 문제를 거론할 수 있기까지 독서 자료에서 인지적 재미를 찾는 것은 매우 중요한 요소가 된다는 것을 확인할 수 있다. 독서치료를 진행하다 보면 언제 아이들이 인지적 재미를 느끼는지 알 수 있다. 아이들은 새로운 놀라운 정보를 알게 되었을 때, 내담 아동이 직접 개입하여 관찰이나 찾기놀이를 통해 자신의 인지적 노력으로 무언가를 성취했을 때 인지적 재미를 경험한다. 그리고 인지적 재미를 느낀 내담 아동은 훨씬 더 의욕적으로 탐구하고 경험하려는 태도로 변화하기 시작한다.

지금까지 독서치료에서 독서 자료의 선택 시 고려해야 할 사항으로 여러 학자가 제시한 내용들은 내담자가 지닌 문제의 성격에 적합하고, 문제 해결에 필요한 정보와 가치판단의 기준을 제시하고, 억압된 욕구를 충족시킬 수 있는 책 그리고 바람직한 감정 자극을 주고, 내담자의 독서능력 및 개인적인 독서 선호 경향 등을 고려한 책이 적합하다고 말한다. 이는 이제 더 이상 강조하지 않아도 독서치료사라면 누구나 따르고 있는 지침이며 상식의 수준에 속한다.

하지만 내담 아동의 인지적 재미를 고려해야 한다는 점에서는 깊이 있는 논의가 부족했다. 내담 아동이 느끼는 인지적 재미의 정도에 따라 치료 효과가 크게 달라지기도 한다. 독서치료사는 무엇이 내담 아동에게 인지적 재미요소로 작동하는지 알아야 한다.

유·아동에게 인지적 재미란 생각해 보지 않았던 것을 알게 되는, 유용한 정보를 알게 되는 즐거움, 거기에 보태 자신의 생각을 발전시키는 뿌듯한 경험을 포함한다. 이제 내담 아동의 인지적 재미요소를 찾아 독서치료에 활용해 보기로 하자. 인지적 재미가 더 탐구하고 공부하는 동기를 길러 준다는 것은 의심의 여지가 없다. 인지학습치료에서 인지적 재미가 더 중요해지는 이유이다. 인지적 재미를 활용한 독서치료의 사례를 살펴보려 한다.

4. 인지적 재미를 키워 주는 독서치료

공부가 너무 싫어 무기력한 3학년 현우

"재미없어요. 시시해요. 몰라요. 짜증나요." 현우가 날마다 하는 말이다. 마음이 불편한 아이들의 또 하나의 공통된 특징 중 하나는 뭐든 재미없고 의욕이 없다는 점이다. 그래서 이 아이들에게 책이란 귀찮고 싫기만 한 존재로 느껴지는 경우가 많다. 하긴 친구들과의 놀이조차 선뜻 참여하려 하지 않는 아이를 스토리가 있는 이야기에 몰입하게 하는 것이 어찌 쉬운 일이겠는가. 내용을 이해하며 이야기에 빠져드는 일은 정신적 에너지가 필요한 일이기 때문에 책을 읽고 이야기를 나누는 일은 더더욱 어렵다. 아이는 아직 치유를 위한 준비가 되지 않았는데 어른들이 일방적으로 치유가 필요하다며 들이대는 책이 오히려 아이 마음을 힘들게 할 수도 있다는 말이다. 특히 아이와 비슷한 증상을 가진 주인공의 이야기를 찾아 아이에게 보여 주는 것은 기대한 반응을 불러일으키지 못하는 경우가 더 많다. 자신감이 부족하다고 자신감이 부족한 아이의 이야기를, 사회성이 부족하다고 친구 잘 사귀는 것에 관한 이야기를 들려주는 것이 마치 정답처럼 보이지만, 실제로 아이와 책을 읽고 이야기를 나누어 보면 전혀 그렇지 않다는 것을 알게 된다. "몰라요. 재미없어요. 그냥요. 싫어요." 이런 말만 되돌아올 뿐이다.

아이에게 질문을 던져 보자. "동전을 세워서 정확히 수직으로 떨어뜨리면 앞면과 뒷면이 나올 확률은 각각 얼마일까?" 아마 쉽게 5:5라는 답이 나올 것이다. 분명 그렇게 배웠다. 그런데 이건 정답이 아니다. 정답은 7:3이다. 동전의 앞면과 뒷면의 조각에서 튀어나온 부분의 정도가 달라 무게가 차이나기 때문이다. 미처 생각하지 못했던 지식이라 살짝 흥미가 느껴질 수 있다. 이런 인지적 흥미가 다음 대화로 잘 이어 갈 수 있는 힘이 되어 준다.

아이에게 인지적 흥미를 불러일으키는 새로운 정보의 지식책, 놀라움을 경험할 수 있는 의외성을 가진 반전 이야기, 혹은 아이들이 흥미를 보이는 추리나 모험에 관한 책들을 활용해 보자. 재미있고 호기심이 생기고 새로운 사실을 아는 것만으로도 왠지 마음이 뿌듯해지는 그런 지식들이 있다. 더 알고 싶은 마음으로 의욕적인 태도를 회복해 갈 수 있을 것이다.

초등학교 3학년 현우는 평소 늘 무기력하고 우울해 보이다가도 뭔가에 화가 나면 폭발하여 친구를 때리거나 욕을 해서 교실에서 요주의 인물이다. 현우는 여간해서는 책 이야기에 몰입하지 못한다. 심혈을 기울여 책을 골라 읽어 주어도 시큰둥할 뿐이다. 현우 앞에 『도둑을 잡아라!』(박정섭 글·그림, 2010)를 꺼내 놓았다. 제목에 마음이 끌렸는지 현우는 아무 말 없이 스스로 책을 펴서 읽기 시작한다.

📖 「도둑을 잡아라!」

저/역자: 박정섭

출판사/발행연도: 시공사/2010

『도둑을 잡아라!』는 빨간 지붕 집에 도둑이 들면서 이야기가 시작된다. 도망간 도둑을 잡기 위해 목격자들이 제공하는 단서 한 가지씩을 실마리로 경찰이 범인을 추적해 가는 이야기이다. 한 가지 정보가 주어지면 각 장면에는 비슷한 특징을 가진 인물들이 등장한다. 그리고 다음 장에서는 또 다른 단서가 제공되고, 경찰은 제시되는 실마리를 누적해서 추리하며 도둑을 찾아야 한다. 당연히 독자들은 스스로가 경찰이 된 듯 열심히 도둑을 추적하기 시작한다. 도둑은 촌스러운 빨간 안경을 꼈고, 치아 교정기를 했으며, 번들번들 대머리이고, 단추가 3개인 연두색 양복을 입었다. 그렇다고 쉽게 찾기는 어렵다. 빨간 안경은 모양도 크기도 다르고, 범인으로 예측되는 인물들은 각자 자신이 범인이 아니라며 알리바이를 대기도 한다. 진짜 범인을 찾기 위해 글에서 다루어지지 않는 정보들을 그림에서 찾아내어 논리적으로 추리해야 한다.

현우는 범인과 비슷한 모습의 사람들을 보며 헷갈려하고, 자신이 짚은 그림이 논리적으로 오류가 있을 때는 실망하지만 오히려 더 범인을 찾고 싶은 의욕을 느끼며 흥미 있어 한다. 하지만 도둑을 빨리 찾지 못하자 조금 짜증을 낸다. 현우에게 다음과 같이 말해 주었다.

"실력 있는 경찰들은 범인을 잘못 찾을 때마다 다시 처음부터 범죄 현장을 조사해서 단서를 찾던데."

이렇게 말하자마자 현우는 다시 그림책 표지부터 꼼꼼히 살펴보기 시작했고, 결국 결정적 단서를 찾아내었다. 마침내 범인을 찾은 현우는 무척 뿌듯해하며 상담이 끝난 후 엄마에게 이 책을 사 달라고 요청한다. 무기력, 우울, 공격성으로 표현되던 현우의 두 눈이 반짝이고 있었다.

그림책을 통해 현우는 자신도 모르는 사이 정신적 에너지를 사용하여 책 속으로 빨려들어 갔다. 진짜 경찰이 된 듯 분석하고 추리하며 범인을 찾았다. 범인을 찾으려면 처음부터 관찰하며 그림을 꼼꼼히 살펴봐야 하고, 단서를 누적해서 비교 분석하고, 전체를 종합하는 논리적 사고력이 필요하다. 이런 과정을 현우뿐 아니라 대부분의 아이는 무척 재미있어 하고, 이때 느끼는 재미가 바로 인지적 재미라 할 수 있다. 집단에서 활용할 때는 그림을 보여 주지 않고 도둑의 특징만 이야기해 주고 각자 상상하는 대로 도둑의 인상착의를 그려 보고 서로 비교해 보는 것도 재미있다.

📖 『생선도둑을 잡아라!』

저/역자: 최옥임

출판사/발행연도: 미래엔/2012

생각 이상으로 재미있어 하는 현우를 위해 『생선 도둑을 잡아라!』(최옥임 글, 민은정 그림, 2012)를 보여 주기로 했다. 어느 날 밤, 생선가게에 들어와 생선을 한가득 훔쳐 달아난 도둑과 그 도둑을 잡기 위해 애쓰는 개코 형사 부르독이 등장한다. 범인은 검은색 털을 가졌으며, 왼손잡이이고, 오른쪽 눈에 흰 무늬가 있다. 이 정도 특징이면 금방 범인을 잡을 수 있을 것 같지만, 범인도 만만치가 않다. 염색을 하거나 변장을 하여 미꾸라지처럼 빠져나간다.

현우는 자신이 볼 때 오른쪽이면 마주한 상대방에겐 왼쪽이라는 점을 헷갈려 했다. 아파트 앞에서 맨 위층의 맨 왼쪽 집에서 불빛이 반짝거렸다면 아파트 뒤에서는 맨 오른쪽 집이라는 것도 헷갈려 했다. 어쩌면 현우는 상대방 입장에서 생각하는 걸 어려워하는 것일 수 있겠다는 생각도 들어 나중에 상담 때 살펴보기로 하였다.

『생선 도둑을 잡아라!』는 위치와 방향, 거리를 표현하는 수학적 개념을 위한 책이라고 설명하고 있지만, 도둑을 잡는 과정에서 아이들이 느끼는 흥미와 의욕, 그리고 끝까지 도둑을 잡고 싶어 하는 과제 집착력을 연습할 수 있는 흥미로운 책이기도 하다. 현우는 끝까지 범인을 찾으며 또 이런 책 없냐며 의욕을 보였다.

부모 상담시간에 현우는 대기실에서 책꽂이에 비치된 『추리 천재 엉덩이 탐정 1. 보라부인의 암호사건』(트롤 글ㆍ그림, 2016)을 꺼내어 보고 있기도 했다. 88페이지의 분량이라 독서치료 시간에 활용하기엔 무리가 있는 책이다. 이 책을 보는 현우를 보더니 엄마가 이렇게 말한다.

"저렇게 두꺼운 책을 스스로 보는 건 처음 봐요. 저게 무슨 책이에요?"

도둑을 찾는 추리 이야기에 흥미를 느낀 아이가 탐정이라는 단어에 흥미를 느끼고 스스로 책을 보기 시작한 것이다. 인지적 흥미가 아이에게 지금까지와는 전혀 다른 경험을 선사했다. 다음 회기엔 조금 더 이야기가 있는 책에 몰입할 수 있을 것 같아 현우에게 『도서관의 비밀』(통지아 글·그림, 2009)을 읽어 주었다. 어느 날 도서관에 등장한 누군가를 둘러싼 추리 그림책이다.

📖 『도서관의 비밀』

저/역자: 통지아/박지민
출판사/발행연도: 그린북/2009

주인공인 나는 도서관 사서이다. 도서관에서 일을 한 지 딱 사흘째 되는 날, 나는 도서관에 이상한 일이 생겼다는 것을 느낀다. 이상한 소리와 정체불명의 불빛과 그림자를 계속 쫓지만 실패한다. 정체불명의 침입자 때문에 도서관은 엉망이다. 그러다 범인이 빨간색의 책을 좋아한다는 사실을 깨닫고 빨간색 책으로 유인한다. 이제 과연 범인을 잡을 수 있을까?

읽다 말고 현우의 표정을 살피려 잠시 멈추니 현우가 갑자기 "빨리 계속 읽어요."라고 소리치더니 자기가 직접 읽겠다며 책을 뺏어 간다. 이런 현우의 반응이 너무나도 반갑다. 현우는 다음 이야기가 궁금하고 빨리 알고 싶다. 인지적 재미가 발동된 것이다.

인지적 재미를 주는 책은 이렇게 뒷이야기가 궁금하고 꼭 알려고 노력하게 만든다. 인지적 재미란 예상과 다른 무언가를 발견하고 놀랄 때 느끼는 만족감이다. 책을 다 읽고 난 현우의 표정에는 인지적 재미를 맛본 아이들이 보이는 표정이 나타난다. 왠지 모를 가슴 벅참과 호기심과 이런 걸 더 경험하고 싶은 의욕으로 두 눈이 반짝인다. 특히 이야기의 반전 부분에서 현우는 "와!" 하고 소리 지르며 즐거워한다. 현우의 마지막 한마디. "이런 거 더 없어요?"

자신이 감당하지 못한 마음속 분노감과 불안감 때문에 늘 문제를 일으킬 수밖에 없었던 아이가 이렇게 인지적 재미를 느끼자 멋진 아이로 변신한다. 지금 이 순간의 모습을 이어 갈 수만 있다면 현우는 분명 달라지고 멋지게 변해 갈 것이다. 현우에게 전혀 다른 느낌의 책을 보여 주고 싶었다. 책을 보여 주기 전에 흥미를 높이기 위해 한 가지 질문을 했다.

"바다가 온통 얼음으로 뒤덮여 있으면 배가 지나갈 수 있을까?"

"못 가죠. 아니! 잠깐, 갈 수 있어요. 얼음을 막 부수고 가면 되죠."

"얼음을 어떻게 부숴? 손으로?"

"바보예요? 손으로 부수게? 얼음 깨는 기계 같은 걸 배 앞에 달고 가면 되죠."

"와! 너 어떻게 알았어? 대단하다. 이미 알고 있던 거야?"

상담자의 호들갑 떠는 반응에 현우는 약간 어리둥절하지만 그래도 자신이 뭔가를 알아맞혀서 기분이 좋아졌다. 그렇게 쉬운 것도 모르냐며 한껏 의기양양해진다. 그런 현우에게 『소피 스코트 남극에 가다』(앨리슨 레스터 글·그림, 2014)를 내밀었다.

📖 「소피 스코트 남극에 가다」

저/역자: 앨리슨 레스터/엄혜숙
출판사/발행연도: 천개의바람/2014

자신이 무심코 말한 것이 실제로 남극을 탐험하는 배 '쇄빙선'이라는 이야기에 두 눈이 더 반짝 빛나며 책에 집중한다. 이 책은 작가가 직접 6주 동안 남극 기지를 체험한 이야기이다.

작가가 남극에서의 자신의 경험을 이메일로 써서 세계의 어린이들에게 보냈으며 아이들이 그 이야기에 대한 답장으로 그림을 보내 주었다고 전해 주자, 현우가 "나도 이런 그림 그려서 보내 줄 수 있는데."라고 중얼거린다. 어린이들의 남극 그림을 전시회로 열었고, 그 수익금을 호주의 국립아동병원에 기부했다는 이야기를 들려주자 "진짜요? 정말요?"라며 호기심을 보인다. 현우는 끝까지 호기심과 집중의 힘을 놓치지 않고 이야기에 몰입했다. 그리고 책을 덮으며 "나도 쇄빙선 타고 남극 가고 싶다." 하고 말했다. 무심코 툭 튀어나온 현우의 말이 너무 반갑다. 현우가 알게 된 새로운 사실들이 현우의 시야를 넓게 만들어 주었으며 더 큰 꿈도 꾸게 한 것이 분명하다.

물론 현우가 책 속의 모든 내용에 흥미를 보인 건 아니지만, 그건 전혀 중요하지 않다. 책 속의 단 한 줄, 단 한 장면만이라도 아이의 마음에 말을 걸고 그 마음을 움직이게 만들었다는 것이 중요하다.

다음엔 현우와 『7년 동안의 잠』(박완서 글, 김세현 그림, 2015)을 읽었다.

254 | Chapter 6 인지학습치료를 위한 독서치료

📖 『7년 동안의 잠』

저/역자: 박완서

출판사/발행연도: 어린이작가정신/2015

흉년으로 굶주리던 개미들이 먹이를 찾다 7년 동안 잠들어 있던 매미 애벌레를 발견한다. 지혜로운 늙은 개미는 7년 동안의 기다림을 견디고 이제 곧 허물을 벗고 하늘로 날아오를 매미를 먹을 수는 없다며 굶주린 개미들을 설득하려 노력한다. 현우에게 질문했다.

"너가 개미라면 어떻게 하고 싶어?"

"당연히 배고픈데 먹어야죠. 남의 사정 봐주게 됐어요? 지금?"

어린아이 입에서 수십 년 세상살이에 지친 사람 같은 말투가 툭 튀어나온다. 그렇다고 억지로 아이 마음을 바꾸려 하는 건 옳지 않다. 마음이 바뀔 만한 계기가 있으면 아이는 얼마든지 마음을 바꿀 것이다. 상담자가 할 수 있는 건 아이 마음이 바뀌게 할 그 무언가를 제공해 주는 일뿐이다.

"매미는 그 한 철의 노래를 위해 7년이나 어둠과 외로움 속에서 자기의 재주를 갈고 닦았는데도……."

그러자 갑자기 현우가 질문하기 시작한다.

"왜 7년이나 그러고 있어요? 말도 안 돼요. 어떻게 애벌레가 7년을 기다려요?"

굳이 답을 주지 않아도 된다. 그냥 아이는 자기 스스로에게 질문하는 것일 테니 말이다. 하찮다고만 여기던 매미 애벌레가 7년을 꿈틀대며 기다렸다는 사실은 현우에겐 놀라움이었다.

"와, 어떻게? 난 1년도 못 기다리겠는데."
"그러게. 신기하지."

그렇게 놀라고 있는 아이에게 새로운 지식을 추가로 알려 주었다. 매미는 종에 따라 땅속에서 보내는 기간이 다른데 13년 혹은 17년을 땅속에서 생활하는 종도 있으며, 게다가 과학자들이 아직도 밝히지 못한 생체 시계를 가지고 있어 이 긴 기간을 정확히 알고는 몇 시간의 간격을 두고 일제히 땅속에서 기어 나와 나무를 타고 올라간다는 사실이다. 이 말을 하니 아이의 두 눈은 더 커지며 "정말요? 말도 안 돼. 어디 한번 찾아봐요."라고 말한다. 현우와 함께 스마트폰으로 그 정보를 찾고 읽었다. 현우는 "와!" 하는 감탄사만 계속 쏟아 내었다.

그날 상담 후 엄마에게 아이의 일상 행동을 잘 관찰해 보라고 부탁했다. 엄마의 지시와 훈계에 반응하는 정도가 평소와 어떻게 다른지 아주 작은 변화라도 잘 알아차리고 밤에 아이가 잠든 후에 문자로 알려 달라고 했다. 밤 10시가 넘어서 문자가 왔다.

"현우가 오늘 이상하게 말을 너무 잘 들었어요. TV 끄라고 말하면 보통 4~5번은 실랑이를 벌이는데 한 번 만에 '네'라고 대답하고 껐어요. 숙제 하는 시간도 줄었어요. 말도 안 했는데 알림장을 확인하고 책가방도 챙겼어요. 제발 오늘 같기만 하면 좋겠어요."

다음 날 현우는 학교에서도 별 탈 없이 지냈다고 한다. 물론 하루이틀 지나면 또 예전 같은 문제 행동은 나올 것이다. 하지만 새롭게 알게 된 지식과 깨달음이 현우가 가는 길의 방향이 달라지게 했음을 확신한다. 몇 권의 책을 읽었다고 180도 확바뀌지는 않겠지만 행동의 방향이 달라지기만 한다면 아이의 문제 행동은 줄고 성장을 위한 행동들이 증가하기 시작하는 것이다. 정서적 공감도 중요하지만 하루하루 커 가고 있는 아이들에게는 새로운 지식과 깨달음을 주는 인지적 즐거움이 얼마나 중요한지 잊지 않으면 좋겠다.

유아기와 초등학교 저학년까지는 정서적 흥미만 충족되어도 심리적으로 건강하고 밝은 아이로 잘 성장한다. 하지만 아이가 좀 더 자라 무언가 배우고 성장하고 싶은 욕구가 생기면 더 이상 정서적 흥미만으로는 충족되지 않는다. 우리 아이가 배우기를 즐기는 아이로 키우고 싶다면 정서적 흥미와 인지적 흥미 두 가지 모두를 지속적으로 제공해 주는 것이 중요하다. 아쉽게도 이렇게 인지적 흥미를 주는 책은 그리 많지 않다. 게다가 아이들이 꼭 공부해야 하는 교과서는 더욱 그렇다. 그렇다고 손 놓고 있을 수는 없다. 우리 아이의 인지적 흥미를 도와주는 방법을 살펴보자.

흥미롭지만 중요하지 않은 정보와 중요하지만 흥미롭지 않은 정보 중 아이들은 어느 정보를 더 잘 기억할까? 당연히 흥미로운 정보를 더 잘 기억한다. 그렇다면 중요한 정보를 흥미롭게 만드는 것이 중요하다. 중요한 정보를 흥미롭게 만들기 위해 관련된 세부 정보를 알려 주는 방법이다. 상담자가 조금만 노력해서 아이에게 흥미로운 세부 정보를 제공하는 것이 우리 아이의 개인적 흥미와 인지적 흥미를 자극하는 방법이 될 것이다.

『천천히 깊게 읽는 즐거움』(이토 우지다카, 2012)은 일본의 한 중학교의 '기적의 교실' 이야기를 담아낸 책이다. 1934년 나다 중고등학교에 부임한 하시모토 선생님이 3년 동안 '교과서를 버리고' 소설책 『은수저』한 권을 읽는, 실제로 있었던 수업 이야기를 담은 책이다. 선생님은 소설 『은수저』 속의 주인공이 과자를 먹으면 그 과자를 구해 아이들에게 나누어 주고 직접 먹으면서 그 느낌을 공유하며 이야기를 나눈다. 연이 나오면 연날리기 체험을 한다. 단순히 책을 읽는 것에서 그치지 않고 책의 내용을 따라 하나하나 느끼고 체험하며 좀 더 세부적인 정보들을 제공하며 책 읽기를 진행한다.

아이들은 선생님과 함께 책을 읽으며 어린 주인공의 기쁨과 놀라움과 무례함과 질투심을 체험할 뿐 아니라 한 단어, 한 구절의 울림과 깊이까지도 곱씹으며 자신의 것으로 만들고 생각을 발전시켜 나간다. 책을 읽다 얼마든지 샛길로 빠지면서 각자의 개성을 발굴하고 존중한다. 이런 과정에서 아이들 모두가 '천천히 읽고, 깊게 생각하고, 크게 깨닫는 힘'을 갖도록 한 것이다.

학생들이 흥미를 좇아서 샛길로 빠지는 수업, 아이들을 나무라거나 차별하지 않는 수업, 수업을 할 때도 폭넓고 다양한 이야기로 학생들이 마음껏 의문을 갖도록 하는 수업, 누구나 흥미의 대상을 찾고 점점 거기에 빨려들어 가도록 하는 수업이었다고 한다. 어쩌면 이런 과정이 있었기에 1968년 '공립학교에 갈 수 없는 학생들이 가는 학교'라는 인식을 받던 시골학교에서 사립학교 사상 최초로 도쿄대학교 최다 입학이라는 결과는 너무나도 자연스러울 수 있다는 생각이 든다. 이 수업에 참여한 학생은 훗날 수업에 대해 '계절을 느끼는 감수성, 배움에 임하는 자세, 어려운 일이 발생했을 때 조급해하지 않고 여유롭게 헤쳐 나갈 수 있는 지혜'를 주는 수업이었다고 회상했다고 한다.

독서치료에서 지향해야 할 좋은 방식을 제시해 주는 것 같아 소개한다. '천천히 깊게 읽는 즐거움'이라는 제목처럼 아이들이 정서적 재미와 인지적 재미를 충분히 만끽할 수 있었으면 좋겠다. 독서치료라는 시간과 공간 안에서 우리 아이들도 이런 즐거움과 깨달음을 경험하면 참 좋겠다.

chapter
7

현실치료를 적용한
독서치료

1. 현실치료와 선택이론

1) 선택이론

현실치료(Reality Therapy)는 미국의 정신과 의사 윌리엄 글래서(William Glasser)가 1960년대에 창안한 심리치료 기법이다. 현실치료는 선택이론(Choice Theory)을 기반으로 인간이 스스로 자기 삶의 방향을 선택할 수 있다는 인간에 대한 존엄성과 잠재 가능성에 대한 믿음을 바탕으로 한다(Glasser, 1985). 우리나라에서는 1990년대 초에 소개되어 다양한 상담 분야에서 적극적으로 활용되고 있으며, 내담자가 자신의 삶을 효과적으로 통제하여 효율적인 선택을 할 수 있도록 도와주는 것을 목적으로 하고 있다.

윌리엄 글래서의 선택이론은 실질적으로 불행한 느낌을 포함한 모든 것을 우리가 선택한다는 것을 설명해 주며, 또한 우리가 인식하는 것보다 훨씬 더 많이 자신의 삶을 통제하고 있다는 것을 가르쳐 준다. 선택이론은 사람이 왜, 어떻게 인생의 길을 스스로 정하는 선택을 하게 되는가를 설명해 주고 있다. 모든 행동은 내면적으로 동기화되어 있으며, 효과적으로 자신과 주변을 통제하려고 계속 시도하고, 현실 속에서 그때그때 원하는 사진을 얻기 위해 행동한다는 것이다. 때로 매우 고통스럽고 자해적으로 보이는 행동이라도 그것은 항상 원하는 바를 얻으려는 최선의 시도라 설명한다. 건강하고 자신이나 타인에게 파괴적인 행동을 하지 않는 사람들은 대체로 삶을 효과적으로 통제하고 있는 것이라 말한다.

(1) 전행동 자동차

전행동(total behavior)은 활동하기, 생각하기, 느끼기, 신체 반응의 네 가지 요소로 구성된다. 흔히 전행동을 자동차 바퀴에 비유하는데, 우리가 전행동을 변화시키고 싶으면 전행동의 구성요소 중 앞바퀴에 해당하는 활동하기와 생각하기를 먼저 변화시키도록 해야 한다. 왜냐하면 활동하기와 생각하기에 해당하는 자동차 앞바퀴는 어느 정도 통제력을 가지고 있으나 신체 반응과 느끼기에 해당하는 자동차 뒷바퀴는 거의 통제가 불가능하기 때문이다. 그러므로 행동을 변화시키려면 활동하기와 생각하기를 먼저 변화시켜야 하고, 느끼기와 신체 반응은 함께 따라오게 된다는 것이다.

로버트 우볼딩(Robert Wubbolding, 1991)은 전행동의 활동하기, 생각하기, 느끼기, 신체 반응의 네 요소는 분리될 수 없으며 이는 개인의 내부로부터 생성되는 행동요인으로 대부분이 선택이라 말한다. 조각가가 점토를 빚듯이 자기 내면의 그림에 맞추어 자기 세상을 만들려고 한다. 인간은 원하는 것을 얻지 못할 때 전행동을 통해 그것을 얻으려고 시도한다는 것이다. 아동이 '활동하기'가 자신의 선택이라는 것을 인지하게 된다면, 자기가 원하는 것을 얻기 위해 자신이 어떻게 행동해야 하는지에 대해 알 수 있다고 설명한다. 그리고 자신의 바람을 충족하기 위해 환경이나 다른 사람을 변화시킬 수 없으므로 스스로 선택 가능한 자신의 생각과 행동을 변화시키는 것이 필요하다는 것을 알 수 있게 도와주는 과정이다. 즉, 아동이 자신의 행동에 대한 책임감을 높여 효율적인 선택을 할 수 있도록 도와주어야 한다. 자기 삶에서 중요한 선택을 스스로 할 수 있고, 자신이 선택한 행동에 대해 책임질 수 있는 사람이 행복한 사람으로, 인간의 현재 행동에 초점을 두고 행동의 선택과 책임은 자신에게 있음을 강조하였다.

(2) 선택이론의 주요 개념

선택이론의 주요 개념은 다음과 같다.

- 선택이론은 개인 자유와 책임에 대한 심리학이다.
- 인간의 동기와 행동을 설명한다.
- 우리는 내면적으로 동기화되었다.
- 나에게 어떤 행동을 하게 만드는 사람은 없다.
- 모든 행동은 목적이 있다.
- 언제나 우리는 우리의 욕구를 채울 수 있는 바람(want)을 현실에서 찾으려고 행동한다. 그리하여 우리가 선택한 것에 대한 책임은 나에게 있다.
- 우리는 다섯 가지 기본 욕구(생존, 소속, 성취, 자유, 즐거움)를 가지고 태어났으며 욕구 강도는 평생 동안 변하지 않는다.
- 우리의 좋은 세계 안에 있는 사진들이 우리를 행동하게 한다.
- 우리의 행동을 바꾸면 바람이나 지각도 바뀔 수 있다.
- 우리는 다른 사람을 어떤 것이든 하게 만들 수는 없다. 다만 정보를 줄 수 있을 뿐이다.

(3) 인간의 다섯 가지 기본적인 욕구

윌리엄 글래서는 인간은 태어날 때부터 다섯 가지 욕구에 의해서 계속 움직여 왔고, 우리의 모든 행동은 매 순간 이런 욕구들을 충족시키기 위한 최선의 노력이라 설명한다.

① 생존에 대한 욕구

살고자 하고 생식을 통해 자기확장을 하고자 하는 속성을 의미한다. 생존하려는 욕구가 아주 강한 사람들은 보수적이고 위험을 무릅쓰지 않으며 소비하기보다는 저축을 한다. 안전 문제에 대단히 관심이 많고 집요하게 상식을 따르는 경향이 있다.

② 소속·사랑의 욕구

사랑하고, 나누고, 협력하고자 하는 인간의 속성을 말한다. 소속의 욕구는 생존의 욕구와 같이 절박한 욕구는 아니지만 인간이 살아가는 데 원동력이 되는 기본 욕구이며, 사랑, 힘, 자유, 즐거움 같은 욕구들은 우리가 다른 사람들과 관계를 유지하려고 할 때 아주 중요하다.

③ 힘과 성취의 욕구

경쟁하고 성취하고 중요한 존재이고 싶어 하는 속성을 의미한다. 이 욕구는 대부분의 사람이 중요시하기에 다른 욕구들과 종종 갈등 관계에 놓이곤 하며, 힘과 성취의 욕구가 강한 사람들은 좋은 친구가 되기보다 경쟁 관계가 되기 쉽다.

④ 자유에 대한 욕구

삶의 모든 영역에서 어떠한 방법으로 삶을 영위해 나갈지 선택하고 자신의 의사를 마음대로 표현하고 싶어 하는 욕구를 말한다. 그러나 자기 욕구 충족을 하는 데 있어서 다른 사람의 자유를 침범하지 않도록 타협을 통하여 이웃과 함께 살 수 있는 절충안을 찾아야 한다.

⑤ 즐거움에 대한 욕구

많은 새로운 것을 배우고 놀이를 통해 즐기고자 하는 속성을 말한다. 즐거움이 없는 삶이란 생각할 수가 없으나 이 한 가지 욕구 충족으로 다른 삶의 욕구 충족이 방해받아서는 안 되는 책임이 수반된다. 즐거움은 오래 지속되는 힘이며, 가장 충족시키기 용이한 욕구이다.

2) 선택이론의 좋은 세계

(1) 좋은 세계

현실치료의 바탕이 되는 선택이론에서는 우리 마음속의 '좋은 세계(quality world)'에 대해 알려 준다. 좋은 세계란 자신의 바람을 충족시켜 주었던 사람, 사물, 상황, 환경, 활동, 신념 체계 등의 구체적인 사진들을 저장한 사진첩이 보관된 마음속의 장소이다. 이 사진첩은 욕구를 충족시키는 환경, 사람, 활동, 소유물, 믿음의 형상들인데, 이것이 흥미를 유발하기 때문에 높은 가치를 지녔다고 한다. 마음속 사진첩은 살아가면서 새롭게 추가되거나 변화되기도 한다. 좋은 세계에 보관된 사진과 지각된 세계의 사진이 비교 장소에서 머릿속 저울에 올려 보았을 때 저울이 기울어지게 되면, 그 차이를 줄이려는 욕구 때문에 인간은 행동하게 된다. 바람과 현실 간의 차이가 너무 커서 자신의 바람을 충족시킬 수 없을 때 사람은 고통을 경험하며, 자신의 고통을 감소시키기 위해 행동하게 된다. 그러므로 지각 체계를 이해하는 것은 인간의 행동을 효율적으로 변화시키기 위해 자신과 환경에 대한 관점을 변화시키는 데 핵심적인 역할을 한다고 할 수 있다.

우리 마음속에 사진첩이 있다고 생각해 보자. 그 사진첩에 아이는 어떤 사진을 간직하고 있는가? 어린아이들은 만족감을 추구하지만 어떤 방법으로 어떻게 충족해야 하는지는 모른다. 고통스럽고 불만스러운 상황에서 어쩔 줄 몰라 울음을 터뜨리면 엄마가 달려와 아이를 보살펴 준다. 아이는 마침내 만족감을 경험하고 이런 행위를 반복한다. 엄마라는 존재가 만족감을 채워 주는 사람으로 아이 마음속 좋은 세계에 간직하게 된다. 좋은 세계는 이런 방식으로 점점 확대되는데, 성인이 될 때까지 여러 경험을 통해 알게 된 다양한 사진으로 채워진다.

이 좋은 세계 안에 있는 것들만이 주요 관심사가 되어, 계속 찾기 위해 노력하며 좋은 세계와 관련이 없는 것에는 별로 관심을 두지 않는다. 따라서 아이들의 좋은 세계에 건설적이고 가치 있는 것들, 아이의 성장을 도와주는 것들이 들어갈 수 있도록 도와주어야 한다.

(2) 독서치료에서의 좋은 세계

책을 읽다 감동을 받으면 그 장면은 바로 '좋은 세계'에 저장된다. 그리고 다음엔 그런 경험을 반복하려 애쓰게 된다. 『강아지똥』(권정생 글, 정승각 그림, 1996)을 읽고 강아지똥이 민들레를 안아 주어 꽃이 핀다는 사실을 마음에 담는다면 아이는 자신도 강아지똥처럼 누군가를 안아 주려 할 것이다. 『시리동동 거미동동』(권윤덕, 2003)을 보며 까마귀를 타고 토끼와 손을 잡고 제주의 푸른 바다 위 푸른 하늘을 나는 장면을 마음에 담는다면, 바다와 하늘의 푸르름을 지켜내고 자신도 그렇게 날아 보리라 다짐하게 될 것이다. 『선인장 호텔』(브렌다 기버슨 글, 메건 로이드 그림, 1995)을 보며 그 작은 씨앗이 자라 드넓은 사막을 온통 선인장으로 가득 채우는 모습에 작은 씨앗 같은 삶을 살아가겠노라 다짐할 수도 있다.

『북극곰 코다』

저/역자: 이루리

출판사/발행연도: 북극곰/2012

한 중학교 집단독서치료에서 『북극곰 코다』(이루리 글, 엠마누엘레 베르토시 그림, 2012)를 PPT로 함께 읽었다. 2학년 남학생이 따로 와서 책을 보여 달라 요청한다. 약 1년 동안 왕따를 당한 후 더 이상 괴롭힘을 당하지는 않지만 여전히 친한 친구 없이 학교생활을 버티는 아이이다. 그 아이가 쉬는 시간에 혼자 『북극곰 코다』를 보다 한 장면에서 멈추고 한참을 들여다본다.

북극의 하얀 눈밭에서 사냥꾼은 북극곰을 찾고 있다. 모두가 하얀 세상에서 두 개의 까만 점이 보인다. 까만 코를 가진 엄마 곰과 아기 곰이다. 엄마가 사냥꾼을 발견하고 아기를 지키려 안아 주자 코가 하나 사라진다. 사냥꾼이 남은 한 개의 코를 보고 총을 쏘려는데 나머지 까만 코도 사라진다. 사냥꾼은 사냥에 실패한다. 엄마의 까만 코를 아기 곰이 작은 두 손으로 가려서 엄마를 구한 것이다. 아기가 엄마의 코를 두 손으로 감싸 쥐는 그 장면에서 아이는 정지된 듯 멈추고 한참을 바라본다.

자신의 마음을 아직 잘 표현하지 않는 아이라 이 장면이 왜 마음에 드는지 물어도 "그냥요."라고만 대답한다. 그 정도도 충분하다. 어리고 힘없는 아기 곰이 자신이 할 수 있는 방법으로 엄마를 구할 수 있다는 사실, 그저 당하기만 하는 것이 아니라 적극적으로 대응할 수 있다는 걸 깨달았을 수도 있겠다. 그 장면은 아이의 마음속 깊이 자리 잡아 늘 자신의 마음과 행동을 선택하는 기준이 될 수도 있고, 그런 따뜻한 사랑을 주고 싶을 때, 용기가 필요할 때 떠올리는 보석이 될 수도 있으니 말이다.

이렇게 지혜와 용기와 가치를 추구하는 좋은 장면을 만날 땐 굳이 대화를 나누지 않아도 된다. 그저 그 장면에 머물러 오랫동안 바라보기만 해도 좋다. 물론 시간이 조금 지난 후 자신이 느낀 것을 말과 글로 표현하게 하면 더 좋다. 아이가 그 장면을 자신의 좋은 세계 속에 담아 두는 모습이 느껴진다. 보다 좋은 책을 읽기를 바라는 이유가 바로 여기에 있다. 그런데 주의할 것이 있다. 과격하고 선정적인 장면, 공격적인 행동으로 심리적 충족감을 채운 경험이 있다면 그런 모습에 자신도 모르게 끌리게 된다. 가능하면 그런 경험을 하지 않도록 도와주어야겠다. 우리 아이 마음속 좋은 세계 속에 사람의 지혜와 용기와 가치를 추구하는 좋은 그림이 많이 저장되면 좋겠다.

현실치료에서는 내담자에게 드러난 증상에 관심을 기울이기보다는 내담자가 특정 행동을 선택하게 된 현재의 동기와 자신이 통제할 수 있는 것에 초점을 맞추어 상담을 진행한다. 자신이 원하는 것을 얻기 위해 무엇을 할 것인지, 외부의 조건 때문에 못한다는 변명을 인식하게 도와주고, 자신의 선택과 자기 행동에 대한 책임을 강조하며 지금 현재의 문제에 관심을 기울여 상담하게 되는 것이다. 다음에서 현실치료의 상담이 진행되는 과정을 살펴보자.

2. 행동 변화를 위한 현실치료 기법

현실치료는 크게 두 과정으로 이루어진다. 상담 초기의 상담 환경 가꾸기와 내담자를 행동이나 방향 변화로 인도하는 상담 과정으로 구성되어 있다. 현실치료 상담은 이 두 과정을 조화롭게 엮어 내어 내담자로 하여금 그들의 삶을 스스로 평가하고 바람직하게 방향 선택을 결심하도록 함께 작업하는 것을 의미한다. 미국의 심리학자이자 현실치료 이론가인 로버트 우볼딩은 현실치료와 선택이론이 인간의 현재 행동에 초점을 두고 내담자의 행동 책임을 강조하며 내담자의 지금 현재 자신의 삶을 효과적으로 통제하여 자신의 행동을 효율적으로 선택할 수 있도록 도와준다고 하였다. 두 가지 과정을 자세히 살펴보자.

1) 상담 환경 가꾸기

현실치료 상담자는 인간적이고 친숙한 관계를 맺고 내담자의 삶의 변화를 이끌어 내기 위해 지지적인 환경을 만들어야 한다. 로버트 우볼딩은 상담자는 상담 환경 가꾸기를 통해 내담자의 행동이나 방향을 변화시키는 과정으로 인도해야 한다고 하였으며 상담 환경 가꾸기의 중요성은 점점 더 강조되고 있다. 상담자는 지지적인 환경을 만들어야 하며, 그 안에서 내담자들이 삶을 변화시키도록 해야 한다. 이러한 환경을 만들기 위해서는 다음과 같이 일관성이 있어야 한다.

- 친근감을 가지고 내담자의 이야기를 경청해야 한다. 상담자는 내담자가 그들의 욕구를 충족할 수 있는 바람직한 방법을 찾는 데 도움을 줄 수 있는 사람이라고 믿을 수 있게 해야 한다.
- 내담자의 과거사는 그것이 현재 상황을 설명하는 데 도움이 되지 않는 한 이야기하는 것을 허용하지 않는다.
- 내담자의 느낌이나 신체 현상을 전행동과 분리시켜 이야기하는 것을 피한다.
- 무책임한 행동에 대한 변명을 허용하지 않는다.
- 벌하거나 비판하지 않으면서 내담자의 행동 선택에 대한 필연적인 결과를 깨닫게 해야 할 것이다.

상담 환경 가꾸기를 위한 권장 사항 중 현실치료를 적용한 독서치료에서 특히 기억하고 적용할 사항은 다음과 같다.

- 판단 보류하기: 이것은 내담자의 어떠한 행동도 내담자 자신의 욕구를 충족시키려는 최선의 선택으로 일단 보아야 한다는 것을 의미한다. 즉, 상담자는 판단하거나 비난하지 말고 1차적 수준의 지각을 통해 이해하여야 한다.

- 예상하지 않은 행동하기: 내담자는 좌절과 갈등을 겪고 있기 때문에 상담을 받으러 온다. 고통스러운 내담자의 심리적인 사진첩 혹은 질적인 세계 속에는 부정적인 사진들로 가득 차 있을 수도 있다. 고통스러운 상황에서는 잠시나마 그 상황을 제쳐 두고 예상치 않은 행동으로 새롭게 질적인 세계에 저장될 경험을 제공하는 것도 도움이 된다.

- 건전한 유머 사용하기: 웃음은 인간의 고통을 치유하는 최상의 묘약임을 믿기 때문에 현실치료에서는 유머를 적극 권장한다. 글래서는 상담할 때도 수시로 유머를 사용하여, 상담자도 내담자도 그들의 만남을 즐겁게 기대하도록 한다.

- 자기답게 상담하기: 상담자가 진취적이면 진취적으로, 부드럽고 조용하면 조용하게, 가장 자기답게 상담하는 것이 좋다.

- 자기 자신을 개방하기: 상담자의 진지하고도 개방적인 태도는 내담자가 자기의 질적 세계로 상담자를 들어오게 할 수 있을 뿐 아니라 상담자에 대한 내담자의 신뢰를 증진시킬 수 있다.

- 주제에 귀 기울이기: 내담자들의 주제를 경청한 후 그 이야기를 확인하고 다시

반영해 준다. 집단상담의 경우에는 상담자는 집단의 바람과 지각을 함께 묶음으로써 내담자가 상담 주제로부터 이탈되지 않게 하여 효과적으로 방향을 설정해 나갈 수 있다.

- 침묵을 허용하기: 이는 내담자가 침묵하는 동안 자신의 생각을 모으고 자기 내면의 심리적 사진과 지각을 명료하게 하고, 문제 해결을 위한 행동계획을 세울 수 있도록 도와주는 것이다.

2) 현실치료 상담 과정(R · W · D · E · P)

현실치료의 상담 과정은 로버트 우볼딩이 제시한 W · D · E · P(Want/Doing/Evaluation/Plan) 체계를 바탕으로, 김인자(1997a)가 강조한 내담자와 좋은 관계 형성하기(Relation) 과정을 접목한 R · W · D · E · P 상담 과정으로 진행하는 것이 바람직하다.

(1) R · W · D · E · P

① 내담자와 좋은 관계 형성하기

상담자는 내담자와 신뢰 관계를 형성해야 한다. 이런 신뢰 관계를 바탕으로 상담자는 내담자에게 W · D · E · P의 상담 과정을 진행할 수 있다. 신뢰 관계를 형성하기 위한 상담자의 태도는 다음과 같다.

- 내담자에게 눈 맞춤, 수용적 자세 등 주의를 기울이는 행동하기
- 침착하고 예의 바르며 신념을 가지고 항상 열정적이고 확고하고 진실하기

- 내담자의 어떠한 행동도 내담자 자신의 욕구를 충족하려는 최선의 선택으로 보고 판단을 보류하기

어떤 상담 방식을 사용하든 내담 아동과의 좋은 관계를 형성하는 것은 기본 중의 기본이다. 인터넷 댓글 중 상담에 대한 불만으로 이런 내용이 올라왔다. 내담자는 힘든 과거 일을 떠올리며 원망과 분노를 쏟아 낸다. 그런데 상담자가 "나는 현실치료로 상담하는 사람이다. 현실치료에서는 과거보다는 현재와 미래에 초점을 둔다. 과거에 집착하지 말고 원하는 것을 위해 지금 무엇을 할 것인가를 이야기 나누자." 라고 말했다고 한다.

이 내담자는 상담자가 자기 마음속에 가득 차 있는 원망과 분노와 좌절감을 위로해 주지 않고 거절했다 느끼고 다시는 가지 않았을 뿐 아니라, 자기 마음을 몰라 주는 상담자에 대한 원망을 SNS에 쏟아부었다. 이론적으로 설명하자면 상담자의 말은 맞을 수 있다. 현실치료에서는 되돌릴 수 없는 과거에 집착하지 않고, 지금 현재 자신이 원하는 것과 진짜 원하는 것을 탐색하고, 그것을 얻기 위해 지금 내가 무엇을 할 것인가를 찾고, 계획하고, 실천하는 상담 과정을 거친다. 하지만 내담자의 이야기에 귀 기울이며 주제를 찾고, 좋은 관계를 맺어야 한다는 가장 기본적인 원칙을 위배함으로써 그다음 과정의 상담을 진행할 기회를 잃어버렸고, 힘들게 상담자를 찾아온 내담자에게 상담 자체에 대한 원망과 배신감을 심어 준 꼴이 되어 버렸다.

숙련된 상담자는 내담자가 하고 싶은 말을 들어주되, 그럼에도 과거의 이야기 속에 숨어 있는 내담자가 진정으로 원하는 것을 찾아내어 다시 이야기 나누고, 그래서 자연스럽게 지금 여기서 앞으로 무엇을 다르게 할 것인지 탐색해 갈 수 있게 도와주어야 한다. 좋은 관계 맺기의 단계에서 이론과 설명을 내세워 힘겨운 내담자를 외롭게 하지 않기를 바란다.

② 바람 탐색(Want)

"What do you want?"의 'Want'를 묻는다. 즉, 내담자의 욕구와 소망과 바람을 탐색해야 한다. 내담자의 좋은 세계를 탐색하기 위해 내담자가 주변 사람이나 자기 자신에게 원하는 것을 알아보고 내담자의 심리적 욕구 중 충족된 것과 충족되지 않은 것을 구분해 준다. 또한 내담자가 주위 사람이나 세상을 어떻게 보는지를 질문을 통해 알아본다.

〈Want를 알기 위한 질문〉

• 당신은 변화하고 싶습니까?
• 당신의 삶을 변화시키고 싶습니까?
• 만약 변화한다면 무엇을 갖게 되겠습니까?
• 현재 갖고 있지 못한 것 중에서 무엇을 갖고 싶습니까?
• 기적이 일어났다면 무엇을 보고 기적이 일어났음을 알 수 있을까요?
• 당신이 원하는 상황이 되었다면 당신의 삶이 어떻게 좋아지리라고 봅니까?

〈Want와 Real Want 의 차이〉

• '무엇을 원하는가?'라고 질문하기
• '진정으로 원하는 것이 무엇인가?'라고 질문하기
• '사람들이 당신에게 원하는 것이 무엇이라고 생각하는가?'라고 질문하기

③ 행동 탐색 질문(Doing)

"What are you doing?"의 'Doing'을 질문한다. 자신의 바람을 충족하기 위해 지금 어떤 행동을 하고 있으며, 그러한 행동이 얼마나 효율적인지에 대해 질문하고 스스로 파악하도록 하여야 한다.

〈Doing을 위한 질문〉

• 지금까지 원하는 것을 얻기 위해 무엇을 하셨나요?

• 어제 무엇을 하셨어요?

• 그렇지 않을 때도 있었나요? (예외질문)

• 그와 사이좋을 때도 있었나요? 그때는 지금과 어떻게 다르게 행동했나요?

• 어머니와 사이가 좋아지기 위해 무엇을 하셨나요?

현실치료에서 윌리엄 글래서는 '좋은(Quality) 선택의 기준'을 강조하였다. 자신의 선택이 이 기준에 맞는지 적용해 보면 자신의 행동이 어떤 의미였는지 아주 쉽게 깨달을 수 있다. 상담을 진행하면서 종종 내담자와 함께 이 기준을 되짚어 본다면 보다 성숙한 선택을 할 수 있는 힘이 길러질 것이다.

〈좋은(Quality) 선택의 기준〉

• 나의 욕구를 충족시키는가?

• 나의 욕구를 채우기 위해 다른 사람의 욕구 충족을 방해하지 않는가?

• 유용한가?

• 자신과 타인에게 건설적인가? 파괴적이지 않는가?

• 항상 발전 지향적인 변화를 추구하는가?

• 좋은 느낌을 주는가?

④ 자기평가 질문(Evaluation)

"Evaluate what are you doing?"의 'Evaluate(평가하기)' 단계이다. 자신의 행동이 얼마나 효율적인지 스스로 평가하고 자신이 원하는 것(욕구)을 위해 자신이 올바르고 바람직한 행동을 선택하고 있는지 함께 평가해 보는 단계이다. 이 단계에서 상담자는 언어 충격, 맞닥뜨리기 등의 기법을 사용하여 직면시킬 수 있다. 이것은 내담자가 생각하고 평가하는 것보다 더 정확하게 타인의 평가를 반영하는 단계이다. 충분한 신뢰 관계가 형성되었을 때 사용하는 것이 바람직하다.

〈Evaluation의 질문〉

- 당신이 지금 하고 있는 것은 당신이 진정으로 원하는 것을 얻는 데 도움이 됩니까?
- 당신이 원하는 것은 현실적이거나 실현 가능한 것입니까?
- 지금까지 그렇게 한 것이 도움이 되던가요?
- 1부터 10까지를 볼 때 관계 만족도는 얼마나 되지요? (척도질문)
- 만족감이 느껴지던가요?
- 원하는 것이 이루어질 확률이 얼마나 된다고 생각하십니까?
- 부정적인 감정을 가졌을 때 도움이 되었습니까?
- 실패했을 때 발생할 수 있는 최악의 일은 무엇이라고 봅니까?

⑤ 계획하기(Plan)

마지막 단계인 'Make a plan'의 단계이다. 자신의 행동이 욕구를 얻기 위한 효과적인 선택이 아니었다면, 그것을 깨달았다면, 이제 다시 바람직한 행동을 선택하기 위해 구체적인 계획을 세우는 것이다. 결과나 목표 중심적인 거창한 계획이 아니라 지금 당장, 오늘부터 실천할 수 있는 진행 중심적인 계획을 세워 보는 것이다. 계획은 무엇보다 현실적이고 실현 가능한 계획이어야 하며, 행위를 중지시키기보다는 행위를 하도록 하는 계획이어야 한다.

〈계획 세우기의 원칙〉

- 내담자에게 중요한 것을 목표로 한다.
- 작은 것을 목표로 한다.
- 구체적이고 행동적인 것을 목표로 한다.
- 없는 것보다 있는 것에 관심을 둔다(장점 찾기, 협동하기).
- 목표를 종식보다 시작으로 간주한다.
- 내담자의 생활에서 현실적이고 성취 가능한 것을 목표로 한다.

실제 상담 과정의 계획 세우기를 진행하는 과정에서 상담자도 종종 실수하는 경우가 많다. 지금까지의 습관이나 사회적 통념상의 계획처럼 결과나 목표 중심적인 계획을 세우게 된다. 목표 중심적 계획은 실패하기 쉽다. 구체적인 행동 계획이 빠져 있기 때문이다. 다음 〈표 7-1〉을 보며 결과나 목표 중심적인 계획과 진행과 구체적인 행동 중심적 계획이 어떻게 다른지 살펴보기 바란다.

〈표 7-1〉 목표 중심 계획에서 행동 중심 계획으로

결과나 목표 중심적인 계획	진행과 행동 중심적인 계획
친구와 더 잘 지낸다.	친구에게 하루 한 가지 칭찬을 한다.
운동을 열심히 한다.	잠자기 전 10분 동안 스트레칭을 한다.
수학 점수 10점을 높인다.	저녁 8시, 20분 동안 수학 공부를 한다.

3) 현실치료의 피드백 방법

윌리엄 글래서는 매 회기의 상담에서 긍정적이고 구체적인 피드백 방법을 말하고 있다. 그는 다른 사람의 행동에 대해 비판, 비난, 비교를 하지 않는 것의 중요성을 강조한다. 비판 행동은 어떤 경우에도 건설적일 수 없다고 한다. 누구에게도 타인을 비판하고 무시할 권리는 없으며, 누구도 타인으로부터 무시당하거나 비판받고 살아야 할 의무도 없다는 것이다. 우리는 가끔 결과가 원하는 대로 이루어지지 않는 경험을 한다. 일반적으로 실패라는 용어를 사용한다. 한국심리상담연구소의 김인자 소장은 "실패라는 것은 없다. 또 한 번의 학습이 있을 뿐이다."라고 말한다. 따라서 이 방법의 평가는 '나는 무엇을 잘못했다.'는 평가가 아니다.

- 나는 ~을 하려고 했다.
- 나는 ~을 배웠다.
- 따라서 앞으로 나는 ~을 다르게 하고 싶다.

자신이 미처 알지 못하거나 경험하지 못해서 실수하게 된 부분에 대해 '배운 점'으로 바꾸어 말하게 한다. 자신이 새롭게 배우게 된 점이 무엇인지 평가하는 것이다. 그리고 새롭게 배웠으니 다음에는 다르게 하고 싶은 생각이 저절로 들게 된다. 바로 그 점을 평가에서 말하게 하는 것이다. 현실치료의 평가에서는 '아쉽게도, 안타깝게도, 제가 잘 몰라서'라는 말은 필요가 없다.

타인에 대한 피드백 방법도 같은 맥락에서 응용할 수 있다. 현실치료에서 제안하는 타인에 대한 피드백 방식은 다음과 같다.

- 당신은 ~한 것으로 보인다(이해된다).
- 그런 부분을 다르게 한다면 ~해 보고 싶다.

다른 사람이 한 것이 부족해 보이거나 잘못되어 보여도 그것에 대해 말하지 않는다. 상대의 의도가 무엇인지 이해하고, 그것을 바탕으로 내가 다르게 한다면 새로운 아이디어를 보태서 해 보겠다는 의견을 제시하는 것이다. 이런 방법은 나와 상대방 모두의 배움과 발전을 촉진하게 된다고 강조한다. 상대방을 비난하는 것이 아니라 서로에게 더 좋은 아이디어와 새로운 해석을 제공해 주는 결과를 가져온다. 따라서 서로의 생각을 크게 하는 데 도움이 되는 것이다. 실제로 독서치료를 진행하면서 지금 여기에서 상담자와 내담자가 함께 이야기 나누고 시간을 보낸 것에 대해 현실치료적 평가를 해 보면 무척 효과적이라는 것을 알게 된다. 평가를 한 회기와 하지 않은 회기가 누적되면 꽤나 큰 차이가 느껴진다. 자신이 배운 것이 무엇이고, 앞으로 어떻게 다르게 할지 생각을 정리해서 말로 표현하거나 글로 쓰는 것의 효과를 다시 확인할 수 있다.

3. 그림책 인물의 Want와 Real Want 분석하기
─신데렐라 이야기

신데렐라 이야기에서 신데렐라가 진짜 원한 건 뭘까? 내담자와 좋은 관계를 맺은 후 그림책이나 이야기 자료를 활용해서 현실치료를 진행해 보자. 우선 Want와 Real Want 탐색 과정이다. 이 과정은 성공적인 심리치료를 위해 매우 중요한 단계이다. 상담을 통해 얻고 싶은 것이 무엇인지 질문하면 내담자가 말로 표현하는 Want가 있다. 하지만 상담자가 더 알아보아야 할 것은 그 속에 숨은 Real Want는 다를 수 있다는 점이다. 혹은 스스로 아니라고 부인하거나 자각하지 못하지만 간절하게 소망하는 또 다른 Real Want가 있을 수 있다. 그러니 상담자가 대화를 통해 내담자의 바람과 소망을 탐색하는 과정은 매우 중요하다. 누구나 다 안다고 생각하는 신데렐라 이야기를 통해 Want와 Real Want 탐색하기를 연습해 보자.

책을 읽고 아이가 "나도 왕자님과 결혼할 거야. 난 괴물을 물리칠 거야."라고 말하면 그것이 Want로 해석된다. 하지만 진짜 왕자님과 결혼할 수도 없고, 괴물을 물리치기도 어렵다.

대부분의 상담자는 "공주님이 되고 싶구나. 왕자님과 결혼하고 싶구나. 용감하게 괴물을 물리치고 싶구나."라며 공감해 준다. 그런데 그다음 질문이 막힐 때 그들이 '진짜 원한 것(Real Want)'이 무엇인지 질문해 보자. 신데렐라의 왕자님은 완벽한 조건을 가졌다. 앞으로 왕이 될 사람이고, 부자이고, 멋있게 생겼고, 공주를 사랑하고, 구해 주는 용기도 지녔다. 이 중 신데렐라는 어떤 점이 제일 좋았을까? 신데렐라의 입장에서 생각해 보는 질문도 좋고, 내담 아동에게 직접 "왕자님과 결혼하면 뭐가 좋을까? 괴물을 물리치면 어떤 점이 좋을까?"라고 질문해도 좋다.

현실치료의 관점에서 신데렐라의 마음을 조금 더 알아보자. 신데렐라는 왕자님을 만나기 전 까지 계모와 언니들의 구박에도 불구하고 묵묵히 견디며 그 집에서 살았다. 왜 그랬을까? 도망을 갈 수도 있고, 다른 누군가에게 도움을 청할 수도 있었을 텐데 말이다. 현실치료에서는 '지금 내가 선택한 건 욕구를 충족하기 위한 최선의 선택이다.'라고 말한다. 그렇다면 신데렐라가 그렇게 힘든 구박과 멸시를 참으며 살았던 것은 어릴 적에 충족하지 못한 사랑과 소속의 욕구를 새엄마와 언니들에게서 얻으려고 했던 건 아닐까? 딱 한 번 만난 왕자가 자신에게 사랑을 보여 주니 이제 그 사랑을 찾아 과감하게 떠난 건 아닐까? 만약 그렇다면 이런 상상도 가능하다. 왕자가 아니었어도, 자신에게 따뜻한 사랑을 준 사람이 가난한 나무꾼이었어도, 어쩌면 신데렐라는 그 남자를 따라 나섰을 수 있다.

아이와 함께 책을 읽을 때 등장인물들이 선택하는 행동을 보며 "그렇게 하면 뭐가 좋을까?"라고 질문해 보자. "이 사람은 왜 이런 행동을 선택했을까? 이렇게 하면 뭐가 좋을까?" 아이가 해석하는 인물의 심리가 곧 아이의 마음을 보여 주기도 한다. 어떤 욕구가 강한 아이인지, 진짜 원하는 게 무엇인지 알 수 있다. 끝없이 사 달라고 요구하는 게 많은 아이라면 그걸 사면 뭐가 좋은지도 물어보자. "친구들한테 자랑할 거예요. 친구들이랑 재미있게 놀고 싶어요. 인기가 있었으면 좋겠어요. 신기한 기능이 있는 게 좋아요." 이런 말 속에 숨어 있는 우리 아이가 진짜 원하는 것들이 이젠 조금씩 보이면 좋겠다.

다른 인물도 현실치료의 관점에서 생각해 보자. 신데렐라의 계모의 Real Want는 무엇이었을까? 부단히 신분 상승을 꿈꾸며 자신의 딸을 왕자와 결혼시키려 애쓴 이유는 어떤 욕구를 충족시키기 위한 것이었을까? 어쩌면 멋지게 성취하고 싶은 욕구를 이룰 방법을 모르니 반칙을 쓸 수밖에 없었던 건 아닐까? 그녀가 옳은 방법으로 성취하려면 어떻게 하는 것이 좋을까? Want 탐색 다음의 단계가 바로 지금 현재 무엇을 하고 있는지 알아보는 단계이다. 신데렐라의 계모가 자신의 욕구를 채우고 행복해지기 위해 지금 하고 있는 것은 무엇인지를 명확하게 알아보는 과정이다. 신데렐라를 구박하는 것은 자신이 원하는 것을 얻는 좋은 방법이 아니라는 것을 깨달아야 했다. 바로 이 과정이 자신이 욕구를 충족하기 위해 시도한 행동들이 도움이 되었는지를 평가하는 단계이다. 지금까지의 행동들이 도움이 되지 않았다고 평가한다면, 마지막 단계에서 다시 계획을 세우는 과정으로 진행된다.

4. 현실치료를 적용한 독서치료

말과 행동이 다른 3학년 태현이

3학년 태현이는 매우 적극적이고 사교적인 성격이다. 하지만 친구들과의 관계에서 자주 문제가 생긴다. 태현이는 주목받고 싶고 제일 잘하고 싶고 친구들이 모두 자신의 의견을 들어주기를 바란다. 한마디로 가장 인기 있고 능력 있는 리더가 되길 바란다. 하지만 진정한 리더는 친구들의 마음에 공감해 주고, 이해하고 배려하는 태도가 필요한데 안타깝게도 태현이는 그런 면이 많이 부족하다. 태현이는 친구들과 놀 때 명령조로 얘기하거나 짜증을 잘 낸다. 자신의 말에 친구들이 관심을 보이지 않거나, 자신이 원하는 놀이를 친구들이 따르지 않으면 화내며 강요하고 조건을 내걸고 따지기를 반복하니 친구들이 좋아할 리가 없다. 게다가 줄을 서거나 무엇을 해야 할 때 꼭 첫 번째로 하려 하니 친구들은 그런 태현이와 가까이 하려 하지 않았다. 다른 능력은 모두 뛰어나지만 사회적 인지가 부족해 어떤 마음으로 어떻게 행동해야 하는지 잘 모른다.

엄마가 이런 상황을 알고 어떻게 행동해야 하는지 가르쳐 주고 설명을 해도 아이는 친구 원망만 하지 자신에게 잘못이 있다는 사실을 인정하지 않는다. 2학년 때부터 문제가 발생했는데 3학년이 되니 이제 엄마에게 이야기할 때는 자신에게 이로운 쪽으로 상황을 왜곡해서 전달하기 시작했다. 친구가 규칙을 어겼고, 아무리 설명을 해 주어도 알아듣지를 못하는 걸 보니 애가 머리가 안 좋은 것 같고, 다시는 그 친구랑 놀고 싶지 않다는 식의 말을 자주 하기 시작했다. 반장 선거에서는 겨우 3표가 나왔을 뿐이었다. 아이는 그날도 엄마에게 반장을 하기 싫어서 나가지 않았다고 거짓말을 했다. 잘못한 부분은 혼내고 잔소리를 해도 달라지지 않고 오히려 나빠지기만 한다.

태현이의 인지적 능력은 매우 훌륭했다. 하지만 친구에 대한 정서적 공감능력이 부족하고, 자신이 원하는 것을 얻기 위해서 사용하는 방법은 오히려 상황을 악화시켰다. 아이들에 따라 충분히 공감하고 수용해 주는 단계가 매우 중요한 아이도 있고, 오히려 자신이 선택하는 방식이 자신이 원하는 것을 얻지 못하게 방해하고 있다는 사실을 깨닫게 하는 것이 필요한 아이도 있다. 자신이 하는 행동이 타인뿐 아니라 자신에게도 피해를 입히고 있다는 사실을 깨닫게 하는 것이 더 효과적인 것이다. 태현이도 그런 경우였다. 태현이를 만나서 독서치료를 진행하였다. 태현이가 무엇을 원하는지 이야기를 나누었다.

① 태현이의 Want: 친구들이 나의 말을 잘 들어주기, 재미있게 같이 놀기

태현이는 두 가지를 말했다. 그런데 두 가지 중 어느 것이 진짜 원하는 것인지 다시 질문했다. 친구들이 나의 말을 잘 들어주기를 바라는 이유는 친구들이 자기 말을 잘 들어주면 잘한 것 같아서 기분이 좋다고 했다. 놀 때마다 자기가 의견을 주로 내기 때문에 재미있게 놀면 잘한 것 같아 기분이 좋고 행복하다고 했다. 결국 태현이는 잘하고 싶은 욕구, 자신의 의견을 인정받고 칭찬받고 싶은 욕구와 태현이의 의견이 모두에게 도움되는 성취의 욕구가 중요한 것이었다. 이렇게 태현이의 Real Want에 대해 다시 이야기를 나눈 후 다음 단계를 탐색했다.

📖📖 「흔들흔들 다리에서」
||||||||||||||||||||||||||||||

저/역자: 기무라 유이치/김소연
출판사/발행연도: 천개의바람/2016

『흔들흔들 다리에서』(기무라 유이치 글, 하타 고시로 그림, 2016)를 꺼냈다. 표지만 보고 태현이에게 질문했다.

"지금 여우와 토끼가 서로 마주보며 무슨 생각할 것 같아? 뭐라고 말하고 있을까?"

"서로 비키라고, 자기가 먼저 지나가겠다고."

"그렇구나. 그림을 조금 더 자세히 살펴볼래? 어떤 상황이야?"

"어? 이거 바다예요?"

"글쎄?"

"아, 다리가 있으니까 바다는 아니겠고. 뭐, 강물 위에 벼랑 사이에 다리겠네요."

"아, 그렇구나. 그럼 둘이서 뭐라 말할 것 같아?"

"어? 누가 먼저 움직이면 다리가 기울어 버릴 텐데."

"그러게, 선생님도 그렇게 보여. 그런 상황이면 서로에게 뭐라 말할까?"

"아, 근데 어쩌다 이렇게 된 거예요?"

"글쎄. 뭔가 이유가 있겠지? 너가 이 상황이라면 뭐라 말할 거야?"

"건너야 하니까 서로 한 발자국씩 같이 움직이자고 할 거예요. 그런데 박자가 안 맞으면 떨어질 테니까 내가 '하나!'라고 외치면 한 발만 움직이라고 할 거예요."

"우와, 그럼 어떻게 될 것 같아? 상대 친구는 말을 들어줄 것 같아?"

"들어줘야죠. 안 들어주면 둘 다 떨어지는데. 이런 걸 운명 공동체라고 하죠."

"정말 둘이서 운명 공동체구나. 그런데 한 발씩 앞으로 가서 만나면 어떻게 할 거야?"

"서로 잘 붙잡고 옆으로 비켜서서 지나가야죠. 이건 진짜 협동을 잘해야 해요."

"와, 대단하다. 태현이가 차근차근 설명해 주니 선생님도 잘 이해가 되네. 그럼 한번 읽어 보자. 어쩌다 이런 상황이 되었는지. 근데 참, 여우가 토끼를 잡아먹으면 어떡하지? 원래 그런 사이잖아."

"아, 이 상황에서 잡아먹으면 안 되죠. 안 잡아먹겠다고 약속하고 끝까지 지켜야죠."

"오! 멋진데. 한번 읽어 볼까?"

표지를 보고 나눈 대화에서 태현이는 상황을 정확하게 파악하고 현명하게 해결책을 제시하기도 한다. 이 정도 상황 이해력을 가졌음에도 불구하고 이상하게 친구 관계에서는 이런 인지능력이 발휘되지 않았다. 책을 읽으며 그 이유를 찾아보기로 했다.

며칠 내내 비가 세차게 내려 다리가 망가지고 통나무 하나만 겨우 남았다. 토끼 한 마리가 뒤쫓아 오는 여우를 피해 통나무 다리로 뛰어오른다. 빨리 건넌 다음 통나무를 떨어뜨리고 도망칠 속셈이다. 여우도 마찬가지이다. 통나무 다리만 못 건너게 하면 붙잡을 수 있다고 생각하며 뛰어온다. 토끼가 다리를 채 건너기 전에 여우가 통나무 다리에 뛰어오르자 크게 흔들린다. 중심을 잡은 여우는 씩 웃으며 앞으로 나아간다. 그런데 바로 그때, 비 때문에 약해진 둑이 무너져 내리고 걸쳐 있던 통나무가 쏙 빠져서 흔들리기 시작했다. 여우는 아랑곳하지 않고 토끼에게로 다가갔다. 그러자 통나무가 기울기 시작한다.

"멈춰! 더 이상 오지 마. 우리 모두 강으로 떨어질 거야!"

이 부분까지 읽어 준 후 태현이에게 물었다.

"이 상황에서 여우는 어떻게 했을까?"
"위험하니까 빨리 중심을 잡아야 해요. 뒤로 가야 해요."
"좋아, 중심을 잡고 나서 여우가 토끼에게 뭐라고 했을까?"
"뭐, 어떻게 하면 둘이 안전하게 살아남을 수 있을지 의논했을 것 같아요."
"진짜? 이야, 태현이는 정말 현명하네. 그런데 여우는 그러지 않았어. 책을 계속 읽어 볼까?"

여우는 토끼를 못 잡아먹는 것만 억울해했으며 마구마구 협박을 하기 시작한다. 친구를 불러 여기서 빠져나가면 토끼를 잡아 둘이 나눠 먹겠다고 말한다. 하지만 아무리 불러도 기다리는 친구는 오지 않고 계속 다리는 기우뚱거린다. 시간이 흐르며 둘이 할 수 있는 일은 이제 이야기를 나누는 일뿐이었다. 이야기를 나누기 시작하면서 둘은 서로 잡아먹고 먹히는 관계라는 걸 잊게 되고 묘한 우정이 싹트기 시작한다. 과연 이런 우정이 가능한 걸까?

이 책은 태현이가 바라는 것이 무엇인지 좀 더 잘 깨닫기를 바라는 마음에 선택했다. 단순히 태현이가 잘못을 깨닫고 바람직한 행동을 선택하도록 이끄는 책보다 진정한 친구란 무엇인지 생각해 보는 기회를 갖기 위해서였다. 책을 읽고 다시 질문했다.

"나중에 둘이 무사히 구출되고 나서 여우는 토끼에게 뭐라고 했을까?"

"잘 살라고 했겠죠. 다른 여우나 육식동물에게 잡아먹히지 말라고."

"나중에라도 다시 토끼를 만난다면 배고프면 안 잡아먹을 수 있을까?"

"엥, 친구를 어떻게 잡아먹어요?"

"진짜? 배가 엄청 고픈데?"

"아무리 그래도 친구는 못 먹죠."

"그렇구나."

"한번 친구는 영원한 친구예요. 생사를 같이 한 친군데."

이렇게 말하며 웃는다. 이제 다음 단계의 이야기를 나누어도 될 것 같았다. 태현이와 친구 관계에서 속상한 일에 대해 이야기를 나누었다.

"친구들이 네 말을 안 들어줘서 속상할 때가 많았지? 그럴 때 넌 뭐라고 했어?"

② 태현이의 Doing

태현이는 친구가 자신의 주장을 받아들이지 않으면 반복해서 설명한다. 그래도 계속 다른 의견을 말하면 "왜 이렇게 못 알아들어? 너 바보야?"라고 비난하거나 다음 놀이에서 제외시키기, 짜증내거나 다른 친구에게 험담하기 등의 방법을 쓴다고 했다.

"태현이가 얼마나 속상했으면 그런 말을 했을까? 진짜 속상했나 보다."

"네."

"태현아, 그런데 궁금한 게 있어. 아까 네가 한번 친구는 영원한 친구라고 했지? 아무리 배가 고파도 잡아먹지 않는다고."

"네."

"한번 친구는 영원한 친구인데 네 말을 잘 못 들어줄 때 비난하는 게 좀 이상해. 혹시 잘 다투는 친구는 진짜 친구가 아니라고 생각한 거야?"

"네. 걔들은 진짜 친구 아니에요."

"그래서 그렇게 화를 잘 내는 거야? 그럼 네 말을 안 들어줘도 화내지 않는 친구도 있어?"

"있어요. ○○이랑 △△이한테는 안 그래요."

"아! 우리 그럼 태현이는 어떤 친구를 진짜 친구라 생각하는지 먼저 살펴봐야겠다."

태현이에게는 친구에 대한 개념이 고착화되어 있었다. 진짜 친구는 자기 말을 잘 들어주고, 빨리 이해하는 친구, 함께 즐겁게 노는 친구라고 말했다. 이런 생각을 바탕으로 가지고 있으니 다른 친구들과는 문제가 발생할 수밖에 없었던 것이다.

📖 『파란 고래』

저/역자: 베스 페리/홍연미
출판사/발행연도: 웅진주니어/2017

『파란 고래』(베스 페리 글, 리사 먼도프 그림, 2017)를 먼저 읽어 주었다.

파란고래는 친구를 기다리며 기대하고 있다. 아름다운 노을처럼 따스한 햇살처럼, 분홍빛 작은 구름 같은 친구를 상상하며 기다린다. 진짜 펭귄이 나타났을 때 마음대로 불쑥 다가가지 않고 호흡을 가다듬고 조심스레 다가가 도와주려 애쓴다. 펭귄도 그랬다. 그렇게 작은 용기로 다가가고, 설레는 마음으로 조심스레 마음을 열어간다. 굳이 언어로 친구의 개념을 말해 주지 않지만 충분히 느낄 수 있다.

"고래와 펭귄은 좋은 친구가 될 수 있을까?"

"서로 조심하고 배려했으니 당연히 좋은 친구가 될 거예요."

"혹시 서로에게 서운한 일이 생기면?"

"진짜 좋은 친구는 그 정도 일로 쉽게 화내지 않죠."

📖 「좀 별난 친구」

저/역자: 사노 요코/고향옥

출판사/발행연도: 비룡소/2013

『좀 별난 친구』(사노 요코 글·그림, 2013)도 읽었다.

할머니와 고양이 한 마리가 함께 산다. 할머니가 고양이에게 자신의 친구는 고양이라 말하지만 고양이는 진짜 친구를 찾아 날마다 물고기를 잡으러 갈 거라 말하고 친구를 찾아 나선다. 고양이는 길에서 끈 같은 긴 모양의 뱀을 만나 이렇게 말하기도 한다.

"난 진짜 친구를 찾으러 나왔는걸. 저런 끈 같은 거 찾으러 온 게 아니라고."

그러다 여자 고양이들을 만나 반가운 마음이 들었지만 되돌아오는 말은 이렇다.

"친구라고? 너 혈통서 없지? 우리는 좋은 집안 고양이하고만 사귄다고."

친구를 찾지 못한 채 슬퍼하는 고양이 옆에서 뱀은 고양이를 계속 도와주지만, 고양이는 뱀을 쉽게 친구로 인정하지 않는다. 고양이 마음은 어떻게 변해 갈까?

태현이에게 왜 고양이는 뱀을 친구로 쉽게 인정하지 않는지 짐작해 보자고 했다. 여러 가지 이유를 떠올려 보라고 했더니 이렇게 말한다.

"뱀이 시시하게 생겨서, 자기 이상형이 아니어서, 좀 더 멋진 친구를 찾고 싶어서, 자기를 도와주니까 중요하지 않게 생각되어서……."

"혹시 태현이는 좀 더 멋지고, 공부도 잘하고 그런 친구를 바라는 거야?"

갑자기 대답을 하지 않는다. 아마 무시당하는 고양이를 보며 무언가 마음이 불편했던 것 같다.

"선생님은 아까 고양이가 여자 고양이들한테 무시당할 때 되게 불편했어. 어쩌면 선생님도 그렇게 친구를 차별한 적이 있었던 것 같아서."

"선생님도 그런 적 있어요?"

"응, 옛날에는 가난한 친구가 많았어. 그래서 잘 씻지 못하는 친구들도 있었고. 그런 친구가 옆에 오는 걸 싫어했던 것 같아. 나중에 굉장히 미안했고 창피했어. 너는?"

"전…… 저도 좀……."

아이가 말로 꼭 다 표현해야 하는 건 아니다. 좀 더 생각이 구체화될 때 다시 이야기하기로 했다.

📖 『코끼리는 절대 안 돼!』

저/역자: 리사 맨체프/김선희
출판사/발행연도: 한림출판사/2017

이번에는 『코끼리는 절대 안 돼!』(리사 맨체프 글, 유태은 그림, 2017)를 읽었다. 책을 읽기 전에 "코끼리는 뭐가 안 된다는 걸까?"라고 질문만 던지고 책을 읽기 시작했다.

이야기는 코끼리를 반려동물로 키우면 친구들과 어울릴 수가 없다는 문제가 있다는 말로 시작한다. 집집마다 반려동물을 키우지만 코끼리를 키우는 사람은 주인공뿐이다. 함께 산책하고, 코끼리가 무서워하는 길 위의 틈이 있을 땐 번쩍 들어 옮겨 주고 도와주는 좋은 친구이다. 반려동물 모임이 있는 날, 주인공은 코끼리와 커플 목도리를 하고 신이 나서 찾아가지만 문 앞에는 '코끼리는 절대 안 돼.'라는 문구가 쓰여 있다. 실망하는 주인공에게 위로가 필요하다. 이번엔 코끼리가 용기를 내어 주인공을 이끌어 준다. 길모퉁이에서 스컹크와 함께 있는 소녀를 만난다. 둘은 마음을 합쳐 새로운 모임을 만들고 이렇게 적어 놓는다. '모두 다 들어오세요!'

다음에 펼쳐지는 그림이 참 좋다. 펭귄, 기린, 고슴도치, 박쥐 등 다양한 반려동물과 피부, 머리카락, 남자 · 여자, 각자의 개성이 다양한 아이들이 즐겁고 신나게 어울리는 장면이다. 차별과 편견이 아닌 어울림과 즐거움, 평화와 행복이 떠오르는 장면이다. 어쩌면 태현이 마음의 과정과 비슷한 그림책인 듯하다.

태현이도 무척 재미있게 본다. 그러다 아이들이 각자 자신이 좋아하는 반려동물을 데리고 있는 장면에서 부러움을 표현한다.

"'코끼리는 절대 안 돼!'라는 글과 '모두 다 들어오세요.' 하고 어떤 차이가 있는 걸까?"
"선생님은 제가 생각이 바뀌라고 이 책 읽으신 거죠?"
"와! 알아차린 거야? 역시 대단해. 어때? 좀 찔렸니?"

태현이의 정곡을 찌르는 질문이 너무 재미있다. 그래서 솔직히 말하며 대화를 이어갔다.

"맞아요. 제가 좀 그랬어요. 그런데 요즘은 별로 안 그래요. 진짜예요. 지난주 내내 친구들하고도 잘 지냈고 제가 우기지도 않았어요. 엄마한테 물어보세요."

태현이 엄마는 진짜 태현이가 몇 주 사이에 행동이 달라지고 있다고 보고했다. 그런데 태현이의 행동 중 항상 '첫 번째'로 하려고 하는 태도는 여전히 달라지지 않고 있다는 엄마의 말을 듣고 또 다른 그림책을 골랐다. 몇 회기 진행하는 동안 태현이는 직면하듯 자기 마음의 문제를 다루는 책도 편안하게 받아들이고 있었다.

📖 「내가 앞에 설래!」

저/역자: 나딘 브랭 코즈므/박정연
출판사/발행연도: 아름다운사람들/2016

『내가 앞에 설래!』(나딘 브랭 코즈므 글, 올리비에 탈레크 그림, 2016)를 읽었다.

덩치가 가장 큰 레옹, 그다음 나, 가장 작은 친구 토끼 레미, 이렇게 세 친구가 있다. 레옹은 앞장서기를 좋아해서 늘 제일 앞에 서서 걷는다. 두 친구는 그래도 괜찮았다. 레옹의 뒤에 있으면 안전하고, 레미와 손잡고 이야기하며 걷는 것도 좋았기 때문이다. 하지만 뒤에 가는 게 더 이상 재미가 없어진 어느 날, 나는 레옹에게 말했다.

"내가 앞에 설래!"

다음엔 레미도 그렇게 말했다. 앞장서서 걷는 건 새롭고 어른이 된 것 같았다. 하지만 꼭 좋은 것만은 아니었다. 위험하기도 하고 물벼락을 맞을 때도 있으니까. 이제 세 친구는 서로 새로운 아이디어를 내고 마음을 맞추어 더 좋은 방법을 찾아간다. 세 친구는 다음과 같이 말한다.

"우리 셋은 서로의 손을 나란히 붙잡고 있었어요. 이렇게 친구들의 손을 붙잡고 나란히 걷는 건 정말 좋았어요."

태현이는 자신이 늘 제일 먼저 하려는 태도 때문에 친구와 다툼이 자주 일어난다는 걸 잘 알고 있다. 돌려 말할 필요가 없을 것 같아 직접 물었다.

"너랑 비슷하다. 어때?"

"이건 좀, 잘 안 돼요. 그리고 제가 빨리 잘하니까 제일 먼저 하는 게 낫다는 생각도 들어요. 그러고 싶을 때가 많긴 한데……. 뭐 뒤에 해도 내가 잘하면 되니까 괜찮을 거예요."

"먼저 하면 기분이 좋을 것 같아. 다만, 참고 순서를 지켜야 할 때 참을 줄만 알면 되지 않을까? 어떨 때 참으면 될까?"

"공평하게 순서 정했을 때? 제일 먼저 운동장에 나가려고 급식 빨리 먹을 때?"

"그렇구나. 태현이가 이렇게 스스로 잘 알고 있으니 아마 점점 더 멋지게 조절해서 선택할 수 있을 것 같은데?"

"그럴 거예요."

③ 태현이의 Evaluation

"지금까지 네가 했던 방법들이 도움이 되었어?"

"효과가 없었어요. 그럼 그냥 참아야 해요? 답답해요. 애들이 정말 못 알아듣는 거예요. 아무리 설명해도."

태현이가 시무룩하게 인정한다. 자신이 지금까지 선택한 행동이 모두 효과적이지 않다는 걸 알면서도 친구에 대한 이해가 부족해서 나타나는 현상이다. 지금 태현이는 바로 새롭게 계획하기를 이야기하기보다 자신을 믿고 자존감을 높여 주는 것이 필요했다. 이미 가진 장점과 강점들에 대한 인식을 키우기 위해 엄마의 도움을 얻었다. 어릴 적부터 태현이의 행동에서 엄마가 감사하다고 느낀 점들을 적어 태현이에게 들려주었다. 친구들에게도 도움을 청했다. 태현이의 어떤 행동들이 좋은지, 어떨 때 좋은 친구로 여겨지는지 친구 엄마들에게 문자로 질문하고 답을 받아 달라고 요청했다.

태현이가 친구 엄마를 통해 들은 칭찬들 중 몇 가지가 두드러졌다. '똑똑하다. 아는 게 많다. 수학을 잘한다. 말을 잘한다. 공부를 잘한다.' 좋은 친구라 생각될 때는 '모르는 거 물어보면 설명해 줄 때' '같은 조가 되었을 때 열심히 할 때' 정도였다.

이 정도의 응답에도 태현이는 좋아했다. 친구들이 자신을 좋아하지 않거나, 칭찬할 게 없다고 할까 봐 걱정이 되었던 모양이다. 다시 태현이의 장점들을 칭찬해 주고, 스스로는 어떤 점이 좋은지 이야기를 나누었다. 이런 시간들이 태현이가 자신에 대해 인정하고 자신감을 회복하는 데 도움이 되었다.

④ 태현이의 New Plan
마지막 단계에서 태현이는 다음과 같이 말했다.

"엄마랑 약속했어요. 친구한테 따지는 말하기 전에 세 번 숨 쉬고 말하기로. 이 방법 되게 좋아요. 짜증을 안 내고 말할 수 있어요. 선생님도 한번 해 보세요."

태현이는 이렇게 조금씩 달라지기 시작했다. 그러다 여름방학이 지나고 2학기가 되자 그 변화가 더욱 눈에 띄기 시작했다. 가장 두드러진 변화는 기다릴 줄 알게 되고, 누군가를 칭찬할 줄 알게 되었다는 점이다. 친구 두 명과 함께 진행한 프로그램에서 순서도 잘 지키고, 예전과 달리 친구를 칭찬했다. 밝고 따뜻한 느낌으로 말하고 행동하기도 해서 주변 사람들을 놀라게 했다. 자신의 행동을 평가하고 새로운 행동들을 계획하고 실천하는 과정에서 자신이 그토록 원했던 것들을 얻을 수 있었다. 늘 태현이의 행동으로 마음 졸이던 엄마는 정말 너무 편안해졌다고, 이 시간이 너무 행복하다고 말한다. 현실치료에서 강조하는 '좋은 선택의 기준'에 대해 다시 이야기를 나누었다. 태현이는 이게 무슨 말인지 요즘 깨달았다는 말로 상담자를 안심시켜 주었다. 태현이 스스로 이렇게 생각할 줄 안다면, 태현이가 선택하는 것에 따라 많은 것이 달라질 수 있음을 이야기하며 회기를 마무리했다.

긍정심리치료를 적용한 독서치료

1. 긍정심리학의 주요 개념

1) 긍정심리학이란?

긍정심리학이라는 용어는 미국심리학회 회장이었던 마틴 셀리그먼(Martin Seligman)이 처음 사용하였다. 그는 심리학이라는 학문이 제2차 세계대전 이후 줄곧 인간 정신의 내적인 문제와 그 치료에 중점을 두고 있었다는 사실을 깨닫게 되었다. 기존의 심리학이 삶을 불행하게 하는 여러 심리 상태를 진단하고 완화시키는 데 집중하다 보니, 삶의 긍정적인 가치를 발전시키는 노력이 상대적으로 부족할 수밖에 없었다고 지적하며 "심리학은 인간의 약점과 장애에 대한 학문이 아니라 인간의 강점과 덕성에 대한 학문이기도 해야 한다."라고 강조한다. 그리고 진정한 심리치료는 손상된 것을 고치는 것만이 아니라 우리 안에 있는 최선의 가능성을 이끌어 내고, 긍정적인 것을 실현해 나가는 것이어야 한다고 제안하고, 이러한 심리학의 새로운 방향을 긍정심리학이라 명명하였다. 심리적 문제로 고통받는 사람들을 치료하는 것처럼 건강한 사람들이 자신의 행복을 실현할 수 있도록 노력해야 함을 주장한 것이었다.

서울대학교 권석만 교수는 심리학은 19세기 후반에 철학으로부터 독립하여 인간의 정신세계를 탐구하기 위해 탄생한 학문으로, 병리적인 부분에만 관심을 둠으로써 부정적인 부분에 초점을 맞추어 왔고 인간의 행복 증진이라는 부분은 정신장애에 대한 편향된 관심 속에 망각되어 왔다고 말한다. 그 증거로 『정신장애의 진단 및 통계 편람(Diagnostic and Statistical Manual of Mental Disorder: DSM)』은 인간의 모든 문제 행동에 대해 기술하고 있을 만큼 체계적으로 정리되어 있는 반면, 인간의 긍정적인 측면인 강점, 자원, 미덕, 긍정적 가치들은 거의 주목을 받지 못해 왔던 게 사실이라는 것이다. 정작 모든 인간이 궁극적으로 추구하는 행복에 대해서는 그동안 과학적인 학문적 접근이 이루어진 바가 거의 없었다고 말한다.

셀리그먼은 긍정적인 태도로 자신의 일에 몰입하며 삶의 의미를 찾을 때 진정한 행복을 경험할 수 있다고 보았다. 긍정적인 상태에서 삶에 활기를 느끼고 흥미가 증가하여 자신이 하는 일에 열정을 가지고 몰두하게 됨으로써 자신의 능력을 잘 발휘하게 되며, 타인과 사회를 위해 기여하는 인식도 높아진다는 것이다. 아울러 자신에게 중요한 의미가 되는 활동에 참여하면 개인은 즐거운 태도로 자신의 역량을 최대한 발휘하게 된다고 하였다(권석만, 2008).

또한 미시간대학교 심리학 교수 크리스토퍼 피터슨(Christopher Peterson)과 마틴 셀리그먼(2009)은 행복에 가장 큰 영향을 미치는 요인으로 밝혀진 바 있는 내적 특성들을 '성취감, 윤리적 가치, 타인에의 영향, 측정 가능성, 다른 긍정적 특질과의 구분, 모범의 존재 유무' 등의 열 가지 준거에 따라 성격 강점으로 정의하였으며, 성격 강점을 24개로 세분화한 VIA(Virtues in Action) 분류 체계를 제시하였다.

미국의 행복심리학 교수 에드 디너(Ed Diener)와 셀리그먼은 '아주 행복한 사람들'과 '덜 행복한 사람들'을 비교 관찰했다. 그 결과 두 그룹의 유일한 차이는 '풍부하고 만족스러운 사회적 관계'의 존재 유무에 있었다고 한다. 가족, 친구, 연인과 함께 재미있고 의미 있는 시간을 보내는 것은 행복에 필요한 중요한 조건이라는 의미가 된다. 에드 디너는 행복의 지침을 강조한다. 우선 소중한 사람과 친밀하고 애정 어린 관계를 유지하는 것, 그리고 좋아하고 가치 있는 일을 해야 실력을 발휘할 가능성이 높다고 강조하며, 목표 자체보다 그것을 이루는 과정에 초점을 맞추어야 하며 무엇보다 인생에서의 좋은 면을 보는 습관을 길러야 한다고 강조한다.

이와 같은 연구 결과를 바탕으로 셀리그먼이 제시하는 긍정심리 상담의 작동원리를 살펴보면 다음과 같다. 첫째, 긍정 정서에 초점을 둠으로써 내담자가 부정적이고 파국적인 주의, 기억 및 기대로부터 벗어나 보다 긍정적이고 희망적인 것으로 바뀔 수 있도록 한다. 둘째, 내담자들이 행복감을 증진시킬 수 있도록 행동적인 기법들을 중점적으로 사용한다. 셋째, 내담자가 삶의 의미를 적극적으로 탐색하도록 돕는 하나의 방편으로서 강점을 강조한다. 이러한 원리를 바탕으로 셀리그먼은 긍정심리 상담의 목표를 세 가지 구성요소, 즉 즐거운 삶, 적극적인 삶, 의미 있는 삶으로 제안하고 있다.

즐거운 삶이란 과거, 현재, 미래에 대해 긍정적인 감정을 느끼며 살아가는 삶을 말한다. 과거의 삶에 대해서는 수용과 감사를 통해 만족감을 느끼고, 현재의 삶에서는 '지금 이 순간'을 체험함으로써 적극적 참여와 몰입을 통해 즐거움을 경험하며, 미래의 삶에 대한 도전 의식과 낙관적 기대를 통해 기대감을 느끼며 살아가는 삶이다.

적극적인 삶이란 매일 자신에게 주어진 삶에서 자신이 추구하는 활동에 적극적으로 참여하고 몰입함으로써 자신의 성격적 강점을 최대한 발휘하며 자기실현을 이루어 나가는 삶이다.

마지막으로, 의미 있는 삶이란 우리의 삶에서 소중한 의미, 즉 자신보다 더 큰 무엇인가를 위해서 기여하고 헌신하는 의미를 발견하는 삶이다. 가족, 직장, 지역사회, 국가, 학문, 예술, 가치 있는 목표 등이 '자신보다 큰 무엇'이 될 수 있다.

이처럼 셀리그먼은 즐거운 기분으로 자신의 일에 열정적으로 몰입하며 삶의 의미를 발견할 때 그야말로 진정한 행복을 누릴 수 있다고 본다. 즐거운 삶, 적극적인 삶 그리고 의미 있는 삶은 때때로 서로 일치하지 않는 경우도 있지만, 서로 밀접한 연관성을 가지며 촉진적인 관계를 지닌다. 즐거운 기분을 느끼면 삶에 대하여 활기와 흥미가 증가하여 자신이 하는 활동에 열정적이고 적극적으로 몰두하며 자신의 역량을 잘 발휘하게 되고, 그 결과 타인과 사회를 위해 의미 있는 기여를 한다는 감정을 느낄 수 있다. 또한 자신의 강점을 잘 발휘할 수 있는 활동에 열정적으로 몰입하면 더 많은 즐거움과 성과, 사회적 의미를 찾을 수 있게 되는 것이다(권석만, 2008).

특히 기억할 점이 있다. 셀리그먼은 '학습된 무력감'은 괴롭힘 등 부정적인 행위뿐 아니라 공짜로 얻은 동전이나 우연한 행운처럼 기분 좋은 일로도 형성될 수 있다고 강조했다. 그는 "슬롯머신에서 얻은 뜻밖의 횡재가 사람들의 웰빙에는 전혀 도움이 되지 않는다."면서 "행복해지기 위해서는 성취감을 느끼는 일에 몰두하며 관계를 통해 다른 사람의 삶에 가치를 형성하는 일이 필수적"이라고 설명했다.

셀리그먼, 래시드와 파크스(Seligman, Rashed, & Parks, 2006: 권석만, 2008 재인용)는 우울한 대학생을 대상으로 한 긍정심리치료 매뉴얼을 제시하였다. 총 6회기, 매주 2시간씩 이루어졌으며 우울증은 내담자 삶에서 긍정적 자원이 부족해 발생하거나 지속된다고 보았다. 각 회기의 구성은 다음과 같다.

회기	상담 주제 및 내용
1회기	긍정적인 소개서 쓰기, 강점 활용하기
2회기	긍정 경험 주목하기
3회기	인생의 의미와 목적 발견하기
4회기	감사하기
5회기	건설적인 행동하기
6회기	음미하고 향유하기

출처: Peterson & Seligman(2009).

이 프로그램에서 그들은 매 회기에 다양한 심리적인 기법을 활용하여 내담자의 긍정적인 강점을 찾았다. 그리고 강점을 계속적으로 지속할 수 있도록 훈련하였으며, 동시에 긍정적인 정서를 강화하기 위한 실천적인 사항들을 제시하였다. 이때 치료자는 내담자들의 부정적인 사고를 긍정적인 관점에서 바라볼 수 있도록 하였다. 또한 과제를 부여하여 일상생활에서 내담자가 자신의 변화된 모습을 찾을 수 있도록 하였다. 그 결과, 실험 전후를 비교해 보면 참가자들이 느끼는 삶의 만족도가 유의하게 증가하였고 우울감은 현저히 호전되었으며, 1년 후에 실시된 추수평가에서도 효과가 지속되었다고 한다.

2) 플로리시

그런데 셀리그먼은 행복을 단순히 긍정적인 기분으로 설명하는 데 한계를 느끼기 시작했다. 행복은 좋은 감정만은 아니라는 것이다. 카드 게임을 즐기는 사람들은 모두 과정 자체를 즐기거나 행복을 느끼지는 않는다는 사실, 게임 과정에서 오히려 전략을 세우느라 인상을 찌푸리고 게임에 지게 되면 스트레스를 받기도 한다는 사실을 생각해 보자. 그들은 몰입이라는 과정을 즐기지도 않았고, 멋진 전략을 사용한 것에 대한 만족감을 느끼지도 않았다. 결국 게임에서 사람들이 바라는 것은 성취감이었다. 셀리그먼은 사람들이 잘 살기 위해 성취감 자체가 진정 원하는 것일 수 있다고 말하였다. 즉, 셀리그먼(2004)이 초기에 제시한 진정한 행복(authentic happiness) 이론에서 긍정심리학의 주제는 행복이었으나, 그 후 셀리그먼(2011)은 긍정심리학의 주제를 웰빙(well-being)으로 전환하였다. 웰빙은 좋은 감정뿐 아니라 "의미 있고 건강한 관계, 성취감 등이 결합된 결과"라고 설명했다.

그러한 웰빙을 측정하는 최선의 기준이 바로 플로리시(flourish)라고 제안하였는데, 자기의 능력을 집중해서 발휘하는 몰입 경험, 인생을 걸 만한 삶의 의미, 적절한 성취 경험이 어우러질 때 찾아든다고 했다. 이를 셀리그먼은 인생이 꽃처럼 활짝 피어난다는 뜻으로 '플로리시'라고 불렀다. 플로리시란 정신적 번영과 풍요를 뜻하는 말로서 더 이상 바랄 것이 없고 더 올라갈 데가 없으며 또 더 채울 것이 없는 수준의 만족스러운 삶을 의미한다. 플로리시한 삶을 원한다면 우울, 불안, 분노를 없애고 부유해지는 것만으로는 충분하지 않다. 그것과 함께 'PERMA'도 구축하고 키워야 한다고 했다.

그가 꼽은 웰빙의 다섯 가지 핵심요소인 PERMA는 ① 긍정적인 감정(Positive emotion), ② 몰입(Engagement), ③ 인간관계(Relationship), ④ 삶의 의미(Meaning), ⑤ 성취감(Accomplishment)이다(Seligman, 2011).

몰입의 대가 미하이 칙센트미하이(Mihaly Csikszentmihalyi) 교수는 긍정심리학의 정의를 "삶의 질을 높이고, 질병을 예방하기 위해 개인의 긍정적이고 주관적인 경험, 긍정적인 개인적 특성 그리고 긍정적인 제도적 장치를 연구하는 과학"이라고 하였다(김진영, 고영건, 2009). 긍정심리학은 다양한 상황 속에서 일어나는 좋은 일을 더 오랫동안 지속시킬 수 있는 방법과 나쁜 일을 극복하고 해결할 수 있는 방법들을 과학적으로 알려 준다고 설명한다.

하버드대학교 철학과 교수 탈 벤 샤하르(Tal Ben Shahar)는 우리가 열정과 장점을 활용할 수 있는 적절한 일을 발견하는 것은 쉽지 않다고 말한다. 그리고 다음의 세 가지 질문을 던진다.

- 무엇이 나에게 의미(meaning)를 주는가?
- 무엇이 나에게 즐거움(pleasure)을 주는가?
- 나에게 어떤 강점(strengths)이 있는가?

그리고 이 세 질문의 답의 공통분모를 찾아보면 어떤 일이 자신을 가장 행복하게 해 줄지 판단하는 데 도움이 될 거라 말한다. 재미와 의미 그리고 강점이 일치하는 일에 몰두한다면 그는 분명 가장 놀라운 행운을 가진 사람일 것이다.

3) 지금 현재, 긍정심리학이 중요한 이유

한국방정환재단과 연세대학교 사회학과 사회발전연구소가 발표한 '2015 한국 어린이·청소년 행복지수 국제비교연구'에 의하면 제주도를 제외한 전국 초등학교 4학년부터 고등학교 3학년 학생 7,536명(초등학생 2,096명, 중학생 2,611명, 고등학생 2,829명)을 대상으로 조사한 결과, 우리나라 어린이와 청소년의 주관적 행복지수는 경제협력개발기구(OECD) 23개 나라 가운데 19위로, 우리나라 어린이·청소년이 느끼는 행복감이 OECD 회원국의 평균에도 미치지 못하는 것으로 나타났다. 또한 초등학생의 14.3%, 중학생의 19.5%, 고등학생의 24.0%가 목숨을 끊고 싶다는 생각을 해 본 적이 있다고 대답했다. 결국 어린이와 청소년 5명 중 1명꼴로 자살충동을 느낀 적이 있음이 확인된 것이다. 교육부 조사 결과에 의하면, 최근 2년간 (2014~2015년) 자살을 생각해 보았다는 중·고등학생은 무려 2만 1,700명에 달했다. 게다가 '자살을 생각해 봤다'고 밝힌 청소년 5명 중 1명꼴로 최근 1년 내에 자살을 시도한 적이 있다는 조사 결과도 있다.

시간이 지나면서 상황은 더 나빠지고 있다. '2016 제8차 어린이 · 청소년 행복지수 국제비교연구'에서는 한국이 OECD 회원국 22개국 중 꼴찌를 차지했고, 2017년 OECD가 국제학업성취도평가(PISA)의 일환으로 OECD 회원국을 포함한 72개국 15세 학생 54만 명을 대상으로 평균 삶 만족도를 조사한 결과에서는 꼴찌에서 두 번째였다. 부정적으로만 치닫고 있는 아동 · 청소년들을 돕기 위해 자신의 가치를 깨닫고 흥미를 가지고 열정적으로 활동할 수 있도록 도와주는 긍정심리학적 접근이 더욱더 중요해지는 이유이다.

2. 긍정심리치료의 주요 기법

현재 국내에서도 유아, 아동, 청소년을 대상으로 긍정심리학을 응용한 심리 프로그램에 대한 연구들이 매우 활발하다. 긍정심리치료 프로그램이 초등학생의 우울 감소와 자아존중감, 낙관주의, 자아탄력성, 학교생활 적응력, 심리적 안녕감을 유의하게 증가시킴을 보고하였다.

영국의 아동심리학자 제니 후퍼(Jenny Hooper, 2012)는 아동을 위한 플로리시 프로그램을 제안한다. 개인의 강점을 찾고, 정서적 행복감을 위해 정서적 유능성과 긍정적 정서를 키우기, 친밀한 관계를 만들고 긍정적 의사소통하기, 동기를 부여하고 학습에 대한 열정을 불러일으키기, 그리고 살아가면서 어려움과 장애물을 만났을 때 좌절에서 다시 일어서는 회복력을 발전시키기의 내용으로 구성되어 있다.

긍정심리학을 적용한 독서치료에서는 앞의 연구들을 기반으로 현장에서 활용하기 쉽고 효과적인 방식의 독서치료를 시도해 오고 있다. 긍정적 사고를 발달시켜 긍정적인 신념 체계를 통해 삶의 상황을 수용하며 그 속에서 삶의 의미와 방향성, 진실을 발견하고 미래를 위해 노력하는 인지적 태도인 긍정적 자동적 사고를 형성하도록 도와준다. 높은 긍정적 자동적 사고는 스트레스와 우울을 낮추고 지혜롭게 극복하고 대처할 수 있도록 함으로써 건강하고 행복한 삶을 만드는 데 중요한 요인이 된다.

다음으로, 긍정적 대처능력이란 스트레스나 문제 상황이 발생하였을 때 긍정 정서에 의해 생각과 행동의 레퍼토리를 확장시켜 다양한 긍정적 대처방안을 탐색하는 능력을 의미한다. 긍정적 대처능력은 문제 해결 상황에서 보다 적극적이고 적응적인 방식으로 대처할 수 있도록 하는 행복의 중요한 요인이다.

많은 연구에서 긍정적 자동적 사고와 긍정적 대처능력이 개인의 자아탄력성과 적응적인 대처를 예측할 수 있다고 말하고 있으며, 사회적 긍정 정서를 많이 느낀 집단이 조망수용 능력이 높고 긍정적 대처 전략을 선택하는 경우가 많음을 보고하였다.

긍정심리치료 프로그램을 실시한 결과 우울 수준이 감소하였으며 자아존중감과 낙관성 그리고 행복감을 증진시키는 데 유의한 효과가 있음을 보고하고 있다. 다음은 다양한 연구를 기반으로 정리해 본 긍정심리치료의 개념이다.

〈표 8-2〉 긍정심리치료의 개념

긍정심리학의 목표	연구에서 도출한 유의미한 기법	기대하는 프로그램의 효과
• 재미: 즐거운 삶 긍정적 심리상태 유지 (낙관, 감사, 용서 등) • 강점: 적극적인 삶 긍정적 특질 발견 및 활용 (성격 강점 등) • 의미: 의미 있는 삶 긍정적 관계 조직 (가정, 학교, 사회 등)	긍정 정서 경험하기 대표 강점 확인하기 낙관성 증진하기 긍정 대화법 감사하기 용서하기	자존감 회복 자아탄력성 증진 자기결정성 증진 사회성 증진 등

정리해 보자. 전통적 심리치료에서는 내담자들이 부적응 또는 정신장애를 나타내는 상태에서 정신병리가 없는 상태로 호전될 수 있도록 돕는 것을 목표로 한다. 반면, 긍정심리치료에서는 행복한 자기실현을 달성할 수 있도록 돕는 것을 목표로 한다. 긍정심리치료는 긍정심리학의 이론과 정신을 심리치료에 적용한 것으로 인간의 긍정적 특성을 강화시키고 강점들을 개발하며 내담자에게서 아직 발현되지 않은 변화의 원천들을 찾을 수 있도록 돕는 것을 바탕으로 한 치료법을 말한다(Compton, 2007).

따라서 긍정심리학을 기반으로 한 독서치료 현장에서는 유·아동의 건강하고 행복한 성장을 위해 자신의 경험을 긍정적으로 평가·해석할 수 있도록 도와주어야한다. 또한 그 일을 통해 얻게 된 만족감으로 더 의미 있고 재미있으며, 자신의 강점을 발휘할 수 있는 성취 경험들이 많아져야 한다. 이런 부분들이 긍정심리학을 적용한 독서치료의 지향점이라 생각해 보면 좋겠다. 다음은 긍정심리를 적용한 독서치료에서 활용할 수 있는 주요 긍정심리치료 기법들이다.

1) 대표 강점 찾기

마틴 셀리그먼과 크리스토퍼 피터슨은 대부분의 사람에게서 공통적으로 발견되는 인간의 긍정적 특징들을 조사해 성격 강점이라 부르고, 두 사람이 찾아내고 정리한 강점을 24개로 정리하였다. 연구 결과, 자신의 성격 강점을 잘 알고 그것을 일상생활에서 행동으로 옮기게 되면 긍정적 정서가 높아지며, 긍정적 정서가 호기심과 창의성을 유발시키고, 아이의 능력을 발달시켜 준다는 것도 입증했다.

독서치료 장면에서 간단하게 활용할 수 있는 방법이다. 아이에게 다음의 강점 목록을 주고 자신에게 조금이라도 있는 모습에 동그라미 치게 한다. 아이들은 이 중 자신이 가진 특성들에 표시를 한다. 그리고 그게 바로 자신의 강점이라는 말에 놀란

<표 8-3> 피터슨과 셀리그먼의 24가지 성격 강점

24가지 성격 강점					
창의성	호기심	개방성	학구열	통찰	사랑
친절	사회지능	용감성	끈기	진정성	활력
관대성	겸손	신중성	자기조절	책임감	공정성
리더십	감상력	감사	낙관성	유머감각	영성

다. 어떨 때 이런 특성이 느껴졌는지 질문하면 아이들은 그에 얽힌 이야기들을 쏟아 낸다. 활동은 무척 간단하고 단순하지만 매우 효과가 있다. 상담자가 관찰한 내용도 체크해 보기 바란다. 이렇게 간단한 목록으로 체크하는 게 미덥지 못하면 인터넷에서 '강점 검사'라고 검색하면 강점 체크리스트를 찾을 수 있으니 활용해 보기 바란다. 상담 과정 중에 아이의 말과 행동에서 자신의 강점이 나타날 때마다 강점에 대한 이야기를 나누는 것으로도 좋은 효과가 있음을 경험한다.

강점에 대해 조금 더 알아보자. 『뉴욕타임스』의 편집장을 역임한 폴 터프(Paul Tough)는 미국 내 아이들을 장기 추적 조사하고, 여러 연구 결과를 종합한 결과로 아이가 성공적인 삶을 살아가게 만드는 황금 열쇠는 성적이나 부모의 재력이 아닌 '성격 강점'이라 말한다(Tough, 2013).

그는 유아기 스트레스가 아이를 실패하도록 만드는 다양한 과학적 연구 사례를 든다. 그에 따르면 지난 10년간 수많은 과학자는 유아기 때 받은 스트레스가 어떻게 아이들의 몸과 뇌에 치명상을 입히는지 입증했다. 어릴 때 극심한 스트레스를 겪으면 두뇌 시스템에 과부하가 걸리고 전전두엽의 기능도 망친다. 즉, 스트레스가 많은 아이들은 뇌의 전전두엽 기능이 떨어져 감정 조절이 어렵고, 고도의 사고력이 필요한 실행기능 또한 저하되어 학습능력이 떨어지고 대인관계도 좋지 않다고 소개하면서, 24개 성격 강점 가운데 삶의 만족도와 고도의 성과를 예측할 수 있는 일곱 가지 강점을 특별히 소개했다.

뚝심(grit), 자제력, 열정, 사회지능, 감사하는 마음, 낙관적 성격, 호기심이 바로 그 것이다. 이 일곱 가지 강점은 뉴욕의 저소득층 학생이 주로 다니는 두 중학교와 펜실베이니아대학교 심리학자들과의 장기간 협업을 통해 '아이들의 성공을 위한 핵심 성격 강점'으로 추린 것이다. 연구자들은 "교사와 부모들은 불우한 환경에서 자라는 어떤 아이를 볼 때, 그 아이는 환경적 약점에도 불구하고 성공을 거둘 수 있다는 것을 반드시 인식해야 하고, 성격 강점을 계발하도록 이끌어야 한다."라고 강조한다. 이런 연구 결과들은 특히 상담 현장에서 기억하고 활용하는 것이 의미가 있을 것이다.

긍정심리치료에서는 특히 강점을 강조한다. 내담자들은 자신의 고유한 강점과 최고 강점을 파악하도록 격려받으며, 자신을 소개하는 과정에서 자신의 강점들과 관계된 실생활에서의 이야기를 하도록 요구받는다. 치료자와 내담자는 협동해서 내담자의 고유한 강점을 활용하는 새로운 방법들을 고안해 내며, 이러한 작업들은 궁극적으로 내담자의 자아실현의 과정을 촉진시킬 수 있다. 상담 장면에서 내담 아동의 강점을 찾아내어 다음과 같이 치료자의 언어로 들려주는 것도 아이가 자신의 강점을 인식하고 내재화시키는 데 매우 유용하다.

- "넌 친구를 도와주기를 잘하는구나."
- "시간 지키기를 잘하는구나."
- "집중해서 듣기를 잘하는구나."
- "포기하고 싶은 마음을 잘 참는구나."

다음은 집단상담 시 활용하는 방법이다.

- 자신의 강점 찾기: 집단 활동 중에 자기 강점을 찾거나, 다른 참여자들이 서로 찾아준다.

- 자신의 단점 말하기: 집단원들이 단점을 장점으로 뒤집어 말해 주거나, 치료자가 집단상담이 진행되는 동안 강점들을 찾아 지속적으로 피드백(feedback)해 주어 자기 강점에 대한 구체적인 성취감을 인식할 수 있도록 도와준다.

2) 낙관성 증진하기

낙관성이라는 말은 상황이나 인생을 희망적이고 즐겁게 보는 것, 삶의 모든 것이 잘될 것이라는 기대를 가지는 것으로 인식되어 왔다. 반면, 현실과 본질을 왜곡 또는 부인하는 허황된 기제로 인식되기도 하였다. 하지만 긍정심리학 연구에서 자기 자신과 주변 세계를 긍정적이고 낙관적으로 바라보는 사람들이 정신적으로 건강하고 유능하다는 사실이 밝혀지면서, 낙관성이 주관적 행복을 증진할 뿐만 아니라 성공적인 결과를 도출하는 긍정적인 요인으로 여겨지고 있다(권석만, 2008).

그렇다면 낙관성에 대한 정의가 명확해야 한다. 피터슨은 낙관성을 "역경에도 포기하지 않고 무엇인가를 이루고자 하는 원동력이자 동기"라고 정의한다. 성격 강점에서는 낙관성을 '최선을 예상하고 그것을 성취하기 위해 노력하는 태도'라 말한다. 서울대학교 행복연구센터에서는 "미래에 대한 긍정적인 신념, 태도 및 사고방식을 의미하며, 실제 현실에 적극적으로 대응하는 방식"이라 말한다.

셀리그먼(2008)은 자신이 처한 상황을 해석하는 방식에 따라 무기력에 빠질 수도 있고 그렇지 않을 수도 있다는 사실에 착안하여 원인을 해석하는 방식에 따라 낙관성이 발현되기도 하고 발현되지 못할 수도 있다고 하였다. 그는 낙관성의 구성요소로 긍정성, 자기통제성, 언어 습관을 포함시켰다. 긍정성은 도전적인 상황에서도 긍정적인 사고방식을 유지함으로써 자신의 사고를 조절할 수 있는 상태를 말한다. 자기통제성은 무기력과 대비되는 개념으로, 자신에게 일어나는 일들을 자신의 의지로 변화시킬 수 있는 능력이다. 언어 습관은 자신에게 일어난 일의 원인을 스스로에게 설명하는 습관적인 방식이다. 셀리그먼은 언어 습관을 '마음속 세상을 비추는 거울' 같은 것이라고 하면서 낙관성을 구성하는 가장 큰 부분이라 하였다. 즉, 언어 습관이 사람들의 낙관성을 가장 잘 나타내며 이를 통해 긍정성과 자기통제성을 습득할 수 있다고 하였다.

다음은 낙관성을 키우는 방법이다. 각 상황을 제시하고 어떤 답이 떠오르는지 대화를 나누어 본다. 만약 비관적인 생각이 떠오른다면 그 생각에 논박하여 낙관적인 생각으로 바꾸는 방법이다. 이는 인지행동치료의 기법을 마틴 셀리그먼이 응용하여 제시한 방법이다.

비관적인 생각과 싸워서 낙관적인 생각으로 바꾸기

각 상황에서 제시된 비관적 생각과 싸우고 낙관적 생각으로 바꾸어 말한다.

상황 1: 새 학년이 되어 교실에 가서 자리에 앉았다. 그런데 쉬는 시간에 아무도 말을 걸지 않는다.

a: 나는 친구를 잘 못 사귄다.
b: 나는 원래 말을 잘 못하므로 아무도 나를 좋아하지 않을 것이다.
c: 불편하게 일 년을 지내겠구나.
d: 만약 선물을 주면 친구들이 나를 좋아할 것이다.
e: 내가 먼저 인사를 하면 친구가 생길 수 있을 것이다.

상황 2: 발표를 했다. 그런데 아무도 내 의견에 동의해 주지 않는다.

a: 모두 나한테 관심이 없다.
b: 난 별로 좋은 생각을 잘 하지 못한다.
c: 내 말은 항상 무시한다.
d: 이제 절대 말 안 해야겠다.
e: 좀 더 생각해 보아야겠다.

3) 긍정적 언어 습관 키우기

셀리그먼은 언어 습관은 지속성, 파급성, 개인화라는 특징적인 언어 유형을 가진다고 말한다. 사건의 원인을 해석하는 방식과 습관에 따라 낙관성이 나타나거나 그렇지 못하다는 것을 말해 준다.

먼저, 지속성은 지속적-일시적 측면을 나타내는 것으로 낙관적인 사람들은 좋은 일에 대해서는 '항상'과 같이 그 원인을 안정적이고 지속적으로 인식하고, 부정적인 것에 대해서는 '가끔'처럼 잠시 생겼다가 없어지는 것으로 생각한다.

둘째는 파급성으로 사건의 원인을 보편적-특수적으로 보는 것이다. 지속성이 시간적인 개념이라면 파급성은 공간적인 개념으로, 발생한 사건이 다른 영역에까지 영향을 미치는지의 여부를 다룬다. 낙관적인 사람들은 나쁜 일은 특수한 것으로, 좋은 일은 보편적인 것으로 생각하는 반면 비관적인 사람들은 반대로 생각한다.

마지막으로, 개인화는 나쁜 사건이 생겼을 때 자기 탓인지 외부 환경의 탓인지 생각하는 측면을 나타낸다. 자부심이 약한 사람은 실패를 자기 탓으로 돌리는 언어 습관이 있다. '내가 어리석은 탓이야.' 같은 식의 해석이 오랫동안 무기력에 시달리게 한다는 것이다. 즉, 낙관적인 사람들은 좋은 일은 지속적·보편적·개인적인 것으로 귀인하고 나쁜 일은 일시적·특수적·외부적인 것으로 귀인하면서 역경에 적극적으로 대처하고 문제 해결을 위해 노력하며 건강한 정신을 유지한다. 반면에, 비관적인 사람들은 낙관적인 사람들과 반대로 귀인하면서 자아개념에 손상을 입고 이러한 일을 일반화하면서 무기력에 빠지기도 한다. 쉽게 말해, 잘못된 일이 생기면 지속적으로 나쁜 일이 생길 것이며, 자신이 무능하거나 잘못해서 그런 것이며, 보편적으로 늘 이럴 것으로 생각한다는 것이다.

정리해서 말하면, 낙관성은 실패와 좌절에도 불구하고 앞으로는 잘 될 것이라는 기대이다. 실패와 좌절은 일시적으로만 자신에게 영향을 주며 특정한 경우에만 나타나는 현상이고 반면에 성공과 희망은 지속적이고 파급적으로 자신에게 영향을 준다고 생각하는 사고 기질이다.

(1) 내면의 대화

상담에서는 다음과 같은 상황을 제시하고 어떤 내면의 대화를 떠올리는지 살펴본 뒤, 그 아래의 네 가지 질문에 스스로 체크해 보게 하자. 자신이 어떤 방식으로 사고하는 지 인식하는 것만으로도 긍정적이고 낙관적인 태도를 키울 수 있을 것이다.

〈표 8-4〉 상황에 따른 내면의 대화의 예

1	상황	교실문을 열고 들어갔는데 맞은편의 두 아이가 나를 힐끗 보며 귓속말을 나눈다.
1	내면의 대화	예) 저 사람들 왜 그러지? 또 자기들끼리 나를 따돌리려고 저러는 거야? 정말 기분 나빠. 맘대로 하라고 해. 난 딴 사람들이랑 더 친하면 되지, 뭐.
2	상황	친한 친구네 놀러 가기로 했다. 준비를 다 하고 나가려는데 전화가 왔다. 엄마가 놀지 말라고 했다고 한다.
2	내면의 대화	

- 내 생각은 지속적인 생각인가, 일시적인 생각인가?
- 나 때문이라고 생각하는가, 다른 사람이나 다른 이유 때문이라 생각하는가?
- 침착한 생각인가, 충동적 생각인가?
- 공격적인 생각인가, 수동적인 생각인가, 성숙한 자기표현인가?

<표 8-5> 네 가지 질문에 대한 내면의 대화 체크리스트

1	지속적	일시적	나 때문	다른 이유	충동적	침착한	공격적	수동적	자기표현
	○			○		○		○	
2	지속적	일시적	나 때문	다른 이유	충동적	침착한	공격적	수동적	자기표현

(2) 로사다 비율

긍정심리학에서는 심리학자인 마샬 로사다(Marcial F. Losada)가 제안한 '로사다 비율(Losada ration)'을 중요하게 여긴다. 로사다 비율이란 긍정적 낱말과 부정적 낱말을 쓰는 비율을 이른다. 연구에 의하면 긍정과 부정의 비율은 2.9:1 정도여야 한다. 긍정적인 피드백이 2.9배를 넘어야만 상호 긍정성이 작용되어 관계와 조직이 발전할 수 있다는 것이다. 이보다 낮아지면 관계와 조직과 사회 구성과 심지어 경제까지 흔들리기 시작한다고 강조한다. 부부 사이, 친구 관계 등도 다르지 않다. 그렇다고 무조건 긍정적인 것만 보아서 잘못된 것에 대해 헛된 환상과 기대를 심어 주는 것이 아니라는 것을 잘 인식해야 한다.

4) 감사하기와 용서하기

마틴 셀리그먼이 행복감을 높이는 데 초점을 맞춘 프로그램을 개발하면서 특히 더 강조한 긍정심리치료의 두 가지 원리가 있다. 바로 감사하기와 용서하기이다.

(1) 감사하기

감사는 여러 문화권과 인간이 갖추어야 할 기본 미덕으로 강조되어 왔고, 개인과 집단사회의 유지에도 필요한 시민의 미덕과 도덕적 의무로 간주되어 왔다. 긍정심리학에서는 인간의 강점을 이해하고 증진시키기 위한 중요한 기능으로서 감사의 의미가 확대되었다. 감사는 타인에게 공감하는 능력에 기반을 두고, 다른 사람에게 도움을 받은 후에 느끼는 공감적인 정서를 말한다. 캘리포니아대학교 UC 데이비스의 심리학 교수 로버트 에먼스(Robert Emmons)는 감사란 "삶을 향해 일어나는 경이, 고마움, 이해의 느낌"이라 말한다. 그는 12세부터 80세 사이의 참가자들을 대상으로 '감사 일기 쓰기' 실험을 진행했는데, 꾸준히 쓴 사람은 쓰지 않은 사람에 비해 행복 지수가 높았다. 또한, 감사 일기를 쓴 사람들은 일에 더 흥미를 가졌고 집중력도 높았다. 또한 대조군에 비해 건강 문제가 적었으며 더 많은 운동을 하였고, 더 숙면을 취하는 효과가 있었다고 한다.

유아와 초등학생 시기는 감사라는 정서적 특성을 발달시키기에 적당한 시기이다. 유아기에는 긍정적 언어 습관으로 배우기 쉬우며, 초등학생 시기는 자기중심적 사고에서 벗어나 다른 사람의 입장을 생각하고 타인의 감정까지 살필 수 있으며 상대방의 의도와 노력에 대해 생각해 볼 수 있는 시기이기 때문이다. 상대방이 나에게 베푼 이익과 기쁨은 나에게 '감사'라는 정서를 불러일으키고, 감사함을 느낀 나는 다시 상대에게 이익과 기쁨을 주기 위해 상대방을 즐겁게 할 수 있는 긍정적인 행동을 하게 되는 것이다.

긍정심리학에서 제시하는 감사 프로그램은 의외로 단순하다. 하지만 실제 개인 상담과 집단상담에서 활용해 보면 이렇게 간단한 활동이 심리적으로 큰 힘을 키워 준다는 것을 경험할 수 있다. 감사는 좋은 기억, 나쁜 기억 중 고마운 마음이 부각되고 또 지속될 수 있도록 해 준다. 감사하기 행동을 강화시킬 수 있는 방법은 다음과 같다.

- 세 가지 감사한 일 연습하기(잠들기 전, 그날 좋았던 일 세 가지와 그렇게 생각하는 이유 적어 보기): 이 활동은 잘못된 일만 되새겨 생각하는 우울증적인 증상들을 상쇄시킬 수 있으며, 자신과 환경에 대해 긍정적으로 인식하고 활기찬 생활을

할 수 있는 동기를 부여해 주기도 한다.

- 감사 편지 쓰기: 감사 편지는 감사한 사람에게 쓰는 편지이다. 내담자가 아직 보내기를 주저한다면 기다려 주었다가 마음의 준비가 되었을 때 직접 보내는 과정을 경험하도록 도와주면 된다. 감사 편지는 내담자가 과거 인간관계에서 괴로웠던 기억 대신 가족과 친구들 간의 좋은 일을 떠올릴 수 있도록 도와주며, 감사 편지를 받은 사람으로부터의 긍정적 피드백은 내담자에게 매우 큰 긍정적 효과를 가져온다. 특히 유·아동의 경우 주로 부모님과 친구에게 편지를 보내고 그 피드백을 이끌어 주도록 하는 것이 효과적이다.

독서치료과정에서는 기분 좋은 점, 깨달은 점, 감사한 점 등에 관한 마음 글쓰기도 효과적이다.

(2) 용서하기

웹스터 사전에서는 용서를 "① 상대방에게 원한을 품거나 벌을 주고 싶은 욕망을 포기함; 상대방에게 화를 내는 것을 그만둠; 눈 감아 줌, ② 처벌이나 엄중한 벌칙을 주장하는 모든 요구들을 철회함"이라고 정의하고 있다. 철학적 관점에서 진정한 용서란 숭고하고, 회복을 가져다주며, 인간적이고, 용기 있고, 건강한 행위라고 정의하였으며, 심리학자 에버릿 워딩턴(Everett Worthington, 2006)은 용서를 이타적 선물이라고 표현했다. 용서는 이타적 행동이기는 하지만, 한편으로는 자기 자신을 위한 선물이라는 의미이다.

긍정심리학에서는 용서를 통해 우울과 불안을 감소시킬 수도 있으며, 정신건강과 신체건강에 이득을 준다고 강조한다. 피터슨은 용서하기는 삶의 만족도나 주관적 행복감을 증진시키는 활동 중의 하나라 했으며, 셀리그먼은 용서는 자신을 괴롭히는 과거의 나쁜 영향력을 약화시키고, 나쁜 기억이 좋은 기억으로 전환될 수 있으며, 그로 인해 과거에 대한 부정적 정서들을 안정과 만족으로 바꿀 수 있는 방법으로 제안하고 있다.

위스콘신대학교 심리학 교수 로버트 엔라이트(Robert Enright)는 용서에는 상대에 대한 부정적 정서(분노, 미움, 증오, 원한, 슬픔 등)·판단(비난, 비판 등)·행동(복수, 처벌 등)이 사라지고 긍정적 정서(부정적 감정의 소멸, 동정심, 사랑 등)·판단(비판단적, 상대가 잘 되기를 바람 등)·행동(도움을 주고자 함, 화해하고자 함 등)이 나타나는 반응이 포함된다고 설명하고 있다. 용서 교육 프로그램은 엔라이트의 용서 모형을 기초로 다양한 차원에서 개발·적용되고 있다.

용서에 관한 선행 연구들에서 주로 활용하는 구체적인 용서 프로그램을 정리해보았다. 용서 프로그램은 도입단계를 제외하고 크게 노출 단계, 결정 단계, 작업 단계 그리고 결과 단계의 4단계로 제시되고 있으며 구체적 내용은 다음과 같다.

〈표 8-6〉 선행 연구의 용서 프로그램 구성요소와 주요 활동 및 자료

단계	구성요소	주요 활동
노출 단계	감정 자각, 감정 표현	• 대인관계 갈등과 상처 경험 떠올리기 • 갈등이나 상처 경험 시 자신의 감정과 생각 탐색하기 • 상처 경험 시 자신의 행동을 자각하고 표현하기 • 보내지 않는 편지 쓰기 • 지금 현재 마음 살펴보기(감정 형용사)
결정 단계	용서 이해, 용서 선택	• 용서에 대한 생각 나누기(마인드맵) • 생각에 따라 감정이 달라질 수 있음을 경험하기 • 진정한 용서의 의미 찾기 • 용서의 필요성 알기 • 용서 선택하기 • 용서 서약서 쓰기

작업 단계	생각 다루기	• 다양한 시각의 예화 들려주기(착시 그림) • 상대방의 입장이 되어 생각해 보기(빈 의자 기법, 역할극) • 비합리적 생각을 합리적 생각으로 바꾸기 • 마음챙김
	감정 다루기	• 공감 연습하기 • 상대방 입장에서 편지 쓰기 • 상대방 입장 되어 보기 • 용서받은 경험 탐색하고 감정과 생각 인식하기
	행동 다루기	• 거울이 되어 친구 행동 따라 하기(거울 놀이) • 용서로 나아가기 • 용서 선물 찾기 • 용서 선물 만들기 • 용서 선물 증정하기
결과 단계	용서 실천	• 용서하는 나의 마음 탐색하기 • 보내지 않는 편지 점검하고 다시 쓰기 • 용서하는 나와 서로를 격려하기(칭찬 릴레이) • 용서로 나아가는 자신에게 선물 주기 • 변화된 자신에 대한 경험 나누기

출처: 이지민(2012).

지금까지 긍정심리치료의 주요 기법을 살펴보았다. 긍정심리치료에서는 내담자의 긍정적 사고를 발달시키고, 긍정적인 신념 체계의 형성을 도와주고, 그 속에서 삶의 의미와 방향성, 진실을 발견하고 미래를 위해 노력하는 인지적 태도인 긍정적 자동적 사고를 형성하도록 도와준다. 내담자의 강점과 자원을 최대한 발견하고, 긍정적 언어 습관을 발달시키며, 감사하고 용서하는 과정과 강점을 활용한 성취 경험을 통해 내담자의 성장을 도와준다.

긍정심리치료 기법은 다른 심리기법들과 함께 활용하면 매우 효과적이다. 이미 앞 장의 사례들에서도 종종 활용했음을 기억할 것이다. 따라서 긍정심리학을 적용한 독서치료는 따로 사례를 제시하지 않았다.

실제 현장에서 적용하는 독서치료가 한 가지 심리기법을 적용하는 경우도 있지만, 많은 사례에서는 통합적으로 적용하고 활용하게 된다는 것을 경험하게 될 것이다. 따라서 다음 장에서는 통합적으로 적용한 독서치료의 사례를 소개하려 한다. 그중에서도 무엇보다 긍정심리학의 기법들은 유아와 아동을 위한 독서치료에서 공기처럼, 물처럼 늘 함께 활용해야 한다는 사실을 기억하고 적용하기를 바란다.

통합 치료를 적용한
독서치료

1. 복합적인 어려움을 겪는 4학년 수지
(애착 문제, 공격적 행동, 공부 불안 등)

1) 내담자의 상황

초등학교 4학년 수지는 공부도 잘하고 예쁘고 키도 크고 늘 반장을 도맡아 하는 아이이다. 교사나 부모들의 관심을 많이 받으며 아이들에게는 부러움의 대상이다. 이런 아이는 상담이 전혀 필요할 것 같지 않았다. 그런데 학교 담임선생님으로부터 상담을 권유받았다. 자세히 말하면 꼭 받아야 한다고 처분받았다.

학교에서 발생한 사건이다. 수지는 옆 반의 여자 친구를 후미진 곳으로 불러내 겁주고 협박하였다고 했다. 싫다는 아이를 억지로 끌고 갔고, 겁에 질린 아이가 도망가서 엄마에게 말했다. 협박한 이유는 별일 아니지만, 상대 아이가 겁을 많이 먹었고, 이 사실을 엄마에게 이야기했다. 화가 난 그 아이의 엄마는 반 친구 엄마들의 단체 카톡방에 이 사실을 올리고, 학교에도 폭력 사건으로 항의했다. 사건이 커졌다. 학교폭력위원회를 열어야 한다는 의견도 많았지만, 조금 진정한 친구 부모는 처음 있는 일이고, 학교폭력위원회를 열지 않는 대신 아이가 친구에게 진심으로 사과하고, 지속적으로 상담 받고 노력한다는 조건을 내걸었다. 결국 수지 부모님은 썩 내키지는 않았지만 상담을 시작하였다.

2) 부모와 교사의 상담 의뢰 사유

수지 부모님은 두 사람 모두 사회경제적 지위가 높은 전문가였다. 무척 바쁘고 아이를 돌볼 시간이 부족했지만, 수지 조부모님의 도움을 받아 지금까지 아이를 키워왔다. 틈틈이 함께 놀아 주고, 7세부터는 아빠가 직접 수학과 영어를 가르치기 시작하였다. 아이는 부모의 바람대로 모든 걸 잘하는 똑똑한 아이로 자랐다. 그래서 이번 사건으로 엄마, 아빠의 충격은 매우 컸다. 그런데 수지의 잘못 때문이라기보다 우리 아이가 이런 일을 당한다는 사실에 더 화를 내는 것 같았다. 지금까지 매우 자랑스러운 딸이었고, 이대로 멋지게 성장해서 부모의 소망과 바람을 다 이루어 줄 것 같은 아이였기 때문이다. 그래도 엄마는 자신이 계속 일을 하느라 아이와 보낸 시간이 너무 부족해서 정서적으로 문제가 있는 건 아닌지 걱정하는 말을 내비치기도 했다. 사건도 사건이지만 평소 부모는 수지에 대해 어떤 걱정이 있었는지 조금 더 이야기를 들어보았다. 그런데 초기상담에서 아빠는 좀 다른 이야기를 했다.

"솔직히 학교에서 발생한 사건은 큰 문제는 아니라고 생각합니다. 상대 아이가 먼저 험담을 하고 다녔으니 그 정도는 있을 수 있는 일이잖아요. 상대 아이와 엄마가 너무 예민하게 반응한 거죠. 어쨌든 우리 아이가 잘못한 거고 상담 받으라고 해서 왔으니 상담은 받을 거예요. 그런데 우리 아이에게 개선이 필요한 건 산만하고 지구력이 부족한 점이에요. 그 점이 가장 중요해요. 그리고 물론 친구 관계에서도 좀 더 친구들을 잘 받아 주고 별문제 아닌 건 쉽게 넘어갈 수 있는 그런 여유로움이 좀 생기면 좋겠습니다."

담임선생님은 뭐라고 말씀하시며 상담을 권했는지 질문하니 엄마가 다음과 같이 말한다.

"아이가 뭐든 나서서 잘하지만, 너무 잘하는 게 오히려 걱정된다고 표현했어요. 조숙하고 샘이 많아 경쟁심이 강하고 특정 친구를 은근히 따돌리는 경향이 있다고 했는데, 그건 아이가 잘하니까 당연히 질투하는 애들이 있는 거 아닐까요?"

이렇게 말하는 엄마, 아빠의 표정에는 공부 잘하고 신체 조건도 훌륭한 아이에 대한 자부심과 더 훌륭하게 키울 거라는 당당한 자신감이 느껴졌다. 이제 정리해서 살펴보아야겠다. 부모의 상담 목표와 학교 선생님의 의뢰 이유가 다르다. 어쩌면 두 가지 모두 수지에게 도움이 필요한 부분일 것이다. 그런데 이때 상담자는 조심해야 할 부분이 있다. 부모와 교사의 바람을 충족시켜 주기 위한 상담을 진행하게 될 위험이 있다. 상담자가 자신도 모르게 부모와 교사에게 더 쉽게 공감한다는 사실은 상담 시 매우 조심해야 할 부분이다. 그러니 내담 아동 자신이 상담에 대해 어떤 바람과 기대를 가지고 있는지 알아보고 그 마음에 공감하고 성장할 수 있도록 도와주는 것이 중요하다. 이제 아이 자신은 어떤 생각을 하는지, 상담을 통해 변화되고 싶은 부분은 어떤 점인지 알아보아야 한다. 우선 첫 회기를 진행한 후 상담 목표를 정하기로 하였다.

3) 수지와의 첫 만남

■ 1회기

수지는 당당한 표정으로 상담실에 들어오자마자 이러저리 둘러보며 "이건 뭐예요? 저건 뭐예요?" 하고 질문하는가 하면, 상담실의 보드게임과 책들을 보면서 자신이 아는 것과 잘하는 것에 대해 말하기 시작했다. 적극적이고 당당한 태도가 거침이 없다. 수지와 앉아서 인사를 나누고 질문을 시작했다.

"넌 상담 받으러 오면서 어떤 마음이 들었어?"

"오는 게 싫지는 않았어요. 그냥 한번 와 보고 싶었어요."

"한번 와 보고 싶었다는 건 뭔가 궁금한 점 혹은 기대하는 점이 있다는 의미로 들리는데, 맞아?"

"음……. 기대는 잘 모르겠고, 궁금하긴 했어요."

"뭐가?"

"상담 받으면 진짜 좋아지는지."

"그게 궁금했구나. 어떨 것 같아?"

"상담 센터가 안 망하는 거 보면 좋아지긴 하는 것 같아요. 안 좋아지면 사람들이 안 오고 금방 망할 거니까."

"그럼 넌 뭔가 좋아질 거라는 걸 알고 왔구나. 초등학교 4학년이 그런 걸 짐작하고 생각하는 건 쉽지 않은데. 그럼 직접적으로 물을게. 피하지 말고 대답해 줘. 넌 어떤 점이 좋아지고 싶니?"

잠깐의 침묵 후 수지는 마음먹은 듯 이야기하기 시작했다.

"제가 소문이 나쁘게 났어요. 어떤 남자아이가 저를 계속 놀렸어요. 제가 걔를 싫어하진 않았어요. 그런데 하도 계속 놀려서 옆 반에 있는 걔 여자친구를 데려오면 제 앞에서 놀리지 않을 것 같아 그 여자애를 교실 밖으로 나오라고 했어요. 그리고 잠깐 이야기하자고 아무도 없는 체육실로 데리고 갔는데 걔가 싫다고 했어요. 그래도 제가 억지로 끌고 가다가 걔가 도망갔는데 그게 소문이 이상하게 났어요. 제가 협박했다고. 걔가 엄마한테 뭐라고 했는지 걔네 엄마가 학교까지 와서 저를 옆 반에 불러서 혼내고, 저희 담임도 제 말은 안 들어주고 그냥 잘못했다고 사과하라고만 했어요."

학교에서의 사건에서 억울하다고 생각하는 수지는 말문이 터진 듯 계속 이야기를 이어 갔다.

"그런데 저를 놀린 그 아이가 반장 선거에서 저한테 졌던 아이예요. 그래서 저한테 나쁜 감정이 있나 봐요. 제가 반장 하고 싶어서 한 것도 아닌데, 왜 저만 억울하게 이런 일까지 생기는지 모르겠어요."

"얘기를 들어보니 수지가 그동안 억울한 게 정말 많았구나. 일이 어떻게 된 건지 네가 설명을 잘해 줘서 충분히 이해되었어. 정말 자세하게 설명을 해 줘서 고마워. 듣다 보니 저 말이 마음에 걸린다. 네가 하고 싶어서 반장한 게 아니라는 말이 무슨 말이야?"

"반장 안 되면 엄마, 아빠한테 혼나요. 그러니까 반장 선거할 때마다 전 꼭 나가야 되고, 이제 어떻게 말하면 아이들이 저 뽑아 주는지도 잘 알아요. 그러니까 이번에도 또 반장이 되었죠."

"반장이 안 되면 혼이 난다고?"

"네. 저희 아빠는요, 저한테 기대가 정말 많이 커요. 제가 무조건 의사나 국제변호사가 되어야 한다고 하세요. 제가 전에 연예인 되고 싶다고 말했다가 그날 한 시간 동안 잔소리 들었어요. 그래서 이젠 다시는 아빠한테는 그런 말 안 해요. 또 시험을 못 보면 아빠가 심하게 혼내세요. 저는요, 제가 상담을 통해 도움 받고 싶은 건요, 아빠가 공부에 대해 관심이 줄기를 바라요. 시험 못 봐도 조금만 혼내면 좋겠어요. 아빠가 수학이랑 가르쳐 주시는데 공부하다가 제가 틀리면 회초리 맞아요."

수지가 눈물을 글썽이기 시작한다. 갑자기 아이가 쏟아 낸 상황에 오히려 상담자가 당황스러울 정도이다. 하나하나 아이와 천천히 이야기하고 다루어야 할 내용들이었고, 특히 부모가 수지를 대하는 양육방법에서 꼭 변화가 이루어져야 할 부분도 있었다. 소리도 내지 않고 눈물만 흘리는 수지에게 휴지를 건네주고 등을 다독여 주었다. 수지의 말에서 중요한 사항들을 메모해 놓고 다시 이야기를 나눴다.

"수지가 그동안 정말 많이 힘들었겠다. 선생님이 위로해 주고 싶은데 어떤 말이 위로가 될지 모르겠다."

"아, 괜찮아요. 그래도 이런 말이라도 하니 좀 시원해요. 아무한테도 말 못했거든요."

"요즘도 그러셔?"

"네. 틀릴 때마다 한 대나 두 대씩 맞아요. 손바닥 맞을 때도 있고 그냥 머리를 이렇게 쥐어박을 때도 있어요. 그런데 때리는 것보다 더 속상한 건 아빠가 저한테 '바보, 멍청이, 돌대가리'라고 하시는 거예요. 아빠가 자주 하는 말은 '아빠가 가르쳐 줬는데 왜 몰라.'예요. 이제 퇴근하는 아빠가 문 여는 소리만 들려도 가슴이 쿵쾅거려요."

이렇게 말하며 또 울음이 터졌다. 이야기를 듣고 보니 그렇게 당차고 당돌해 보이던 아이가 안쓰럽게 보이기 시작했다. 아이는 아빠의 무거운 기대감과 집요한 잔소리와 질책으로 지치고 상처받았고 두려움이 생기고 있었다. 그렇다면 엄마는 이런 수지에게 어떤 역할을 해 주고 있을까? 안타깝게도 수지 엄마는 수지의 기본 생활을 챙기는 것 외에는 수지를 보호하고 상호작용하는 경험이 부족했다. 일하는 엄마로서, 자신의 커리어를 더욱더 발전시키는 데 관심이 많은 엄마는 일단 수지와 함께하는 시간이 부족했다. 게다가 아빠가 수지의 학습을 챙기고 있으니 왠지 한발 물러나 있는 느낌이다. 수지는 엄마에게도 속 시원히 마음을 털어놓지 못하는 아이였다. 속상한 마음을 말하면 엄마도 짜증을 잘 낸다고 했다. 이런 스트레스가 쌓이고 있으니 어떤 식으로든 수지의 감정과 행동에서 문제가 발생하고 있는 것 같았다. 수지와 이제 상담에 기대하고 바라는 바가 무엇인지에 대한 이야기를 나누었다.

"넌 상담을 통해서 어떤 점이 달라졌으면 좋겠어?"

"전 용기가 났으면 좋겠어요. 아빠에게 너무 힘들다고 말할 수 있는 용기요. 아빠에게 좋은 모습을 보이려 노력하지만, 너무 어려워요. 다음 주 월요일에 영어학원에서 동화책 읽고 시험 봐야 하는데 아직 다 못 읽었어요. 엄마가 아빠한테 말할까 봐 겁나요. 공부하긴 해야 하는데 아빠랑 같이 공부 안 하고 혼자 공부하고 싶어요."

"수지가 그동안 할 말이 너무 많았구나. 엄마 아빠에게 하고 싶은 말도 못하고 참고만 있었으니 네가 얼마나 답답했을까? 선생님이 앞으로 너의 화풀이 대상이 되어 줄게. 무슨 말이든 속 시원히 다 해. 물론 엄마, 아빠한테는 비밀이야. 네가 밝히고 싶어 하지 않는 내용은 절대 엄마, 아빠에게 말 안 해."

그러자 수지는 갑자기 또 다른 이야기를 시작한다.

"참, 아까 제가 친구 협박한 거요. 협박인지 아닌지 모르겠지만, 어쨌든 그런 거는 몇 번 있었어요. 저만 그러는 것도 아니고. 그 사건은 이번엔 제가 좀 재수가 없었던 것 같아요. 다른 애들은 저보다 더 심하게 애들 공격하는 애도 많아요."

잠시 속마음을 내비친 수지가 학교에서의 사건에 대해서는 아빠와 비슷한 시각을 보인다. 자신의 행동으로 인해 친구가 겁을 먹었으니 미안한 마음이 더 커야 함에도 불구하고 다른 아이들의 행동과 비교하며 재수가 없었던 것으로 생각하며 합리화시키고 있었다.

4) 수지를 위한 독서치료 목표 세우기

수지 부모님과 수지와의 초기 상담을 진행한 후 상담 목표를 정리해 보았다.

(1) 수지 부모님의 상담 목표

수지는 학교에서 또래 여자친구를 후미진 곳으로 불러내 겁주고 협박한 사건이 엄마들에게 알려져 학교와 친구 부모로부터 경고를 받은 상황이며, 사과와 함께 상담 받기를 요구받았다. 수지의 엄마, 아빠는 그 사건에 대해서는 크게 중요하게 생각하지 않는다. 친구 관계가 좀 더 편안해지고 그런 일이 발생하지 않기를 바라지만, 그보다는 아이의 산만함, 지구력 부족을 주 호소 문제로 말하였다. 결국 더 뛰어난 학습능력을 발휘하게 되는 것이 수지 부모님의 상담 목표이다. 지속적인 부모상담을 통해 정서적 안정감과 도덕성 발달, 그리고 보다 독립적이고 주도적인 학습습관 향상을 위해 수지를 도와주는 방법에 대한 상담이 필요하다.

(2) 담임선생님의 상담 목표

학교 담임선생님은 아이가 조숙하고 샘이 많아 경쟁심이 강하고 특정 친구를 은근히 따돌리는 '은따' 주동자의 경향이 있다고 말했다. 수지는 엄마, 아빠와의 관계에 문제가 있다. 엄마의 사랑을 얻기 위해 엄마에게는 좋은 이야기만 전하고, 자신의 잘못에 관해선 전혀 말하지 않는다. 수지에 대한 아빠의 기대가 매우 크다. 아이가 계속 공부를 잘해 높은 지위를 얻기를 바라며 학습을 직접 지도하지만, 혼내고 윽박지르는 방식이며 자존감에 상처를 주는 말을 종종 한다. 수지는 시험을 못 보면 아빠에게 심하게 혼난 경험이 여러 번 있다. 이런 일련의 과정이 수지의 심리적 스트레스를 가중시키고 있다. 수지는 엄마와의 안정적인 애착 경험이 절대적으로 부족하고, 아빠의 무거운 기대감과 지나친 질책으로 늘 긴장되고 불안한 상태로 지낸다. 아빠가 무섭고, 혼날까 봐 자신의 마음을 속 시원히 드러내지도 못하고 참는다. 이런 스트레스가 자기보다 약한 친구들에게 쉽게 공격적으로 터져 나오는 현상이 생긴다.

(3) 수지 자신의 상담 목표

수지의 상담목표는 용기이다. 아빠에게 너무 힘들다고 말할 수 있는 용기가 생겨나기를 바란다. 아빠에게 좋은 모습을 보이려 노력하지만 너무 어렵고, 다가온 시험에 대한 불안도 매우 크다. 게다가 자신이 제대로 공부하지 않은 걸 엄마가 아빠한테 말할까 봐 겁난다. 아빠와 함께 공부하지 않고 혼자 공부하고 싶다. 엄마와의 신뢰롭고 안정적인 관계도 바라고, 자신에게 맞는 방식으로 스스로 공부하고 싶다는 바람을 표현한다.

(4) 독서치료에서의 상담 목표

정리해 보자. 수지는 부모님과의 관계에서 심리적 안정감을 얻지 못한다. 목표 지향적인 아빠에게서 학업 스트레스를 심하게 받고 있으며, 엄마에게는 잘 보이고 싶은 마음에 솔직하게 자기표현도 하지 못한 채 혼자 스트레스를 감당하고 있다. 기본적인 부모와의 애착이 안정적이지 못하다. 학교에서 수지는 친구들에게 짜증과 공격적인 말을 자주 사용하며 친구를 은근히 따돌리기도 한다. 다른 친구들도 모두 다 그렇게 하고 자신도 피해를 입은 적이 많으므로 별문제가 되지 않는다고 생각하는 경향은 공감하는 능력이 부족하고 인지적 판단력이 왜곡되어 있을 수 있음을 보여 주고 있다. 자신의 행동에 대해 크게 문제 삼지 않고 이번 사건이 운이 나쁜 거라 생각는 경향은 도덕적 판단력의 기준이 흔들리고 있음도 시사하고 있다. 게다가 남들이 하면 나도 따라 해도 된다는 사고 경향이 수지 스스로 문제 행동을 지속하게 만드는 요인이 되고 있다. 범죄심리학자들은 무언가를 해도 된다는 생각이 범죄를 만든다고 한다. 어린아이의 행동에 이렇게까지 해석하는 건 과하다 싶은 마음도 들지만, 남들이 많이 하는 행동은 나도 해도 되고, 그런 행동을 하고서도 미안함과 죄책감을 느끼지 못한다면 나중에 더 큰 문제가 발생할 수도 있게 된다는 의미이다.

수지가 가진 비합리적 신념을 살펴보자. 부모의 주입된 교육으로 인해 수지는 '과

대한 자기기대감'을 가지고 있다. 부모의 바람을 이루지 못할까 봐 걱정하고 불안해하며 모든 걸 부모 탓으로 말하고 있지만, 친구들 사이에서 하는 행동은 자신이 유능하며 제일 잘해야 하고, 자신보다 뛰어난 능력이 있는 친구는 따돌리는 현상이 나타나고 있다. 또한 '비난 경향성'도 강하다. 자신에게 해를 끼치거나 악행을 저지르는 사람은 일반적으로 나쁘고 야비하며 비열한 사람이고, 반드시 비난과 처벌을 받아야 한다는 믿음이다. 그러니 친구를 강제로 끌고 가는 행동에 대해서는 미안함도 죄책감도 표현하지 않는다. '좌절적 반응 경향성'도 강한 편이다. 부모의 바람대로 이루어지지 않으면 자신의 미래가 암울할 거라는 생각을 하기도 한다.

'정서적 무책임'의 현상도 나타난다. 자신의 마음이 힘든 건 모두 엄마, 아빠 탓이다. 그리고 자신은 어쩔 수 없고, 피해자라는 인식이 매우 강하다. 이제 합리적 정서행동치료의 기법을 적용한 독서치료를 진행하며 수지가 가진 비합리적 신념들을 개선시켜 가는 과정을 살펴보자.

또한 수지의 학업 스트레스도 지속적으로 살펴보아야 한다. 성적이 좋고 능력이 뛰어남에도 불구하고 학업능력에 대한 긍정적 자기인식이 보이지 않고, 계속 더 어려운 과제를 요구받음으로써 학습 동기가 오히려 방해받고 있는 상황이다. 따라서 수지를 위한 독서치료에서 상담 목표는 다음과 같이 정리할 수 있다.

- 부모와의 애착 관계 회복
- 비합리적 신념과 인지 왜곡 현상의 변화
- 긍정적인 자아개념 형성
- 성숙한 자기표현을 통한 부모와의 소통
- 인지학습치료 방식을 적용하여 학습 동기 키우기

5) 통합치료를 적용한 독서치료의 실제

■ 2회기

찾기 그림책을 꺼냈다. 학습과 심리적 감정을 논하기에는 수지의 스트레스 수준이 너무 높을 것 같아 가볍게 놀면서 수지를 관찰해 보기로 했다. 관찰하고 찾기 그림책은 다양한 수준이 있다. 그림이 아주 복잡하거나 단순함의 차이에서 아이들은 자신의 심리적 상황을 잘 나타내기도 한다.

『월리를 찾아라』(마틴 핸드포드, 1990)를 펼쳤더니 한두 장 뒤적거리다 소리를 지른다.

"으악! 이런 걸 어떻게 찾아요. 너무 복잡해요. 하기 싫어요."

짐작했던 대로이다. 충분히 잘 찾을 능력이 있음에도 불구하고 복잡하고 집중을 요하는 그림을 보자마자 거부 반응을 보인다. 이럴 땐 빨리 사과하고 집어넣는 게 상책이다.

"어, 미안해. 네 수준에 충분히 쉬울 것 같아서 꺼냈지. 네가 싫어하는 건 안 할 거야. 그럼 이 중에서 가장 마음에 드는 걸로 골라 볼래?"

수지 앞에 『도시 땅속이 궁금해』(에스더 포터 글, 안드레스 로사노 그림, 2017), 『마법사 자카리의 뒤죽박죽 그림책 1』(질케 모리츠 글, 아힘 알그림 그림, 2013), 『이유가 있어요』(요시타케 신스케 글·그림, 2015), 『나의 엉뚱한 머리카락 연구』(이고은 글·그림, 2012), 『그 다음엔』(로랑 모로, 2015)을 펼쳐 놓고 고르게 했다.

『마법사 자카리의 뒤죽박죽 그림책 1』

저/역자: 질케 모리츠/배미한

출판사/발행연도: 사비샘/2013

수지는 책을 싫어하지 않는다. 나란히 펼쳐 놓은 책 중에서 『마법사 자카리의 뒤죽박죽 그림책 1』을 고른다. 책을 펼치더니 대번 "아, 이게 뭐예요. 진짜 이상해. 이것 좀 봐요. 뭐야. 진짜 웃겨, 말도 안 돼."라고 말한다. 역시 말을 많이 하는 아이답게 감탄사와 질문을 계속 쏟아 낸다. 그도 그럴 것이 제목 그대로 온갖 상황의 그림들이 뒤죽박죽이다.

마법사 자카리 할아버지가 깨어나 보니 요술막대는 사라지고 온 집안은 온통 이상한 현상 투성이이다. 두 꼬마 요정이 요술막대로 마구 장난을 쳤나 보다. 두 요정을 찾으러 나선 할아버지를 따라가 보면 집도 거리도 놀이터도 시장도 온통 뒤죽박죽이다. 새장에는 물고기가 들어 있고, 피아노 페달은 혓바닥이다. 수도꼭지는 하늘을 향해 있고, 마당의 잔디에서는 사탕이 열리고, 닭의 주둥이가 오리주둥이이다. 횡단보도의 흰줄은 두루마리 휴지가 되어 있고, 어느 집 앞의 가로등에는 샤워기가 달려 있다.

뒤죽박죽 어처구니없는 그림에 수지는 깔깔 웃으며 계속 열심히 찾는다. "전부 몇 가지예요? 저 몇 개 찾았어요?" 현재 생활의 빡빡한 틈 사이에 속 편하게 즐겁게 웃는 경험이 필요했나 보다. 250여 가지의 잘못 그려진 그림을 모두 다 찾을 필요는 없다. 그저 수지가 즐겁게 웃으며 이완하는 경험이 필요하다. 스토리가 중요한 게 아니라 수지의 경직된 감정을 뒤흔들어 줄 그런 웃음과 해학의 요소가 필요했던 것이다. 그림책은 자신의 역할을 충분히 해냈다.

한참 책을 짚어 가며, 상담자에게 보라고 권하기도 하던 수지는 책을 다 보고 난 다음 "진짜 웃겨요. 어떻게 이런 생각을 했지?"라고 말하며 다른 책을 뒤적인다. 한 권의 재미있는 책이 다른 책에 대한 호기심을 불러일으킨 것 같다. 다음 책으로는 『이유가 있어요』를 골랐다. 표지 그림의 코딱지 파는 아이를 보며 이렇게 말한다. "코딱지 파는 게 무슨 이유가 있어요? 우리 반에도 이런 애 있어요. 너무 더러워요."

내 콧속에 스위치가 달려 있는데, 이 스위치를 자꾸자꾸 누르면 머리에서 신바람 빔이 나와요. 딸깍딸깍딸깍 이 빔은 사람의 마음을 즐겁게 해 주거든요.

주인공 아이가 코를 파며 둘러대는 이유가 능청스럽고 웃음이 난다. 다리를 떠는 건 땅속 두더지에게 오늘 있었던 일을 모스 부호처럼 알려 주는 것이고, 밥알을 흘리는 것은 작고 신기한 생물들이 맛있는 밥을 조금만 나눠 달라고 부탁해서라고 한다. 논리적이고 비판적으로 따지기 좋아하는 특성을 보이는 수지에겐 말도 안 되는 거지만, 4학년 수지는 이런 변명들이 유치하다고 말하면서도 입가엔 미소가 떠올라 있다. 그리곤 마지막 장면, 엄마는 왜 자꾸 머리카락을 비비 꼬는지 묻는 아이에게 엄마가 말한다. 머리카락 끝에 저녁메뉴가 있어서 뭘 먹을지 고민하다가 머리카락 한 가닥을 골라 거기 쓰여있는 메뉴를 고르는 거라고. 수지는 이 장면에서 크게 말한다.

"맞아요. 우리 엄마도 이래요. 맨날 나한테는 이것저것 전부 잔소리만 하지만 제가 엄마한테 엄마는 왜 그러냐고 물으면 딱 이래요. 변명하고 딴소리하고."

"엄마가 어떻게 하시는데?"

"우리 엄마는요, 저랑 약속 어겨서 말이 막히면 꼭 저보고 숙제했냐고 물어요. 제가 다 했다고 해도 대강하지 말고 꼼꼼히 잘하라고 해요. 그렇게 곤란한 걸 피하고 싶어 해요. 저도 한번 물어봤어요. 왜 곤란할 때마다 숙제 공격 하냐고 물었더니 또 제가 맨날 숙제를 정성스럽게 안 하고 글씨도 엉망이라 그렇대요. 이게 말이 돼요?"

"그럴 때 엄마가 어떻게 대해 줬으면 좋겠어?"

"저녁에 8시까지는 퇴근한다고 했으면 꼭 지켰으면 좋겠어요. 아니면 아예 늦는다고 말을 하던지, 기다리다가 안 오면 진짜 화가 나요. 왜 어른들은 자꾸 거짓말을 해요?"

수지가 갑자기 상담자에게로 질문의 화살을 돌렸다.

"나에게 묻는 거야?"

"네, 선생님은 안 그랬어요?"

"음, 솔직하게 말할게. 선생님도 수지 엄마처럼 한 적 많아. 아이가 저녁에 일찍 퇴근하냐고 물으면 늦게 온다고 대답할 수가 없어. 아침부터 아이가 실망할까 봐 너무 마음이 아프고, 하루 종일 시무룩하거나 화를 내며 지낼까 봐 걱정이 되거든. 저녁에 늦는다고 연락하면 한두 시간만 속상하면 되지만, 아침에 솔직히 말하면 하루 종일 슬퍼할 것 같아서 그런 거짓말을 했던 것 같아. 네 말 들으니 선생님도 많이 잘못한 것 같아."

"이해가 되지만 그래도 솔직하게 말하는 게 좋겠어요. 왜냐하면 자꾸 그런 거짓말을 당하면 다른 것도 못 믿게 되거든요."

"다른 것에서 엄마를 못 믿겠다고 느낀 적이 있어?"

"툭하면 저를 위해서 열심히 일한다고 하는데 못 믿겠어요. 저를 위하면 내가 원하는 것도 들어줘야 하는데 순 자기마음대로 하잖아요."

"그래도 엄마, 아빠가 너를 너무 사랑하시니 이렇게 쉬시는 날 너를 위해 한나절을 기다리고 상담도 받고 그러는 거 아닐까?"

"아니에요. 그건 저를 사랑해서 그러는 게 아니에요. 제가 잘못하면 엄마, 아빠가 창피해지니까 그런 거예요. 자기들 잘 살려고 그러는 거지, 저 때문이 아니에요. 그렇게 말하면 더 화가 나요. 진짜 사랑하는데 어떻게 그래요? 아빠는 자기 성질대로 마음대로 하고, 엄마는 말해도 안 들어주고……."

또 눈물을 흘린다. 아이 마음에 꽉 차 있는 부모에 대한 원망과 서운함, 외로움과 슬픔이 고스란히 내비친다.

■ 3회기

수지가 상담실로 씩씩하게 들어와 "선생님, 지난주에 안 본 책 볼래요."라고 말한다. 책을 좋아하는 아이답게 지난주 표지와 제목만 보고 보지 않았던 책을 기억하고 요구한다. 다시 세 권을 꺼내 놓았다. 수지는 『도시 땅속이 궁금해』를 골랐다.

📖 『도시 땅속이 궁금해』
━━━━━━━━━━━━━━━━━━
저/역자: 에스더 포터/배소라
출판사/발행연도: 와이즈만북스/2017

"오, 이런 주제도 좋아해?"

"저요, 제 꿈 중에 건축가도 있어요. 스페인에 가족 여행을 갔는데 거기 멋진 건물이 많아서 저도 그런 건물을 설계하고 만들고 싶다는 생각이 들었어요."

가족 여행 이야기도 물어보고 싶었지만, 수지가 책을 선택한 이유와 책을 매개로 이야기 나누고 싶은 것들이 있어 나중으로 미루고 더 이상의 질문을 하지 않았다. 수지는 또 혼자서 책을 본다. 읽어 줄까 물어도 "그냥 제가 볼게요."라고 말한다.

책의 그림은 땅위와 땅속에 무엇이 있는지 실제 크기를 짐작할 수 있는 측면도 방식으로 재미있게 설명해 준다. 땅속에 묻혀 있는 상하수관, 천연가스관, 전기 케이블들이 어떤 모습으로 배치되어 있는지, 이 모든 것이 얼마나 꼼꼼하게 설계되었는지 말해 주고 있다. 오랜 옛날부터 겹겹이 쌓인 시간의 흔적을 보여 주는 화석 그림도 있고, 고층 빌딩을 세우려면 빌딩도 큰 나무처럼 튼튼한 뿌리가 필요하고, 말뚝이 얼마나 깊이 내려갔는지, 암반층이 나올 때 까지 땅을 계속 파서 말뚝을 박아야 함을 알려 주고 있다. 빌딩의 높이만큼이나 깊게 박혀 있는 말뚝 기초의 모습이 뭔가 생각할 거리를 떠올려 주기도 한다.

"헉, 이렇게 깊이 기초가 박혀 있어요? 말도 안 돼. 나무만 뿌리가 중요한 줄 알았어요. 건물도 그렇네요. 왜 이걸 미처 생각하지 못했지? 당연한 건데. 근데 이걸 어떻게 파고 공사를 해요? 진짜 대단하다."

수지에게 물었다. "수지야. 너의 뿌리는 얼마나 깊이 박혀 있어?" 수지는 상담자의 질문을 쉽게 알아들었다. "전 뿌리가……. 잘 모르겠어요. 전 제 뿌리가 어디에 있는지 모르겠어요."

📖📖 『이게 정말 나일까?』

저/역자: 요시타케 신스케/김성화
출판사/발행연도: 주니어김영사/2015

수지의 말에 『이게 정말 나일까?』(요시타케 신스케 글·그림, 2015)의 한 페이지를 펼쳤다. 가계도 그림이다. 주인공 아이 모습 뒤로 엄마, 아빠와 엄마, 아빠의 양쪽 부모님과 그 위의 부모님의 부모님들이 마치 거꾸로 뻗은 뿌리처럼 끝이 없다. 아이의 뿌리를 한눈에 보여 주는 그림이다.

"어때? 너의 뿌리가 어디 있는 것 같아?"

"이런 건 생각해 보지 못했어요."

"어디가 그 뿌리의 시작인지 다 알기 어려울 정도로 사람의 뿌리는 깊은 것 같아. 그냥 엄마, 아빠의 딸 수지가 아니라 이렇게 많은 부모님의 부모님들의 인생과 노력들에 의해 수지가 태어난 것 같은데?"

수지는 한참 더 그림을 보다 책을 덮었다.

"지금 어떤 느낌이 들어?"

"먼지 모르지만 왠지 좀 마음이 무거운 느낌이에요. 뭔가 전 혼자라고 생각했는데 이렇게 연결, 연결되어 있네요. 엄마, 아빠도 그렇게 연결되어 있고. 이게 좋은 건지 어떤 건지는 모르겠어요. 전 차라리 빨리 자라서 엄마, 아빠 떠나서 혼자 살고 싶다는 생각을 자주 했는데, 어쩌면 떠나도 전 저인 것 같아요."

수지에게 감정 카드를 주고 지금 조금이라도 느껴지는 감정을 오른쪽으로 골라 놓으라고 했다. 수지는 '차분한, 의아한, 쓸쓸한, 당황스러운, 불안한, 놀란, 궁금한, 신기한' 감정 카드들을 골랐다. 각각의 감정을 느끼는 이유에 대해서도 이야기를 나누었다.

"왠지 차분해져요. 엄마, 아빠, 저 이렇게 늘 세 사람만 생각했어요. 할머니가 저를 돌봐 주셔도 그건 임시로 돌봐 주시는 거고, 엄마가 해야 할 일을 잠시 할머니가 대신 한다고만 생각했어요. 그런데 이 그림을 보니 할머니한테 미안한 마음이 들어요. 전 할머니 별로 안 좋아했거든요. 할머니가 안 계시면 엄마가 회사를 그만둘 거라 생각하기도 했어요."

"왠지 쓸쓸해요. 이렇게 많은 조상님들이 연결되어 있는데 전 그런 거 하나도 못 느끼잖아요."

"한편으론 좀 신기해요. 세상 어느 누구도 달랑 혼자는 아니라는 생각이 들어요. 전 차라리 빨리 커서 혼자 지내고 싶다고 생각했는데, 어쨌든 혼자 살아도 혼자는 아닌 것 같아요."

"좀 불안해요."

그러더니 말이 없다.

"불안한 느낌에 대해선 뭔가 걱정이 있는 것 같아. 그게 뭐야?"

"제가 엄마, 아빠 욕, 아니, 원망을 너무 많이 한 것 같아요."

"선생님이 엄마, 아빠께 말했을까 봐 걱정돼?"

"네."

"선생님은 네 마음속 찌꺼기를 걸러 내도록 도와주는 사람이야. 첫 회기에 말했잖아. 네가 허락하지 않은 건 절대 아무에게도 말하지 않는다고. 선생님한테는 무슨 말을 해도 미안해하지 않아도 돼. 누구나 그런 마음이 들 수 있으니까. 그런데 아이들은 그 마음을 다시 예쁘게 잘 정리해서 마음에 저장해야 하는 데 그걸 혼자 하기 어려울 때 선생님이 도와주는 거야. 그러니 다른 누군가에게 부모님에 대해 험담한 것과는 전혀 다른 거니까 아무 걱정하지 말아. 알겠니?"

"네. 그런데 그래도 그냥 그런 마음이 들어요."

"그래, 어쩌면 나를 낳아 주고 키워 주고 사랑해 주시는 부모님을 원망한다는 것 자체로 그런 마음이 들기도 할 거야."

"선생님도 그랬어요?"

"당연하지. 네가 지금 느끼는 건 아마 대부분의 사람이 느끼는 걸 거야. 그런 과정을 통해 조금씩 자라는 것 같아."

수지는 그제야 조금 안심이 되는 눈치이다. 책을 보고 자신의 뿌리에 대해 생각해 보다 이렇게 마음속에 숨어 있던 감정들을 조금은 끄집어내어 볼 수 있었다.

다음 회기에는 엄마, 아빠와 좋았던 경험들에 대한 이야기를 나누기로 했다. 수지 부모님이 바쁘고 아이에게 바라는 게 많아 다그치고 혼낸 경우도 많지만, 그렇다고 해서 수지와 행복한 추억이 없는 건 아니다. 종종 아이들을 상담하면서 경험하는 거지만, 아이들은 부모에 대한 원망이 하늘을 찌를 듯이 높아질 때면 행복했던 기억들은 잊어버린다. 누군가의 도움으로 하나씩 끄집어내지 않으면 계속 원망하는 마음으로만 살아갈 수도 있다. 불행의 기억을 다시 끄집어내서 재해석의 과정을 거쳐 이해하고 수용하는 마음으로 다시 저장해야 하고, 행복했던 기억들도 찾아내어 부모의 사랑을 확인하고 감사하고 그 마음을 단단하게 강화시키는 작업이 이루어져야 한다.

수지와 스페인 여행 이야기를 나누었다. 1년 전 엄마, 아빠와 함께 일주일간 여행을 다녀왔고, 무척 행복한 시간이었다고 말한다. 구경도 많이 하고, 맛있는 음식도 많이 먹고, 나중에 영어를 잘하게 되면 스페인어도 배우고 싶다는 생각을 했다며 '올라!(안녕)' '그라시아스!(고마워)'를 외치며 스페인어를 자랑했다.

"스페인 여행 가면서 엄마, 아빠에게 무슨 생각이 들었어?"

"음, 고마웠어요. 친구들은 스페인 안 가 본 애들이 대부분인데 전 가 봤잖아요. 제가 특별해지는 느낌이 들었어요."

"선생님도 아직 못 가 봤는데. 정말 감사했겠다. 혹시 또 다른 때 그런 느낌이 든 적 있어?"

"음……. 옛날에는 종종 그런 생각을 했죠. 아빠가 공부 가르치기 전에는."

"그때 얘기 듣고 싶어. 그때 아빠는 어떤 아빠였어?"

"좋았어요. 잘 놀아 주고, 선물도 잘 사 주시고, 칭찬도 잘해 주시고……."

기분 좋은 여행 이야기 덕분이었는지, 지난 시절 아빠와의 좋았던 기억들을 떠올린다. 그러다 갑자기 소리친다.

"공부만 아니면!"

"무슨 말이야?"

"공부만 아니면 아빠랑 잘 지낼 것 같아요. 아니면 제가 완전히 잘하든지. 그런데 전 아빠가 바라는 것만큼 잘할 자신이 없어요. 너무 힘들어요."

다시 시무룩해졌다. 그래도 중요한 대화를 나눴다. 아빠와의 좋았던 추억을 고스란히 간직하고 있음을 확인했고, 어쩌면 이렇게 관계가 나빠진 게 공부 때문이라면 부모상담을 통해 조금 다른 방식을 찾아갈 수 있을 가능성이 생겼기 때문이다. 상담이 좀 더 안정적으로 진행되어 수지가 안정감을 보이기 시작하면 좀 더 의논하기로 하고 미루어 두었다.

■ 4~6회기

엄마, 아빠와의 관계와 친구 관계에 대해 탐색해 보는 시간을 가졌다.『산 아래 작은 마을』(안 에르보, 2017)을 읽어 주기로 했다.

📖『산 아래 작은 마을』

저/역자: 안 에르보/이두영
출판사/발행연도: 미래아이/2017

화산의 불이 꺼진 길고 추운 겨울, 먹을 것은 떨어지고, 세상은 차갑게 얼어붙었다. 마을 사람들에게 필요한 물건을 파는 산 아래 구멍가게에도 물건이 거의 떨어졌다. 그러던 어느날 주인 아저씨가 높은 선반에 남은 잼을 꺼내어 빨간 사다리를 한 걸음씩 내려오는 데 신기한 일이 벌어진다. 잼 병이 점점 커지는 것이다. 사다리를 올라갈 때 부스러기였던 빵이 내려오면 커다란 빵이 되는 것이다. 기적이다. 이 소식은 멀리멀리 마을 밖까지 퍼졌다. 이제 무슨 일이 벌어질까? 사다리를 탐내는 사람들의 전쟁이 시작된다. 사방이 전쟁터로 변하고 사람들이 죽어 간다. 사다리도 산산조각 나 버린다. 아무것도 남은 게 없다. 여전히 안개 짙은 어느 날, 이제 구멍가게의 선반에는 잼이 든 작은 유리병 하나밖에 없다. 주인 아저씨는 유리병을 꺼내려고 의자 네 개와 빗자루 두 개, 나사못 여섯 개로 뚝딱뚝딱 새 사다리를 만든다. 작은 잼 병을 품에 안은 채 한 걸음씩 조심조심 내려오니 사다리가 부러질 듯 휘청이고 삐걱거린다. 유리병이 점점 커졌다. 다시 기적이 일어났다. 이제 이웃과 나누는 착한 마음을 가진 사람들 말고는 아무에게도 말하지 않기로 한다. 이 모든 상황을 지켜보며 예언하듯 노래 부르던 고양이는 이제 이렇게 노래한다.

"지혜로운 코끼리는 실수를 되풀이하지 않아."

"결코 같은 언덕에 두 번 숨지 않는다네."

책을 읽어 주는 동안 몰입해서 듣는 수지의 표정이 참 예쁘다.

"재미있어요. 진짜 저런 사다리가 있었으면 좋겠어요."

"뭐가 커지면 좋겠어?"

"돈이요. 올라갈 때 천원이 내려오면 십만 원이 되었으면 좋겠어요."

"십만 원이 있으면 뭘 하고 싶은데?"

"아, 잘 모르겠어요. 제가 갖고 싶은 건 스마트폰뿐인데 그건 아빠가 절대로 안 된다고 했으니까 소용없어요. 3G 폰을 사용하는데 몰래 카카오톡 깔았다가 엄청 혼났어요. 돈이 있어도 몰래 살 수도 없어요. 돈이 아니에요. 다른 거 할게요. 착함이요."

"착함?"

"애들이 별로 착하지 않아요. 좀 착한 마음을 커다랗게 만들어서 애들한테 나눠 주고 싶어요."

"애들이 어떻게 할 때 안 착하다고 느껴?"

"자꾸 놀리고 질투하고 험담해요. 그러지 말라고 해도 너도 그러지 않았냐고 하면서 계속 그래요."

"너는 안 그래?"

"저도 그렇긴 하지만, 전 애들이 안 하면 저도 안 해요."

"혹시 애들도 그렇게 생각하는 건 아니고?"

"네? 제가 먼저 안 했어요. 전 절대 먼저 하는 사람이 아니에요."

"혹시 너희 반에 친구가 먼저 놀려도 안 놀리는 아이는 없어?"

"음, 몇 명 있어요. 걔네들은 이해가 안 돼요. 어떻게 그럴 수가 있어요? 친구가 놀리는데 괜찮을 수가 없잖아요."

"어쩌면 걔네들은 누가 뭐래도 자신은 놀리는 사람이 되고 싶지 않은 거 아닐까?"

"네?"

"누가 뭐라 해도 내가 되고 싶은 사람의 모습을 우리는 선택하는 거잖아. 친구가 놀린다는 이유가 있긴 하지만, 세상 사람들이 모두 다 똑같이 놀리는 것으로 대응하진 않거든. 어쩌면 이 신기한 사다리도 그런 것 같아. 만약 이 사다리에 영혼이 있다면 뭔가 틀림없이 믿고 있는 게 있는 것 같아. 욕심 때문에 자신을 망가뜨린 사람들을 원망하지 않고, 누군가 정말 따뜻하게 나눌 줄 아는 사람에게 다시 사다리의 힘을 선물로 줬잖아. 수지는 왜 나를 놀리면 똑같이 놀려야 한다고 생각하게 됐는지 궁금해. 몇 살 때부터 그런 것 같아?"

수지가 말이 없다. 그러다 뭔가 심술이 났는지 툭 내뱉는다.

"전 원래 그랬어요."

"원래? 한 살부터? 세 살? 다섯 살? 그렇게 예뻤을 나이에 네가 심술쟁이였다는 게 믿어지지 않는데? 너 어릴 적 모습이 어떨지 정말 궁금해. 너무 예뻤을 것 같아."

"아마 2학년 정도부터 그랬던 것 같아요. 1학년 때는 안 그랬어요."

"네가 그럴 수밖에 없는 이유가 있었을 것 같아."

"이유요?"

"그래. 갑자기 확 변할 수는 없잖아. 네가 뭔가 마음이 불편한 게 많아지니까 그렇게 된 것 아닐까?"

"그냥 스트레스가 쌓여서 그런 것 같아요. 집에서 혼나면 친구들에게 조금씩 화풀이한 것 같아요."

"그랬구나. 그래서 네가 그런 마음이 들었구나. 사다리가 생긴다면 또 뭘 하고 싶어?"

"음, 우리 반 분위기가 좀 즐거웠으면 좋겠어요. 재미있는 일이 많았으면 좋겠고요. 참, 제 성적도 늘 100점이면 좋겠어요. 그럼 혼날 일도 없으니까."

"진짜 사다리는 없지만, 상담이 진행되면 사다리와 비슷한 현상이 나타나게는 할 수 있어. 한번 잘해 보자."

"정말요?"

"그럼!"

이렇게 말하며 함께 웃었다. 조금씩 수지의 마음이 한 걸음씩 자기 내면의 이야기로 들어가는 느낌이 들었다.

다음 시간에는 『알사탕』(백희나, 2017)을 읽었다.

📖 『알사탕』

저/역자: 백희나

출판사/발행연도: 책읽은 곰/2017

친구가 없는 동동이는 언제나 혼자 논다. 구슬을 사러 문방구에 갔다가 새로운 구

슬을 발견한다. 그런데 구슬이 아닌 아주 단 사탕이다. 박하사탕을 입에 넣으니 향이 너무 진해 귀까지 뻥 뚫리는 느낌이다. 그때 갑자기 거실에서 이상한 소리가 들린다.

"동동아, 나는 소파야. 리모콘이 옆구리에 껴 있어서 너무 결려. 아파."

알사탕을 입에 넣으니 신기하게도 누군가의 속마음이 들리는 것이다. 사탕을 먹을 때마다 강아지의 소리를 듣기도 하고, 언제나 잔소리만 하고 혼내는 아빠의 진짜 마음의 소리를 듣게 된다. 입 안의 사탕이 녹아서 사라지자 목소리도 사라진다. 이제 사탕이 없어진 동동이는 어떻게 할까?

사탕을 입에 넣기만 하면 누군가의 마음속 진심이 들리다니 정말 이런 사탕이 있었으면 좋겠다. 역할극을 하기로 했다. 수지가 잔소리하면, 상담자가 사탕을 입에 넣고 잔소리하는 수지의 속마음을 알아맞히는 놀이로 진행했다. 수지가 잔소리를 시작했다.

"왜 내가 책 읽는다고 해도 선생님이 읽어 준다고 해요? 좀 쉬면서 해요. 상담실에 예쁜 꽃도 좀 갖다 놓아요. 그래야 상담실에 아이들이 더 많이 오죠. 왜 선생님은 자꾸 시간을 넘겨요. 그럼 선생님도 손해잖아요."

마치 미리 생각해 놓은 듯이 수지는 마구 잔소리를 했다. 이제 상담자가 그 마음을 알아맞힐 시간이다. 사탕을 입에 넣고 수지 가슴에 귀를 가까이 대는 시늉을 하며 말했다.

"아, 수지 마음이 들려. 수지는 선생님이 힘들까 봐 걱정되는구나. 예쁘게 꽃도 갖다 놓고 하면 아이들이 더 많이 와서 선생님이 기쁠 거라 생각하는구나. 시간을 지켜서 더 많은 아이들이 오면 선생님에게 이롭다고 생각하는구나. 맞아?"

"어떻게 그렇게 잘 맞혀요?"

"선생님이니까."

이렇게 웃으며 마무리했다. 수지에게 만약 이런 사탕이 있다면 누구의 마음을 듣고 싶은지 물었다.

"엄마요. 저보다 일이 더 중요한지 물어보고 싶어요. 엄마는 내년에 꼭 승진하고 싶다고 하셨어요. 지금 그만두기에는 너무 아깝다고. 그런데 전 정말 엄마가 딱 1년 만이라도 저만 돌봐 주셨으면 좋겠거든요. 아빠 마음도 듣고 싶어요. 제 성적이 더 중요한지, 저를 사랑하는 건지 듣고 싶어요. 제 마음속 의심이 사라졌으면 좋겠어요."

알사탕 이야기를 통해 다시 한번 엄마, 아빠에 대한 바람과 불안을 표현했다. 아이의 마음을 공감하고 수용해 주는 단계를 지나 현실적인 바람에 대한 확신은 엄마, 아빠의 도움을 받는 것이 더 좋다. 엄마, 아빠와 함께 의논하였다. 우선 엄마, 아빠에 대한 원망감이 큰 부분에 대해서는 엄마, 아빠가 한 번이라도 사과하는 시간이 필요했다. 엄마는 수지와의 퇴근시간 약속을 지키지 않은 것, 아빠는 수지 성적이 나쁘거나 공부를 잘하지 못했을 때 혼내면서 심한 말을 한 점을 사과하도록 권했다. 상담자와 수지, 엄마, 아빠가 모두 함께 앉아 가족치료 방식으로 진행하였다.

"수지야. 미안해. 네가 이렇게 많이 속상한 줄 몰랐어. 엄마가 한참 동안 고민하고 있었는데. 어쩌면 올해 일주일에 이틀은 재택근무를 할 수 있을 것 같아. 예전부터 준비하고 있었는데 이제야 겨우 허락이 났어. 미리 얘기했다가 안 되면 네가 실망할까 봐 미리 말 못했어. 엄마가 집에 있는 시간 더 늘려서 수지랑 즐겁게 놀고 이야기도 많이 나누자. 정말 미안해. 사랑해."

"수지야. 아빠가 화가 나서 욱해서 말을 함부로 한 거 정말 미안하다. 그리고 그 말이 너한테 그렇게 큰 상처가 될 거라고 생각 못 했다. 정말 미안하다. 아빠가 그런 말은 하면 안 되는데 아빠도 하고 나서 많이 후회하고 있어. 아빠가 아무리 화를 내도 우리 수지를 사랑하는 마음 때문이라는 걸 이해해 주면 좋겠어."

수지는 어색하고 불편하긴 했지만 싫지 않은 표정이다. 별 대답도 하지 않고 묵묵히 듣기만 했다.

"수지는 엄마, 아빠가 이렇게 말씀해 주시니 어떤 것 같아?"
"괜찮아요. 사과해 줘서 고마워요."
"그래? 그럼 그 말을 엄마, 아빠 눈을 바라보며 직접 말해 줄래?"
수지는 조금 망설이다 천천히 말하기 시작한다.
"엄마, 아빠, 저도 미안해요. 제가 좀 더 잘하면 화 안 내실 텐데 저도 잘할게요. 그런데 정말 화는 내지 말고 친절하게 말해 주세요. 그럼 저도 버릇없이 굴지 않을게요."

■ 7~8회기
수지가 자기 자신을 좋아하는 이유를 적도록 했다. '내가 내 마음에 드는 점 열 가지'를 썼다. 앞부분에 외모와 신체, 환경적 조건을 적기에 그것도 포함해서 자신의 마음의 힘에 대해서도 생각해 보라고 권했다.

- 가난하지 않아서
- 뚱뚱하지 않아서
- 사랑받고 자라서
- 휴대폰을 가지고 있어서

- 넓은 집이 있어서
- 엄마, 아빠가 계셔서
- 못생기지 않아서
- 자제할 수 있는 능력이 없었는데 조금 생겨서
- 용기가 있어서
- 달리기를 잘해서
- 공부하는 방법을 일곱 가지나 시도해 보아서

수지는 쓰고 보니 생각했던 것보다 많다며 좋아했다. 엄마, 아빠에게는 각각 '수지를 사랑하는 이유 열 가지'씩 써 달라고 요구했다. 그리고 다 쓴 다음 한 사람씩 차례로 수지에게 들려주었다. 조금씩 수지의 마음이 풀어지고, 밝고 예쁜 마음이 되살아나는 느낌이 들기 시작했다.

이제 학교생활에 대한 점검을 시작했다. 학교에서 친구들 사이에서 수지가 보였던 행동들에 대해 이야기를 나누었다.

"선생님이 부모님께 전해 들은 얘기 중에 궁금한 게 있어. 물어봐도 돼?"

"네."

"네가 어떤 친구를 은근히 따돌린 적이 있다고 들었어, 맞아?"

수지는 살짝 당황하는 표정이다.

"네……."

"어떤 일이 있었기에 그랬어? 네가 일부러 그럴 리가 없잖아. 걔가 너를 많이 불편하게 했니?"

"조금요. 그냥 왠지 기분 나빠요. 걘 아무것도 안 해도 친구들이 좋아하거든요. 조용하고 잘 웃고, 제가 반장인데도 어떨 때는 제 말 안 듣고 걔 말만 더 듣는 것 같아서 기분 나빴어요."

"그래서?"

"그래서 애들이 그 애 옆에 있으면 제가 반장이니까 애들한테 다른 거 시키고 그러면서 방해했어요. 험담도 좀 하고…….."

"너도 마음이 되게 불편했겠다. 지금은 어떻게 생각해?"

"제가 잘못했죠. 제가 조금 그런 분위기 만들면 한동안 친구들이 걔를 약간 따돌렸어요. 그러다 한 달 쯤 있다 다시 인기가 좋아졌어요. 걘 좀 신기해요. 어떻게 그럴 수 있는지."

"그래서 불만이 더 컸어? 아니면 네가 따돌린 일이 묻힌 것 같아 안심이 되었어?"

"둘 다요. 안심되는 게 좀 컸어요. 여전히 질투는 좀 나지만."

"넌 너보다 뛰어난 능력이 있는 친구를 보면 마음이 불편하구나."

"네. 자꾸 비교가 되고, 제가 초라한 기분이 들어요. 전 맨날 혼만 나고 그러는데……."

"에구, 우리 수지가 정말 많이 힘들었구나."

"이젠 안 그래요. 마음 편해요. 전 제가 잘하는 게 있고 걘 걔가 잘하는 게 있겠죠. 저도 잘하는 거 많아요."

■ 9~10회기

수지와 수학 관련 보드게임을 진행했다. 학습능력이 뛰어남에도 불구하고 자신 감이 부족하고, 배우는 즐거움, 인지적 재미를 즐길 줄 모르는 것 같아 인지학습치료적 접근이 필요하다는 판단이 들었다.

'넘버링 보드게임'을 꺼내 한번 해 보자고 제안했다. 세 개의 주사위를 굴려서 나오는 숫자로 사칙연산이나 그외 수학 기호를 활용하여 1부터 18까지의 숫자를 만들어 고리를 먼저 다 끼우는 사람이 이기는 게임이다. 수학을 잘하면서도 수학을 싫어하는 심리적 현상을 도와주고 싶어 제안했다. 예상했던 대로 거절한다.

"수학 싫어해요. 아빠한테 초등학교 1학년 때부터 머리 맞으면서 공부했어요. 성적이 괜찮긴 한데 전 수학 싫어요."

딱 한 판만 해 보자고 다시 권했다. 자신이 잘하는 것에 재미를 느끼는 일은 매우 중요하다. 수지가 수학을 잘한다는 것은 분명 재미의 요소가 있다는 의미이기도 하다. 하지만 공부 과정에서 겪은 상처들 때문에 부정적 인식이 심어져 있는 것이다. 상담자가 재차 권하자 거절하지 않고 시작했다.

수지는 게임 설명을 잘 이해했고, 게임이 진행되면서 조금씩 흥미를 느끼는 것 같았다. 그러다 수지가 이번 차례에 꼭 숫자를 만들어야 이길 수 있는 상황이 되었다. 수지가 굴린 세 주사위의 숫자는 '4, 2, 2'. 이 세 숫자로 18을 만들어야 한다. 수지가 아는 사칙연산으로는 풀 수가 없다. 상담자가 수지에게 한 가지 방법을 알려 주고 싶어 대화를 시작했다.

"수지야, 새로운 수학 기호 딱 한 개를 알면 지금 상황에서 18을 만들 수 있어. 배울래? 네 수준이면 아주 쉽게 이해할 수 있어. 가르쳐 줄까?"

"아, 배우기 싫어요."

"굉장히 쉬워. 너 수준이면 식은 죽 먹기야."

"그냥, 싫어요."

"아! 가르쳐 주고 싶다. 배우면 안 될까? 진짜 쉬워. 절대 어렵지 않아. 어려우면 선생님이 다음 주 상담은 네가 원하는 대로 시간 보낼게."

"알았어요. 설명해 보세요."

"4와 2가 있으면 4^2(4의 제곱)으로 쓸 수 있고 이건 4×4라는 약속이야. 그러니까 4^2=4×4=16. 지금 넌 18을 만들어야 하는데, 4, 2, 2 이 세 숫자로 18을 만들 수 있는 거지. 4^2+2=18. 어때?"

수지가 이 과정을 똑같이 한 번 따라서 설명하고 게임이 끝났다.

"이렇게 해 보니 어떤 생각이 들어?"

"포기란 없다는 말이 떠오르네요. 전 계속 포기했는데, 선생님은 제가 포기하려는 데서 3개나 찾아내는 걸 보면서 포기란 없다는 생각을 했어요."

아이가 이렇게 말하며 씩 미소를 짓는다. 잠시라도 몰랐던 것을 알게 되는 즐거움을 아이도 잠시 맛본 것 같았다. 하지만 아이의 표정이 곧 다시 시무룩해졌다.

"어, 갑자기 왜 표정이 시무룩해졌어? 먼가 마음에 안 들어?"

"새로운 걸 알았다는 건 기쁜데, 공부할 게 하나 더 생겨서……."

"아냐, 이건 그냥 새로운 약속을 한 가지 알게 된 것뿐이야."

"아빠가 3학년 때 5학년 수학 다 끝내야 한다고 했어요. 5학년 때는 중학교 수학을 다 끝내야 한다고 하고요. 그래서 맨날 예습해야 한다고 하세요. 근데 전, 저한테는 안 맞아요. 아빠도 언젠가 알게 되시겠죠……."

이 문제 또한 아빠와의 의논이 필요한 부분이었다. 아빠의 공부 방식에 대한 신념이 수지에게 맞지 않는다면 이렇게 지속하다 수지에게 어떤 문제들이 발생할지 설명해 주었다. 공부를 정말 잘하는 아이들은 자신이 잘하는 과목을 좋아한다. 수지처럼 잘하지만, 배우고 싶지 않고 싫다는 느낌을 가지고 있으면 점점 어려워지는 학습 과정을 제대로 수행하기 어렵다. 결국 아빠가 바라는 좋은 성적에서도 멀어지는 결과를 가져온다. 아무리 좋은 사교육을 붙여도 그건 불가능함을 설명했다. 다행히 아빠도 앞으로의 학습계획은 수지와 의논하고, 협상하는 것에 동의했다. 이후 학습을 진행하는 데 있어 수지의 의견을 반영해 주기로 했고, 선행학습은 수지가 원할 때만 하기로 약속하면서 수지의 부담을 줄였다.

보드게임 '도블'은 수지가 좋아하는 게임이다. 모든 카드에는 사물이나 동물이 그려져 있는데, 서로 다른 카드에는 꼭 하나씩의 일치하는 그림이 있다. 카드를 펴서 더미에 있는 카드와 같은 그림을 먼저 찾아 외치면 한 장을 따는 놀이이다. 같은 그림의 크기가 다른 경우들이 많이 있어 잘 찾지 못하는 경우가 많다. 틀림없이 있음에도 불구하고 찾지 못할 때 마다 수지는 "없는 거 아니에요? 이건 진짜 없어요."라며 의심의 말을 했다.

한 판이 끝날 때까지 열 번도 넘게 틀림없이 같은 그림이 있다는 말을 해 주었고, 없다고 투정을 부릴 때마다 결국 같은 그림이 있음을 확인하였다. 그럼에도 불구하고 같은 그림이 안 보일 때마다 수지는 없는 거 아니냐며 의심했다. 게임이 한 판 끝나고 난 뒤 질문했다.

"수지야. 네가 잘 못 찾을 때마다 그림이 없다고 의심했어. 맞아?"

"그러게요. 왜 자꾸 전 의심을 하죠?"

"의심하는 마음이 들 수 있어. 중요한 건 계속 확인했으면 이제 마음을 바꾸어 보는 거지. 그럼 이제 믿을 수 있겠어?"

"네. 이젠 믿어요. 한 판 더 해요."

"와! 넌 경험하고 나면 잘 믿는구나. 좋아, 시작."

다시 시작한 게임에서는 더 이상 없다고 의심하지 않았다. 대신 "왜 안 보이지? 어딨지?"를 반복했다. 이 정도면 충분하다. 어쩌면 그동안의 관계 속에서 형성된 태도일 수 있고, 못할까 봐 불안해서 드는 마음일 수 있다. 중요한 건 의심하는 경향을 확인하는 것이 아니라 새로운 경험을 통해 왜곡된 인지적 현상을 바꾸어 가는 것이기 때문이다. 상담을 통해 조금씩 달라질 수 있도록 도와주는 것이 중요하다.

■ 11~12회기

이제 조금씩 엄마, 아빠와의 관계도 회복되어 가고 있고, 수지가 가졌던 여러 가지 인지적 문제도 조금씩 유연해지기 시작했다. 하지만 변화가 시작되었다고 해서 모두 해결된 것은 아니다. 이제 겨우 방향이 달라지기 시작했을 뿐이다. 아직 안정적인 모습이 되기까지는 여러 번의 변곡점을 지나야 한다. 또다시 속상한 일이 있거나 질투가 느껴질 때, 공부가 너무 어렵다고 생각되거나 엄마, 아빠가 예전 같은 모습을 보이게 되면 쉽게 흔들릴 수 있다. 그러니 흔들리고 다시 안정되는 과정을 거칠 때마다 좀 더 깊이 있는 합리적 신념을 키워 가는 작업들, 힘든 일이 생겨도 자신에 대한 믿음으로 잘 견뎌 낼 수 있는 힘을 키우는 작업들이 지속적으로 필요한 것이다.

 『내가 여기 있어』

저/역자: 사이토 린/이기웅
출판사/발행연도: 미디어창/2017

『내가 여기 있어』(사이토 린 글, 고이케 아미이고 그림, 2017)를 읽었다.

곶 끄트머리에 서 있는 등대는 밤이 되면 반짝이는 등불로 바다를 반짝반짝 비춘다. 여객선과 어선들, 화물선들을 묵묵히 바라보며 오가는 배들의 표지판이 되어 준다. 겨울이 되자 철새들이 날아와 세상 곳곳의 이야기를 들려주니 가슴이 두근거린다. 하지만 시간이 흘러 철새는 떠나고, 어디에도 갈 수 없는 등대는 자신의 처지가 슬프다. 다시 찾아온 겨울 밤, 세찬 폭풍우가 휘몰아치고, 바다 위에서 구겨질 듯 휘청거리는 배를 본 등대는 무서웠지만 크게 외친다.

"다들 폭풍우에 지지 마. 내가 여기 있어."

"너에게 등대는 누구일까?"

"글쎄요."

아직 수지는 엄마, 아빠에 대한 믿음과 신뢰가 확실하지는 않다. 관계 회복을 위한 노력이 조금 더 필요했다. 엄마에게 이 책을 읽고 수지에게 해 주고 싶은 말을 짧은 문장으로 표현해 수지의 휴대폰으로 문자로 보내 달라고 했다.

수지야. 엄마는 우리 수지의 등대야. 비가 와도 눈이 와도 폭풍이 불어도 언제나 수지가 잘 보고 찾아올 수 있게 수지를 따뜻하게 비춰 줄게. 물론 엄마는 왔다 갔다 하기도 하지만, 언제 어디서나 우리 수지를 비추고 있다는 걸 잊지마. 엄마의 온 마음을 다해 사랑해.

수지가 문자를 보더니 씨익 웃는다.

"선생님이 보내라고 했어요?"

"응, 이 책을 엄마도 읽으시라고 했어. 읽고 느끼는 대로 문자 보내 달라고 했지. 뭐라고 보내셨어?"

"아, 비밀이에요."

수지는 안 보여 주겠다고 웃으며 몸을 튼다. 또 한 번 엄마에 대한 앙금이 한꺼풀 벗겨지는 느낌이다. 수지에게 "넌 누구의 등대가 되어 줄 거야?" 하고 물으니 수지의 눈이 동그래진다.

"왜?"

"아뇨. 그냥 생각 안 해 봤어요."

"그래? 앞으로 천천히 생각해 봐."

굳이 말로 나누지 않아도 될 부분이다. 좋은 질문은 마음속에 화두처럼 남아 두고두고 생각하게 한다. 일 년 뒤에 답을 찾을 수도 있고, 평생을 두고 문득문득 떠올리며 어떻게 살아갈지 생각하게 할 수도 있다. 그것까지 상담자가 다 확인할 필요는 없다. 언제 멈추어야 할지 아는 것도 상담자의 중요한 역할이라 생각된다.

■ 13~20회기

이후의 상담은 훨씬 더 수월하게 진행되었다. 수지는 상담자가 골라 준 책을 참 좋아했다. 가끔 책꽂이를 바라보며 "이 중에서 어떤 게 재미있어요? 저한테 맞는 책 좀 골라 주세요."라고 말했다. 어느 회기부터인가 "엄마 상담하는 동안 밖에서 읽어도 돼요?"라며 상담자에게 책을 골라 달라고 말하기도 했다. 처음엔 한 권을 권해 주다 점차 수지가 고르기도 해서 매번 책 세 권을 들고 로비로 나가기 시작했다. 어떨 땐 두 권 더 달라며 사랑스러운 애교를 부리기도 했다.

📖 『나도 학교에 간다』

저/역자: 카리 린 윈터스/이미영
출판사/발행연도: 내인생의책/2014

『나도 학교에 간다』(카리 린 윈터스 글, 스티븐 테일러 그림, 2014)는 엄마의 상담을 끝내고 나오니 수지가 혼자 읽으며 눈물을 글썽이던 책이다. 다음 회기에 왜 눈물이 났는지 이야기를 나누었다.

"전 공부하기 싫어서, 아빠가 억지로 시키는 게 너무 싫어서 괴롭다고만 생각했는데 이렇게 공부하고 싶어 하는 아이가 있다는 게 너무 이상했어요. 처음엔 여자아이한테만 집안일을 시키는 게 화가 났는데, 나중에 오빠가 나쌀리 공부하라고 특별한 하루를 선물해 주고, '엄마가 바라셨을 테니까.'라고 말하는데 그냥 눈물이 났어요. 저도 이런 오빠 한 명 있으면 좋겠다 싶었어요. 그리고 '여자아이가 책을 읽어서 뭐하려고?'라고 할머니가 묻는데 오빠가 또 '엄마가 바라셨을 테니까.'라고 말해서 눈물이 났어요. 그런데 이거 언제 적 이야기예요?"

"요즘 이야기이기도 해. 뒤에 보면 설명되어 있어. 나쌀리는 아프리카와 아시아 빈곤국의 수많은 소녀의 모습을 대신하는 거라고. 바로 지금도 지구 한쪽에서 일어나는 일이지."

수지가 또 말이 없어진다.

그렇게 수지와의 독서치료가 진행되어 갔다. 학교에서의 수지 모습에도 많은 변화가 생기기 시작했다. 상담이 12회기를 넘어갈 무렵 수지는 전학을 했다. 다니던 학교는 사립이었고, 이사 때문에 옮겨 간 학교는 공립이었다. 수지는 공립학교에 대한 선입견이 있었다. 어쩌면 아이들이 좀 거칠거나, 공부 못하는 애들도 많다는 말을 들었다고 했다. 어디서 시작된 편견인지 모르겠지만, 어쨌든 수지가 바라는 건 요즘은 전학생을 다들 싫어하는데 제발 한 명이라도 친절하게 말을 걸어 주는 것이라고 했다. 걱정되는 것에 대해 아주 자세하고 구체적으로 마음의 준비를 시작했다.

"자, 첫날 학교에 갔어. 교문을 들어서니 뭐가 걱정돼?"

"애들이 절 어떻게 볼까 싶어요. 교무실까지는 엄마가 같이 갈 것 같은데, 그다음이 더 걱정이 돼요."

"좋아, 그럼 교무실에서 선생님을 따라 교실로 들어갔어. 앞에 서서 선생님이 소개해 주시겠지? 그다음에 걱정되는 건?"

"인사를 해야 하는데 뭐라고 해요?"

"갑자기 우리 수지가 왜 이렇게 자신감이 없어졌지? 네가 잘 알 것 같은데. 전에 전학생 온 거 본 적 있지 않아?"

"그냥 이름 말하고 인사만 해요. 그런데 그렇게 하기 싫어요. 첫인상이 제일 중요한데. 전 누가 말만 붙여 주면 잘할 수 있을 것 같아요."

수지와 인사 연습을 했다. 역할 연습을 하고, 인사말에 무엇을 말할지 의논했다. 상담자가 제안한 건 세 가지이다. 새 학교에 오면서 기대하는 마음, 부탁하기, 도움 요청하기의 예문을 보여 주었다.

① 난 새 친구들을 사귀는 걸 좋아해. 난 너희들 이름 잘 모르니까 나에게 먼저 말 좀 걸어 주고 이름도 가르쳐 주길 바라.

② 모르는 게 많으니까 물어보면 친절하게 대답해 주면 고맙겠어.

③ 난 싸우는 걸 싫어해. 재미있게 친구가 되고 싶어.

이중에 수지는 ①, ② 두 가지를 선택하고 역할극으로 연습했다. 어찌나 또랑또랑한 목소리로 열심히 연습하는지 정말 새로운 출발을 기대하는 모습이었다. 수지는 다른 것도 걱정되는 게 많았다. 학교 진도가 다르면 어떡해야 할지, 느려도 걱정되고 빨라도 걱정된다고 했다. 느리면 다 아는 걸 틀릴까 봐 걱정되고, 빠르면 배우지 않은 부분을 또 혼자서 공부를 더 해야 하니 걱정된다고 했다. 그래도 자리에 앉아서 친구들에게 열심히 공부하는 모습을 보여 주고 싶다고도 말했다.

전학 후 일주일이 지나서 상담에 왔다. 들어오는 표정을 보니 성공적인 첫 주를 보낸 것 같았다.

"어땠어?"

"좋았어요. 제가 괜히 걱정이 컸나 봐요. 친한 애도 생기고, 무엇보다 같은 아파트에 사는 아이가 2명이나 있어서 너무 좋아요."

예전 학교와 지금 학교의 차이를 물으니 신이 나서 이야기한다. 표를 그려 수지의 말을 정리해 보았다.

《표 9-1》 수지의 예전 학교와 지금 학교 비교

예전 학교	지금 학교
• 둘씩만 친해서 따로 친해지기 어려웠음. • 한두 명의 아이가 친한 아이들을 자꾸 갈라놓아서 늘 마음이 불편했음. • 아이들끼리 질투가 많아 편치가 않았음. • 가난하거나 뚱뚱하면 잘 어울리지 않음. • 공부 못하면 말도 잘 안 하는 아이도 있음.	• 아이들이 옹기종기 친하게 지냄. • 몇 명이 어울려 있을 때 끼어 들어도 반겨 줌. • 남녀차별은 어딜 가나 있지만, 심하지 않아서 괜찮음. • 애들이 전학생치곤 되게 밝다고 말해 줘서 노력한 보람이 있다고 생각함. • 밝게 앉아 있어야겠다고 마음먹었음. • 첫날, '쉬는 시간이 오지 않았으면' 하고 생각하고 있었는데, 쉬는 시간에 갑자기 아이들이 달려들어 깜짝 놀랐음. 이것저것 물어봐 줘서 너무 기뻤음. • 전학 만족도 9. 1이 부족한 이유는 성적 부담 때문에.

이렇게 두 학교의 차이를 눈으로 확인하면서 수지가 어떤 노력을 했는지 다시 대화를 나눴다. 두 학교의 차이보다는 수지가 다르게 한 점을 더 강조하였다.

상담이 진행되는 동안 아빠가 수지를 대하는 태도에 큰 변화가 생겼다. 아빠가 시간을 내어 다시 놀아 주기 시작했다. 아빠에겐 시간이 나면 수지에게 책을 읽어 주거나, 보드게임을 같이 하며 놀기를 제안했다. 특히 보드게임은 아빠도 좋아하고 수지와 즐거운 시간을 가질 수 있을 뿐 아니라 학습에 도움 되는 면도 많아 일석 삼조의 효과를 얻을 수 있다고 권했더니 그대로 실천한 것이다.

수지가 엄마의 일에 대해 부정적으로만 말하던 것도 달라졌다. 엄마가 집에서 일하는 날 저녁에 함께 큰 책상에 앉아 엄마도 일하고 수지도 공부를 한다. 그런데 엄마가 보고서를 쓰고 통화를 하는 모습을 보며 수지는 '나도 저렇게 열심히 해야겠다.'는 생각이 들었다고 했다.

마지막으로, 아빠에게 힘든 걸 말하는 용기에 대해 이야기를 나누었다. 수지의 상담 목표는 아빠에게 너무 힘들다고 말할 수 있는 용기를 키우는 것이었다. 수지에게 물었다.

"요즘은 아빠에게 솔직하게 말해?"

"뭘요?"

"힘든 걸 힘들다고."

"말해요. 아빠가 안 들어주실 때도 있지만, 그래도 들어줄 때도 있어요. 어제도 수학 선행학습 하는 거는 여름방학 때 하고 싶다고 하니까, 그럼 그때 열심히 하는 거 약속하자고 해서 그렇게 했어요."

"여름방학 때 힘들면 어떡해?"

"아니에요. 방학 때는 할 수 있어요. 학교 다닐 때는 숙제도 많고 할 일도 많아서 힘든데 방학 때는 그래도 괜찮아요."

"그렇구나. 그럼 수지의 상담 목표는 완전히 달성했네?"

"네?"

"네가 첫 회기에 선생님 만났을 때 '아빠에게 너무 힘들다고 말할 수 있는 용기'가 생겼으면 좋겠다고 했잖아. 이젠 완전히 용기 있게 말을 다 하고 사는 것 같네."

"제가 그랬어요? 아, 아빠가 많이 변했어요."

"네가 달라진 점은?"

"저도 좀 그런 것 같아요."

수지가 웃는다. 밝고 예쁘다.

2. 수지의 독서치료 뒷이야기

수지와의 상담은 20회기로 약 6개월 정도 진행한 후 종료하였다. 엄마, 아빠와의 관계를 회복하고, 성적에 대한 압박과 부담으로 발생되었던 불안과 원망감도 많이 해소되었다. 무엇보다 수지를 괴롭히던 부정적인 자아개념이 긍정적으로 변하기 시작했으며, 비합리적 신념과 부정적 자동적 사고들도 변화되기 시작했다. 상담의 종료는 끝이 아닌 시작이라는 말이 다시 떠오른다. 악순환의 고리처럼 반복되던 문제들이 방향을 틀어 선순환되기 시작하는 지점, 그래서 약간의 안정감을 가질 무렵 종료하게 되는 경우가 더 많다. 조금 더 탄탄하게 안정될 때쯤 종료하기를 바라는 마음이 들지만, 현실에서는 상담을 연장하여 진행하는 것이 그리 쉬운 일은 아니다. 그래도 이렇게 아이가 변화하고, 스스로 원했던 상담 목표를 완성했다는 느낌으로 종료할 때는 내담 아동과 상담자 그리고 부모님 모두 만족스럽고 행복한 기분으로 종료하게 된다. 본 사례가 현장에서 보다 효과적인 독서치료를 진행하는 데 작은 밑거름이 되기를 바란다.

치유가 필요한 시간 – 책으로 위로와 힘을

> – 이 글은 2014년 4월 16일 세월호 참사 한 달 뒤, 아침독서신문에 실은 글입니다.
>
> 독서치료 책을 쓰면서 다시 기억하고 싶어 수록합니다.

고대 테베의 도서관에는 '영혼을 치유하는 장소'라는 글이, 스위스의 중세 대수도
원 도서관에는 '영혼을 위한 약상자'라는 뜻의 글이 적혀 있습니다. 책이 가진 치유
의 힘을 알려 주는 의미이겠지요. 어떤 책이 한 사람에게 위로가 되고 치유를 도와
주었다면 분명 그 책은 어떤 정신치료나 심리치료보다 효과적인 치유의 수단이 된
것입니다. 하지만 사람마다 영향을 받는 책도 다르고 도움을 받는 지점도 다릅니
다. 그래서 독서치료는 약 처방처럼 '이럴 땐 이런 책을 읽으세요.'라고 말할 수 없습
니다. 다만 지금처럼 한 가지 사건을 바라보며 모두가 함께 아프고 고통을 경험하고
있다면 어떤 책들은 함께 공감하고, 함께 울며, 함께 마음을 추스르는 데 힘이 되기

도 합니다. 그래서 조심스럽지만 학교에서 선생님이 아이들과 함께 읽기 바라는 책 이야기를 하려 합니다.

"단원고 언니 오빠들 나이 넘을 때까지 상담받고 싶어요."

'배, 바다, 진도, 안산, 세월호, 단원고……' 듣기만 해도 저절로 아픔, 한숨, 눈물이 동반되는 단어들입니다. 마치 정해진 자극에 의해 침을 흘리는 파블로프(Pavlov)의 개처럼 자동적 반응이 나타납니다. 구조의 과정을 지켜보며 아픔을 넘어 분노감까지 자동 반응이 일어나기도 합니다. 그만큼 우리 마음 깊숙한 곳까지 영향을 주고 있다는 증거이기도 하겠지요. 이 과정을 지켜보는 아이들은 어떨까요? 충격적 사건에 노출된 아이들은 직접 피해를 당하지 않고 목격만 해도 큰 정신적 충격에 휩싸이게 됩니다. 하지만 어른들과 달리 불안감, 죄책감, 두려움과 같은 감정을 애써 억누르려고 하는 경향이 있습니다. 억눌린 감정은 분노로 표출되거나 다른 문제 행동으로 이어집니다. 그러니 아이들의 마음을 '시간이 약'이겠거니 하고 내버려 두는 건 바람직하지 않습니다.

심리적 스트레스가 많아 약 1년간 상담을 받아 온 4학년 아이가 있습니다. 1년이라는 꽤 긴 시간의 상담 동안 아이는 다시 친구들과도 잘 지내는 밝은 모습을 되찾았습니다. 이제 상담을 종료할 때가 되어 아이에게 언제 상담을 끝낼지 물었더니 전혀 엉뚱한 말이 튀어나옵니다. "2019년까지 상담 받을 거예요. 단원고 언니, 오빠들 나이 넘을 때까지 상담 받을 거예요." 세월호 참사는 이 아이를 새로운 불안감에 휩싸이게 했습니다. "사고는 날 수 있어요. 그런데 왜 못 구해요?" 언니, 오빠들을 구해 내지 못하는 어른들을 향한 원망감도 표현합니다. 지금 이 아이에게 필요한 건 무엇일까요? 피하거나 대강 슬쩍 넘어가는 건 도움이 되지 않습니다. 지금 우리 마음에서 무슨 일이 일어나고 있는지 제대로 알아가는 것부터 시작하면 좋겠습니다.

힘이 되는 공감

📖 『끔찍한 것을 보았어요』

저/역자: 마거릿 홈스/유미숙

출판사/발행연도: 미래아이/2006

힘든 일이 있으면 마음에서는 어떤 일이 벌어질까요? 아이들에게 지금 힘든 일을 겪고 있는 우리 마음속에서 무슨 일이 일어나고 있는지, 그리고 이때 잘 돌보지 않으면 어떤 위험이 도사리고 있는지 알려 주고 싶다면 『끔찍한 것을 보았어요』(마거릿 홈스 글, 캐리 필로 그림, 2006)를 읽어 주세요. 우리 마음에서 무슨 일이 일어나는지 알고 대비하면 훨씬 더 성숙하게 그 과정을 맞이할 수 있습니다.

너구리 담담이는 아주 끔찍한 일을 보았습니다. 겁이 났어요. 며칠이 지나도 무서움은 없어지지 않았어요. 기억하고 싶지도 않았어요. 그래서 생각하지 않기로 마음먹었어요. 하지만 얼마 지나지 않아 마음속에 있던 무언가가 담담이를 괴롭히기 시작했습니다. 담담이에게 이상한 일들이 일어나기 시작합니다. 가끔 배가 아프거나 머리가 아팠어요. 가끔은 우울해지기도 했지요. 이유 없이 불안해지기도 했어요.

기억하고 싶지 않은 일을 무조건 망각하려고만 한다면 그건 몸의 기억으로 남게 됩니다. 무슨 일로 왜 우울하고 힘든지 기억은 못하지만, 왠지 모를 불안과 두려움에 시달릴 수 있습니다. 그러니 제대로 잘 이야기하고 충분히 애도하고 그래서 성숙하게 바라보고 떠나보낼 수 있도록 도와주는 것이 좋습니다. 아이들과 함께 마음을 살펴보세요. 반 친구들이 다 함께 이야기하는 것이 좋습니다.

"이 일로 인해 내 마음이 아프구나. 슬프구나. 나에게도 저런 일이 일어날까 무섭구나. 두렵구나." "너도 그런 느낌이야? 그런 생각이 들어? 나도 그래. 나도 너랑 똑같은 마음이 들어."

느낌과 생각을 서로 물어보고, 공감하는 사람은 손들어 보자고 하면 됩니다. 증상을 확인했다고 뭔가 처방을 내릴 필요도 없습니다. 그냥 확인하는 것만으로도 공감이 이루어지니까요. 이런 이야기가 아이들의 집단적 공포심을 더 크게 만들까 걱정할 필요는 없습니다. 공감이란 누군가 나와 같은 느낌을 공유한다는 의미만으로도 힘이 되고 위로가 됩니다.

아이들과 무엇을 할까

세월호 참사가 우리 아이들에게 두려움, 공포만으로 남아서는 곤란합니다. 충분한 애도와 치유를 위한 적절한 행동이 동반되는 것이 필요합니다. 아이들과 함께 무엇을 해야 할지 생각해 보고 싶다면 『천 개의 바람 천 개의 첼로』(이세 히데코, 2012)를 읽어 보세요.

📖 『천 개의 바람 천 개의 첼로』

저/역자: 이세 히데코/김소연
출판사/발행연도: 천개의바람/2012

1995년 1월 17일 새벽 5시 46분, 일본 고베시와 그 주변에 진도 7.2의 강진이 일어났습니다. 10만 채 이상의 건물이 붕괴되고 사망자 6,300여 명, 부상자 2만 6,804명, 이재민 20만 명에 이르렀습니다. 작가는 고베 대지진 직후 파괴된 거리를 걸으면서 도무지 표현할 수 없는 괴로움을 느꼈습니다. 위로를 위한 음악회가 열린다는 소식에 열세 살부터 첼로를 연주했던 작가는 주저 없이 달려가 콘서트에 참가합니다. 1,000개의 첼로, 1,000개의 마음이 하나가 되어 부서지고 깨진 마음을 위로하는 따뜻한 음악의 기적이 일어납니다. 상실과 고통을 겪을 수밖에 없지만 그럼에도 불구하고 우리 모두에게 무엇이 중요하고, 어떻게 해야 하는지 방향을 알려 주는 이야기입니다. 음악도 감동이지만 그 음악을 위해 모여서 하나의 마음으로 음악을 연주하는 사람들의 이야기가 더 큰 힘이 되기도 합니다. 여전히 사람이 희망임을 확인 할 수 있기 때문은 아닐까요?

'1,000명의 첼로 콘서트'는 1998년 4세 어린이와 88세 노인까지, 일본뿐 아니라 전세계에서 모인 첼리스트 1,013명이 1,013개의 첼로만으로 고베 대지진 복구를 지원하기 위해 열렸습니다. 제1회 음악회는 당시 단일 악기 최대 규모의 콘서트로 기네스북에도 등재되었고, 2005년 3회 때는 1,069명으로 기록이 갱신되었습니다. 2010년 4회까지 개최되었다고 합니다.

책을 읽고 아이들과 우리는 무엇을 할 수 있을지, 그 일을 하기 위해 어떤 준비를 해야 할지 이야기 나누어 보면 좋겠습니다. 그리고 꼭 한 가지 행동을 결정해 행동으로 옮기면 좋겠습니다. 추상적 관념만으로 치유되긴 어렵습니다. 작은 행동 하나가 깊은 상념보다 더 도움이 되지요. '너무 너무 슬프고 힘들어서 나는 울기만 했다.'와 '아프고 슬펐지만 그 슬픔을 함께 나누고 치유하기 위해 나는 무언가를 한 사람이다.' 둘 중 어떻게 남는 것이 더 치유에 도움이 되는지 스스로 느낄 수 있습니다.

나와 우리를 지키기 위하여

📖 『높은 곳으로 달려!』

저/역자: 사시다 가즈/김소연

출판사/발행연도: 천개의바람/2013

　재난이 닥쳤을 때 우리 아이들에게 목숨을 구하는 구호가 있나요? 『높은 곳으로 달려!』(사시다 가즈 글, 이토 히데오 그림, 2013)는 2011년 바로 그날, 쓰나미의 한복판에 있었던 초등학교와 중학교에서 일어난 이야기입니다. 이곳 아이들은 바닷속에서 지진이 일어나면 쓰나미가 올 것이라는 것을 배웁니다. 그리고 목숨을 지키기 위해 온 힘을 다해 높은 곳으로 달리라는 교육을 받습니다. 진짜 지진과 쓰나미가 있던 날 우노스마이 초등학교와 가마이시히가시 중학교, 유치원생까지 약 600명의 아이가 산으로 올라가는 언덕길을 달립니다. 공포에 질렸지만 서로 잡아 주고 끌어 주며 함께 2km를 달려 자신들의 목숨을 지켜냈습니다. 이 아이들이 기억한 '목숨을 지키는 세 가지 원칙'이 있습니다. ① 쓰나미는 상상이 아니라 반드시 온다. ② 온 힘을 다해 무조건 대피하는 것이 최선이다. ③ 거대한 자연 재난 앞에 당황하거나 부끄러워하지 말고 훈련받은 그대로 열심히 도망쳐야 한다. 아이들과 함께 대피한 할머니는 아이들이 필사적으로 살기 위해 뛰는 모습을 보며 어른들도 함께 힘을 내서 산 정상까지 달릴 수 있는 힘이 생겼다고 말합니다.

　다른 사람을 도우려면 우선 자신이 살아 있어야 한다는 말이 지금 살아남은 사람들, 지켜보는 우리 모두에게 꼭 필요한 말이기도 합니다. 이 책을 다시 읽고 글을 쓰는 데 눈물이 쏟아집니다. '왜 우리는 아이들에게 아무것도……!' '우리는 아이들에

게 어떻게 그런 짓을……!'

　세월호 참사에서 만약 한 명씩 차례로 구조되는 과정을 지켜볼 수 있었다면 어땠을까요? 슬프고 안타까운 건 그대로겠지만 이렇게 충격과 불안과 분노감이 계속 확산되지는 않았을 것 같습니다. 그래서 어쩌면 이 책을 보는 게 아직은 많이 아플 수 있겠습니다. 하지만 꼭 읽어 보면 좋겠습니다. 덮어 버리고 싶은 아픔을 들추어 힘겨울 수 있지만 그래도 함께 눈물을 쏟으며 읽어야 할 것 같습니다. '미안합니다. 잊지 않겠습니다.'라는 노란 리본의 의미처럼 진짜 잊지 않으려면.

다시 시작을 위하여

　똑같이 충격적인 경험을 해도 절반 정도의 사람은 자연 치유가 되고, 절반 정도의 사람은 힘겹습니다. 자연 치유가 되는 사람은 높은 자존감을 가진 사람이라고 합니다. 평소에 우리 아이의 마음을 잘 보살피는 일이 더욱 중요하게 느껴집니다. 자신의 마음속 자원을 찾아 자신이 어떤 사람이고 자기 삶에서 의미 있는 것이 무엇인지 찾아보면 좋겠습니다.

📖 『고집쟁이 초정의 작은 책』

저/역자: 김주연
출판사/발행연도: 개암나무/2014

　『고집쟁이 초정의 작은 책』(김주현 글, 백대승 그림, 2014)을 읽어 주세요. 다섯 살에 책을 만들었던 선비 박제가의 이야기라는 부제가 달렸습니다. 박제가는 자신에 대해 이렇게 말합니다.

"불뚝 솟은 물소이마, 칼날 같은 눈썹, 검은 눈동자에 하얀 귀, 고독하고 고매한 사람만을 골라서 남달리 친하게 사귀고…… 어려서는 문장가의 글을 배웠고, 자라서는 국가를 경영하고 백성을 구제하는 학문을 좋아하였다……."

이 글에 비추어 아이들이 자신을 표현하는 말을 모방해서 써 보면 좋겠습니다. 친구들의 글을 함께 읽고 다시 고쳐 써 보기도 해 보기 바랍니다. 자신이 어떤 사람인지 글로 써 가며 마음의 힘을 다시 채울 수 있습니다.

시련을 겪는 박제가에게 다시 힘을 주는 보물상자 속의 붓과 자신이 만든 작은 책들, 책상에 앉아 '나를 나답게 하는 공부'를 다시 시작하는 모습이 우리 아이들에게 자신의 모습을 그려 가는 좋은 본보기가 될 수 있을 것 같습니다. 76쪽이라는 길이가 좀 길게 느껴질 수 있겠지만 하루에 몇 쪽 씩 몇날 며칠 동안 함께 읽는 책도 아이들에게 의미가 있습니다.

오스카 와일드의 『욕심쟁이 거인』도 오랜만에 다시 읽어 보면 좋겠습니다. 여전히 아이들은 희망이고, 아이들이 있는 세상이 가장 아름답고, 아이들의 웃는 모습이 얼마나 가치 있는지를 깨닫는 이야기입니다. 얼어붙은 마음의 빗장을 열고, 아이들과 행복한 시간을 보내고, 아름다운 죽음을 맞이하는 거인의 이야기가 새삼 따뜻한 위로를 줄 수 있을 것 같습니다.

강성복(2009). REBT가 초등학생의 정서조절능력에 미치는 효과. 대구교육대학교 대학원 석사학위논문.

강호재(2005). 인지ㆍ정서ㆍ행동치료(REBT)를 활용한 체계적인 불안 감소 훈련 프로그램의 효과. 대구가톨릭대학교 대학원 박사학위논문.

고경애(1984). 모자녀 애착관계가 유아의 행동발달에 미치는 영향: 사회적 인지적 능력을 중심으로. 이화여자대학교 대학원 석사학위논문.

고태순, 차영은, 장세희(2012). 사례중심 아동정신건강. 경기: 양서원.

곽주희(2016). 긍정심리학 기반 집단상담프로그램이 초등학생의 자기 결정성에 미치는 영향. 한국교원대학교 교육대학원 석사학위논문.

권석만(2008). 긍정심리학. 서울: 학지사.

권석만(2012). 현대 심리치료와 상담이론. 경기: 교육과학사.

권준수, 신민섭(2015). 강박증 인지행동치료. 서울: 학지사.

김계현(2000). 상담심리학 연구. 서울: 학지사.

김민경(2012). 청소년의 심리적 요인, 부모애착이 인터넷게임 중독과 휴대폰 중독에 미치는 영향. 인간발달연구, 19(4), 1-22.

김인수, 송성자, 정문자, 이영분, 김유숙(1998). 무엇이 좋아졌습니까? 해결중심치료의 적용. 서울: 도서출판 동인.

김인자(1997a). 현실요법과 선택이론. 서울:한국심리상담연구소.

김인자(1997b). 현실요법과 선택이론 Work Book. 서울: 한국심리상담연구소.

김주연(2009). 유아기 애착유형에 따른 성격발달 및 사회ㆍ정서적 행동. 명지대학교 사회교육대학원 석사학위논문.

김진영, 고영건(2009) 긍정임상심리학: 멘탈 휘트니스와 긍정심리치료. 한국심리학회지: 문화와 사회문제, 15(1), 155-168.

김춘경 외(2012). 아동집단상담 프로그램. 서울: 학지사.

김현희 외(2004). 독서치료. 서울: 학지사.

나지윤(2008). 학습된 무기력 극복을 위한 발달적 독서치료에 관한 연구. 중앙대학교 교육대학원 석사학위논문.

남정미(2010). 청소년의 애착이 자기주도적 학습 및 학습 몰입에 미치는 효과, 고려대학교 교육대학원 석사학위논문.

노경선(2007). 아이를 잘 키운다는 것. 경기: 예담프렌드

노안영(2005). 상담심리학의 이론과 실제. 서울: 학지사.

노안영(2011). 상담자의 지혜. 서울: 학지사.

노혜련, 허남순 역(2005). 해결을 위한 면접. 서울: 시그마프레스.

박경애(1997). 인지·정서·행동치료. 서울: 학지사.

박경애(1999). 인지행동치료의 실제. 서울: 학지사.

박경애(2013). 아동 및 청소년을 위한 인지행동치료 상담사례. 서울: 학지사.

서미경, 정남운(2012). 애착유형의 비연속성에 관한 연구. 획득된 안정애착과 현재의 불안정애착 간의 내적작동모델 비교. 인간이해, 37(1), 67-86.

서보업(2011). 초등학교 고학년의 자아탄력성 증진을 위한 해결중심 집단상담 프로그램 개발. 한국교원대학교 교육대학원 석사학위논문.

신다솜(2016). 초등학생을 대상으로 한 독서치료 연구 동향 분석. 부산대학교 교육대학원 석사학위논문.

신세니, 조희숙(2008). 베빗 콜의 그림책에 나타난 유머 분석. 유아교육연구, 28(6), 229-252.

신재은(2009). 발표불안 감소를 위한 인지행동적 집단상담의 효과. 상담학연구, 10(1), 285-297.

안수현(2017). 긍정심리 집단상담이 저소득층 초등학교 고학년 학생의 회복탄력성에 미치는 효과. 대구교육대학교 교육대학원 석사학위논문.

오윤숙, 김광수(2014). 낙관성 증진프로그램이 초등학생의 스트레스 지각과 대처에 미치는 효과. 초등상담연구, 13(4), 389-407.

오카다 다카시(2017). 나는 네가 듣고 싶은 말을 하기로 했다. 서울: 카시오페아.

이경숙, 서수정, 신의진(2000). 학령기 아동들의 부모에 대한 애착관계가 거부민감성 및 또래 관계에 미치는 영향. 소아청소년정신의학, 11(1), 51-59.

이경아(2013). 중학생의 기질 및 성격, 애착과 스마트폰 사용과의 관계. 전주대학교 대학원 석사학위논문.

이동렬, 박성희(2006). 상담과 심리치료. 서울: 교육과학사.

이명화(2017). 그림책 파라텍스트 탐색활동이 유아의 읽기흥미도와 언어표현력에 미치는 영향. 총신대학교 교육대학원 석사학위논문.

이영식(2006). 독서치료 어떻게 할 것인가. 서울: 학지사.

이임숙(2014). 상처 주는 것도 습관이다. 서울: 카시오페아.

이임숙(2015). 엄마의 말공부. 서울: 카시오페아.

이장호(2014). 상담심리학(개정5판). 서울: 박영스토리.

이재경(2011). 청소년 초기 부모애착과 발달 간 종단적 관계 분석: 자아존중감과 또래애착의 종단적 매개효과 중심으로. 전북대학교 대학원 박사학위논문.

이정모, 이재호(1998). 인지심리학의 제문제 2. 언어와 인지. 서울: 학지사.

이지민(2012). 독서치료를 활용한 용서교육 프로그램이 초등학생의 용서 수준과 정서지능에 미치는 영향. 서울교육대학교 교육대학원 석사학위논문.

이토 우지다카(2012). 천천히 깊게 읽는 즐거움. 경기: 북이십일 21세기북스.

이혜진(2011). 청소년의 부모애착과 학습몰입의 관계에서 정서조절의 매개효과. 고려대학교 교육대학원 석사학위논문.

임정빈(2010). 부모-자녀간 애착과 의사소통유형이 초등학생의 자아존중감에 미치는 영향. 한남대학교 교육대학원 석사학위논문.

전혜진(2017). 숨은그림찾기 그림책이 기억력, 주의집중력, 창의력에 미치는 효과 검증: 초등학교 저학년을 중심으로. 성균관대학교 대학원 박사학위논문.

정문자, 송성자, 이영분, 김유순, 김은영(2008). 해결중심단기치료. 서울: 학지사.

정인향(2005). 청소년이 지각한 부·모애착과 자기효능감이 학습동기에 미치는 영향. 계명대학교 교육대학원 석사학위논문.

조미숙, 심혜숙(2005). 학습부진아동의 학습된 무기력을 위한 독서치료 효과분석. 교사교육연구, 44, 1-14.

조은주(2007). 아동이 지각한 부모애착, 주의력결핍-과잉행동 및 학업성취도의 관계. 충남대학교 교육대학원 석사학위논문.

조희주(2012). 해결중심 독서치료가 초등학생의 자아탄력성 증진에 미치는 효과. 경북대학교 대학원 석사학위논문.

천성문 외 공저(2015). 상담심리학의 이론과 실제(3판). 서울: 학지사.

최영희, 이정흠(1999). 인지치료: 이론과 실제. 서울: 하나의학사.

편순남(2014). 멘탈 휘트니스 프로그램으로서 현실요법을 적용한 독서치료 효과분석. 독서연구, 32, 245-277.

홍경자(2001). 상담의 과정. 서울: 학지사.

Berg, I. K., Miller, S. D. (1995). 해결중심적 단기가족치료(가족치료연구모임 역). 서울: 하나의학사.

Berlyne, D. E. (1960). Connict, *arousal, and curiosity.* New York: McGraw-Hill.

Compton, W. C. (2007). 긍정심리학 입문[*Introduction Positive Psychology*].(서은국, 성민선, 김진주 역). 서울: 박학사. (원전은 2004년에 출판).

Corey, G. (2012). 심리상담과 치료의 이론과 실제[*Theory and Practice of counselling and Psychotherapy*]. (조현춘 외 역). 서울: 시그마프레스. (원전은 2008년에 출판).

Csikszentmihalyi, M. (2004). 몰입: 미치도록 행복한 나를 만난다[*FLOW: The Psychology of Optimal Experience*]. (최인수 역). 서울: 한울림. (원전은 1990년에 출판).

Dobson, K. S. (2014). 인지행동치료 핸드북(김은정, 원성두 역). 서울: 학지사.

Doll, B., & Doll, C. (1997). *Bibliotherapy with Young People: Librarians and Mental Health Professionals Working Together.* Libraries Unlimited, Inc.

Ellis, A. (2002). 화가 날 때 읽는 책(홍경자, 김선남 역). 서울: 학지사.

Emmons, R. (2008). Thanks 마음을 여는 감사의 발견(이창희 역). 경기: 위즈덤하우스. (원전은 2007년에 출판).

Enright, R. D. (2004). 용서치유. 용서는 선택이다(채규만 역). 서울: 학지사.

Fosha, D. et al. (2013). 감정의 치유력(노경선, 김건종 역). 서울 : NUN.

Gabbard, G. O. (2007). 장기 역동정신치료의 이해(노경선 외 역). 서울: 학지사.

Glasser, W. (1985). *Controltheory: A new explanation of how we control our lives.* New York: Harper& Row Publisher.

Glasser, W. (1992). 당신의 삶은 누가 통제하는가?(김인자 역). 서울: 한국 심리상담연구소.

Galsser, W. (1995). 현실치료(김양현 역). 서울: 한국심리상담연구소.

Gumaer, J. (1990). 아동상담과 치료(이재연, 서영숙, 이명조 역). 서울: 양서원.

Holmes, J. (2005). 존 볼비와 애착이론(이경숙 역). 서울: 학지사.

Hooper, J. (2012). 아이의 행복 플로리시(우문식, 이명원, 허현자 역). 경기: 물푸레.

Hughes, D. A. (2014). 애착중심 가족치료(노경선 역). 서울: NUN.

Hynes, A. M., & Hynes-Berry, M. (1994). *Biblo/poetry therapy–The Interactive process: A Handbook*. St.Cloud, MN: North Star Press of St. Cloud. Inc.

Kintsch, W. (1980). Learning from text, levels of comprehension, or: Why would read a story anyway. *Poetics, 9*, 7-98.

Lyubomirsky, S. (2007). 하우 투비 해피. 행복도 연습이 필요하다(오혜경 역). 지식노마드.

Marrone, M. (2005). 애착이론과 심리치료(이민희 역). 서울: 시그마프레스.

Neenan, M., & Dryden, W. (2011). 인지치료에 대해 알고 싶은 100가지(이종호 외 역). 서울: 학지사.

Nelson, T. S., & Thomas, F. N. (2017). 해결중심단기치료 이해와 실제(김희정 역). 서울: 학지사.

Peterson, C., & Seligman, M. (2009). 긍정심리학의 입장에서 본 성격 강점과 덕목의 분류(문용린, 김인자 역). 서울: 한국심리상담연구소.

Provine, R. (1996). Laughter. *American Scientist, 84*, 38-45.

Provine, R. (2000). *Laughter: A Scientific Investigation*. New York: Viking penguin.

Schore, A. N. (1994). *Affect regulation and the origin of the self*. Hillsdale. NJ: Eribaum.

Seligman, M. (2000). 아이에게 줄 최상의 선물은 낙관적인 인생관이다(박주성 역). 오리진.

Seligman, M. (2004). 긍정심리학(김인자 역). 경기: 물푸레.

Seligman, M. (2008). 학습된 낙관주의(최호영 역). 경기: 21세기북스.

Seligman, M. (2011). 마틴 셀리그만의 플로리시(윤상운, 우문식 역). 경기: 물푸레.

Seligman, M. E. P. (2008). 학습된 낙관주의(최영호 역). 서울: 21세기북스. (원전은 1998년에 출판).

Seligman, M. E. P., Rashid, T., & Parks, A. C. (2006). Positive psychotherapy. *The American Psychologist, 61*, 774-788.

Shahar, T. B. (2007). 해피어(노혜숙 역). 경기: 위즈덤하우스.

Tough, P. (2013). 아이는 어떻게 성공하는가(권기대 역). 서울: 베가북스.

Trevarthen, C. (2001). Intrinsic motives for companionship in understanding: Their origin, development, and significance for infant mental health. *Infant Mental Health Journal, 22*, 95-131.

Vernon, A. (2011). 아동과 청소년을 위한 인지정서행동치료 REBT(조현주, 이병임 외 역). 서울: 시그마프레스.

Wallin, D. J. (2010). 애착과 심리치료(김진숙, 이지연, 윤숙경 외 역). 서울: 학지사.

Weishaar, M. E. (2007). 아론 벡, 인지치료의 창시자(권석만 역). 서울: 학지사.

Worthington, E. L., Jr. (2006). 용서와 화해(윤종석 역). IVP. (원전은 1998에 출판).

Wubbolding, R. E. (1991). 현실요법의 적용(김인자 역). 서울: 한국심리상담연구소.

Yalom, I. D., & Leszcz, M. (2008). 최신 집단정신치료의 이론과 실제: 제5판[*The Theory and Practice of Group Psychotherapy*](최해림, 장성숙 역, 2008), 서울: 하나의학사. (원전은 2005년에 출판).

저자 소개

이임숙(Lee Imsook)

성균관대학교 대학원 아동학과 석사졸업
현 한국독서치료학회 이사 임상사례부장
   맑은숲 아동청소년상담센터 소장
   맑은숲 독서치료연구소 소장

수상
한국간행물윤리위원회 우수저작상(2009)
독서문화진흥유공자 국무총리표창(2017)

주요 저서
따뜻하고 단단한 훈육(카시오페아, 2017)
엄마의 말 공부 1, 2(카시오페아, 2015)
상처 주는 것도 습관이다(카시오페아, 2014)
참 쉬운 마음 글쓰기(부키, 2011)
엄마가 하는 독서치료(푸른책들, 2009) 외 다수

현장에서 효과적인 독서치료
-유아와 아동을 위한 그림책 심리치료-

Effective Bibliotherapy:
Picturebook Therapy for Toddlers and Children

2018년 6월 25일 1판 1쇄 발행
2020년 4월 10일 1판 2쇄 발행

지은이 • 이 임 숙

펴낸이 • 김 진 환

펴낸곳 • (주) **학지사**

　　　　04031 서울특별시 마포구 양화로 15길 20 마인드월드빌딩 5층

대표전화 • 02) 330-5114　　팩스 • 02) 324-2345

등록번호 • 제313-2006-000265호

홈페이지 • http://www.hakjisa.co.kr
페이스북 • https://www.facebook.com/hakjisabook

ISBN 978-89-997-1568-6 93180

정가 **18,000원**

이 도서의 국립중앙도서관 출판시도서목록(CIP)은 서지정보유통지원시스템
홈페이지(http://seoji.nl.go.kr)와 국가자료공동목록시스템(http://www.nl.go.kr/kolisnet)
에서 이용하실 수 있습니다.
(CIP제어번호: CIP2018017123)

출판 · 교육 · 미디어기업 **학지사**

간호보건의학출판 **학지사메디컬** www.hakjisamd.co.kr
심리검사연구소 **인싸이트** www.inpsyt.co.kr
학술논문서비스 **뉴논문** www.newnonmun.com
원격교육연수원 **카운피아** www.counpia.com